AF544465

MOTOR SPORT HELDEN

Richard von Frankenberg

Motorsporthelden

Die große Zeit des Rennsports

Herausgegeben von Philipp Fürst zu Hohenlohe-Langenburg

Mit Beiträgen von Leopold »Poldi« Prinz von Bayern, Donald von Frankenberg, Hans Herrmann, Wolfgang Porsche und Hans-Joachim »Strietzel« Stuck

molino

Inhalt

Vorwort
– 007

Personenverzeichnis
– 236

GASTBEITRÄGE

1 DONALD VON FRANKENBERG
Richard von Frankenberg – Der Chronist des Rennsports – 009

4 DR. WOLFGANG PORSCHE
Über Schutzheilige, Rennsiege und andere Legenden – 053

7 HANS HERRMANN
Bergetappen zwischen Stuttgart und Lyon – Eine Erinnerung an Richard von Frankenberg – 087

10 HANS-JOACHIM »STRIETZEL« STUCK
Helden der Strecke früher und heute – 121

13 PHILIPP FÜRST ZU HOHENLOHE-LANGENBURG
Das erste Automuseum und ein später Kaffee für Niki Lauda – 149

16 PRINZ LEOPOLD »POLDI« VON BAYERN
Initialzündung – Mein Weg in den Motorsport – 191

ESSAYS UND REPORTAGEN VON RICHARD V. FRANKENBERG

2 Technik und Mut an der Grenze des Möglichen – 017

3 Die Kinderkrankheiten des Porsche Spyder – 041

5 Unfälle, wenn man sie etwas näher unter die Lupe nimmt – 061

6 Rekorde – kritisch betrachtet – 075

8 Anfänge auf dem Opel Kadett und Porsche 356 – 093

9 Die Mille Miglia-Geschichten des Schreckensteins – 105

11 Abenteuer mit Anastas Mikojan und einem alten Ford – 129

12 Frauen am Steuer – 139

14 In Frankreich fing der Automobilsport an – 157

15 Die deutschen Talente aus der Vergangenheit – 167

17 Fangio und die Argentinier – 197

18 Stirling Moss und der Aufstieg der Engländer – 215

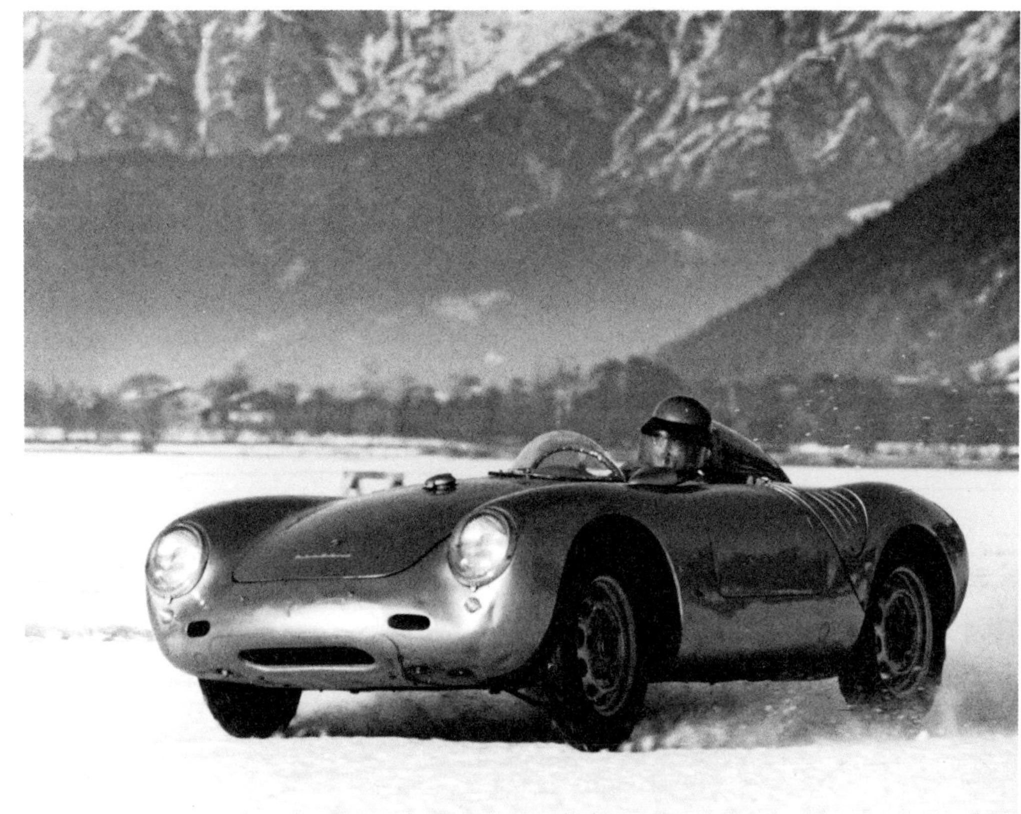

Die große Zeit des Rennsports – das sind die Anfänge bis hinein in die Sechzigerjahre. Eine Zeit, in der es hochgefährlich zuging, man die meisten Erfahrungswerte für Rennwagen und insbesondere Serienwagen sammelte und in der es vor allem auf die Fahrtechnik, das Können sowie den Mut der Fahrer ankam.

Vorwort

Dieses Buch versammelt die stärksten Texte von Richard von Frankenberg, dem größten Chronisten des Rennsports und Mitbegründer des Deutschen Automuseums. Er führt uns in spannenden Berichten, Biografien und Reportagen die Geschichte des Rennsports vor Augen. Kein anderer konnte so farbig und anschaulich von Rennen und Fahrern berichten wie er. Und das immer mit dem nötigen technischen Verstand und mit journalistischer Brillanz.

Zusätzlich haben wir Beiträger gewinnen können, die alle auf ihre Weise viel im Motorsport bewegt haben: Donald von Frankenberg, Sohn und Biograf unseres Autors, Hans Herrmann, Frankenbergs legendärer Rennfahrerkollege, die beliebten Fahrer und Motorsport-insider Hans-Joachim »Strietzel« Stuck und Leopold »Poldi« Prinz von Bayern. Aus dem Hause Porsche, für das Richard von Frankenberg Werksfahrer war, schildert der Vorsitzende der Porsche AG, Dr. Wolfgang Porsche, wie es dazu gekommen ist, dass Frankenberg das beliebte Kundenmagazin »Christophorus« gegründet hat.

Ich möchte mich bei allen Beiträgern herzlich bedanken! Die Abwechslung zwischen Originaltexten von Richard von Frankenberg und den Gastbeiträgen machen dieses Buch zu einer lebendigen Reise in die große Zeit des Motorsports. Ein ganz besonderer Dank für die vielen Recherchen zu den Gründungsjahren des Museums geht an David König, dem Leiter des Deutschen Automuseums Schloss Langenburg. Dieses Buch erscheint anlässlich des 50. Jubiläums unseres Museums. Für die starken Rennplakate und Fotografien danken wir dem Archiv der Porsche AG, den Mercedes-Benz Classic-Archiven sowie dem BMW Group Archiv. Auch die gute Zusammenarbeit mit dem Molino Verlag, Schwäbisch Hall, war eine Freude und hat das Buch entsprechend geprägt.

Ich wünsche allen viel Spaß beim Lesen. Ich bin mir sicher, Sie werden eintauchen in eine Zeit, in der die wahren Helden des Motorsports ihr Können unter höchstem Einsatz und Risiko gezeigt haben. Leider oft mit schrecklichen Unfällen, Dramen und Tragödien, aber auch mit legendären Siegen und Triumphen.

Philipp Fürst zu Hohenlohe-Langenburg

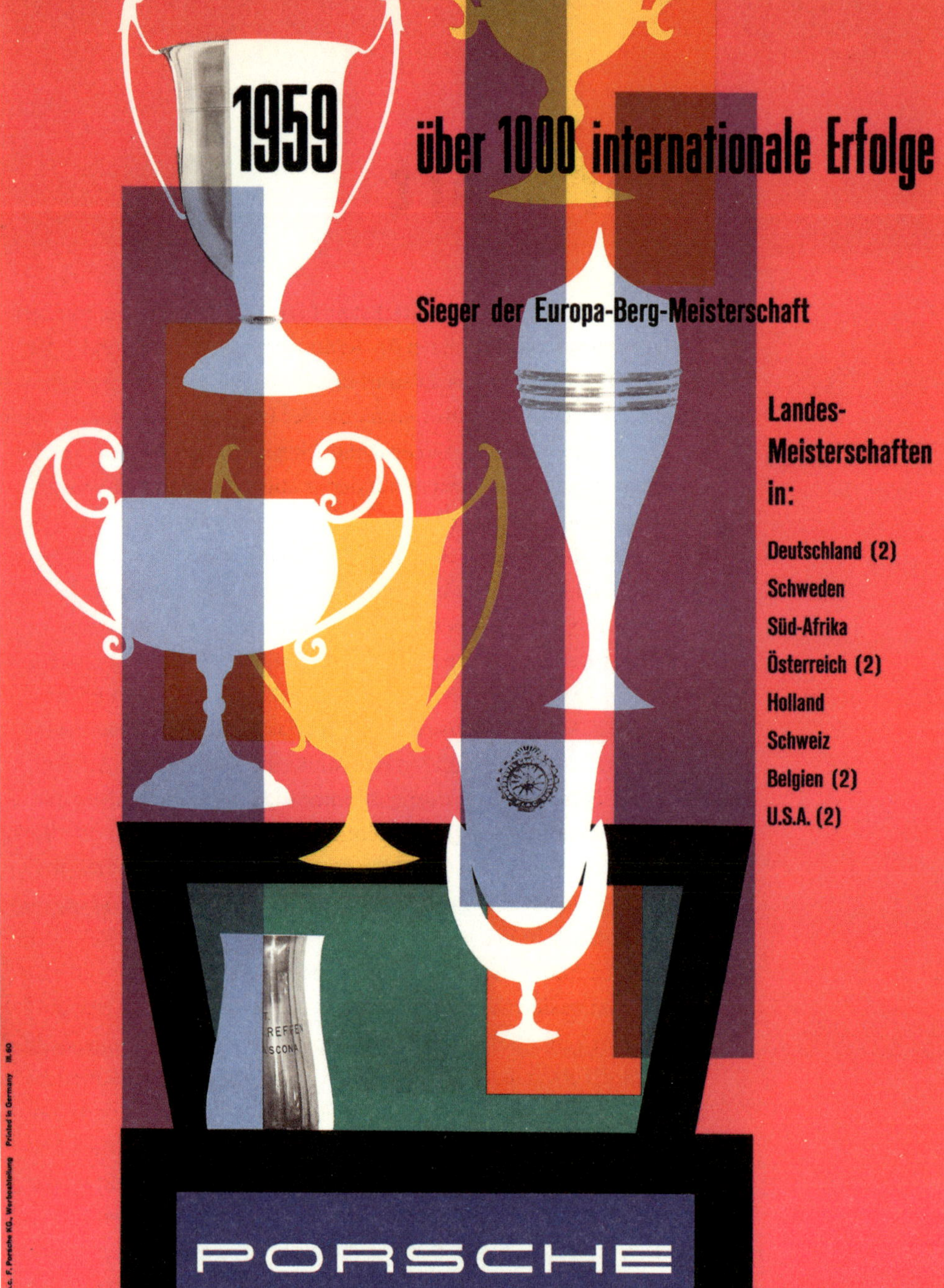
1959
über 1000 internationale Erfolge
Sieger der Europa-Berg-Meisterschaft
Landes-
Meisterschaften
in:
Deutschland (2)
Schweden
Süd-Afrika
Österreich (2)
Holland
Schweiz
Belgien (2)
U.S.A. (2)
PORSCHE
Werkswagen ausgerüstet mit BP, Bosch, Continental
Dr.-Ing.h.c. F. Porsche KG., Werbeabteilung Printed in Germany III.60

DONALD VON FRANKENBERG

1 Richard von Frankenberg – Der Chronist des Rennsports

Richard von Frankenberg, der erfolgreiche Rennfahrer und Journalist, ist noch heute besser bekannt unter seinem Spitznamen, den er der »Bild«-Zeitung zu verdanken hat: der furchtlose »Schreckenstein«. Vielleicht ist Furchtlosigkeit von Anfang an die markanteste Eigenschaft meines Vaters gewesen. Viele gefährliche Situationen und Unfälle hat er heil überstanden. Aus seinem bewegten Leben habe ich hier einige Schlaglichter zusammengestellt.

Mein Vater wurde 1922 in Darmstadt geboren, wuchs aber in Kirchberg an der Jagst auf. Dort kam er auch 1928 in die Volksschule. Seine Klassenkameraden staunten nicht schlecht: Er konnte schon perfekt lesen!

Mehr noch staunten sie, wenn Richard mit seiner Familie im Motorrad mit Beiwagen durch das Städtchen fuhr. Als die Familie 1930 mit dem »Wanderer« einen Ausflug zum Flugtag in Rothenburg ob der Tauber oder zum Kloster Maulbronn unternahm, war das natürlich Tagesgespräch. Anders als heute waren die Autos damals allerdings noch sehr störanfällig und so hielt sich der junge Richard oft mit seinem Vater in der Autowerkstatt von Max Botsch auf. In der vierten Klasse erzählte Richard seinen Kameraden, dass er mit seinen Eltern nach Tübingen ziehen werde. Dort solle er aufs Gymnasium gehen. Der Umzug verzögerte sich, sodass Richard im Frühjahr 1933 auch noch in die fünfte Volksschulklasse kam.

Die enge und endzeitliche Atmosphäre zu Hause wird den kleinen Richard vielleicht nicht besonders tangiert haben. Dass er plötzlich auf der Straße von anderen Kindern als »Judebuab« beschimpft wurde, schon eher. In Tübingen sollte es schlimmer kommen.

Seine eigentliche Karriere begann nach dem Krieg als Fahrer der Porsche-Werksmannschaft (1953–1960). Am 25. September 1955 stand der Große Preis von Berlin auf der Avus an.

Trotz der politischen Repressionen, der seine Familie ausgesetzt war – sein Vater galt als »jüdischer Mischling« und erhielt Berufsverbot –, wurde die Motorsportbegeisterung Richard von Frankenbergs nicht getrübt. Zu seinem 16. Geburtstag im März 1938 bekam er endlich ein

RvF wusste schon damals: „Nur mit Profil kommst du ins Ziel!"

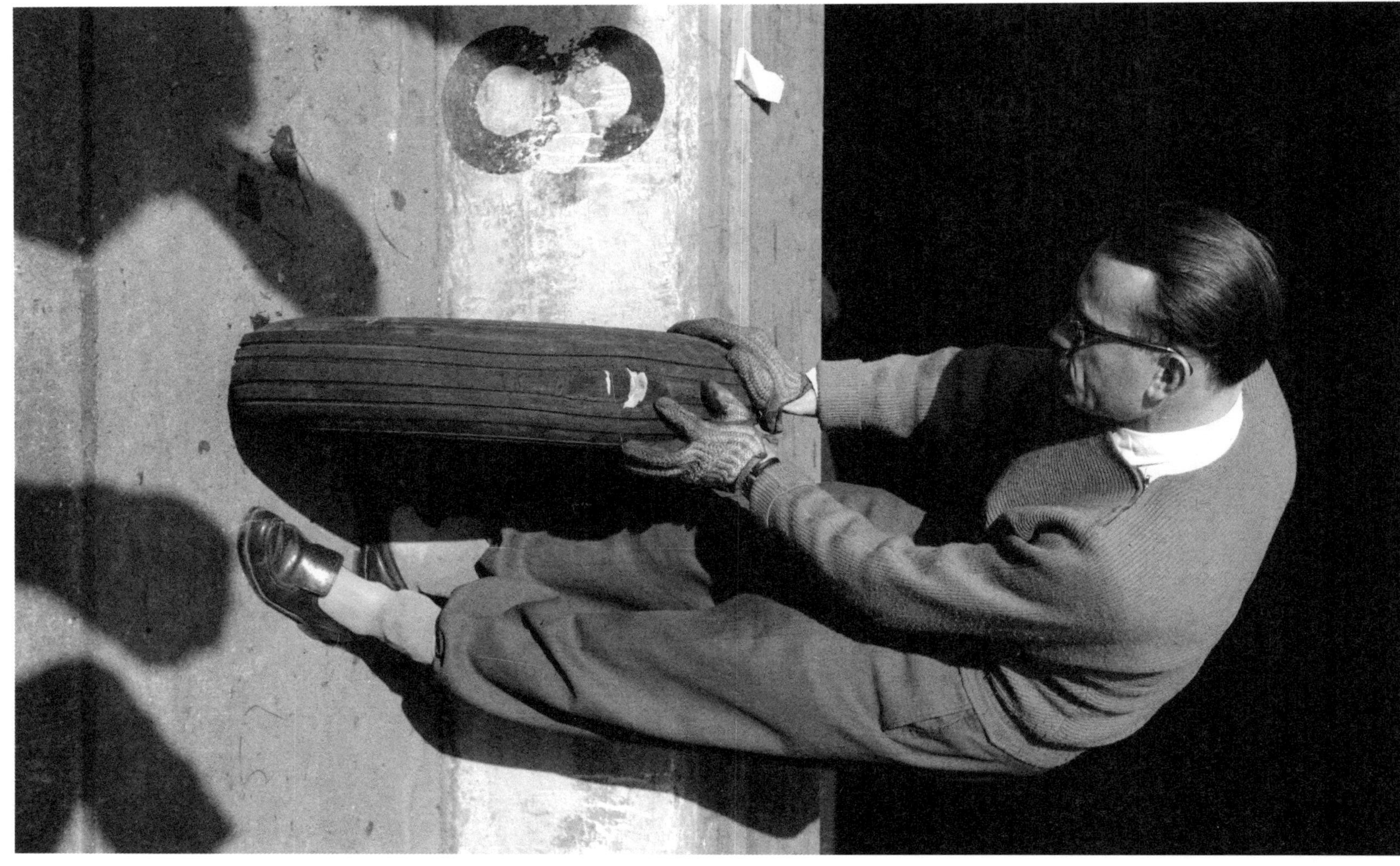

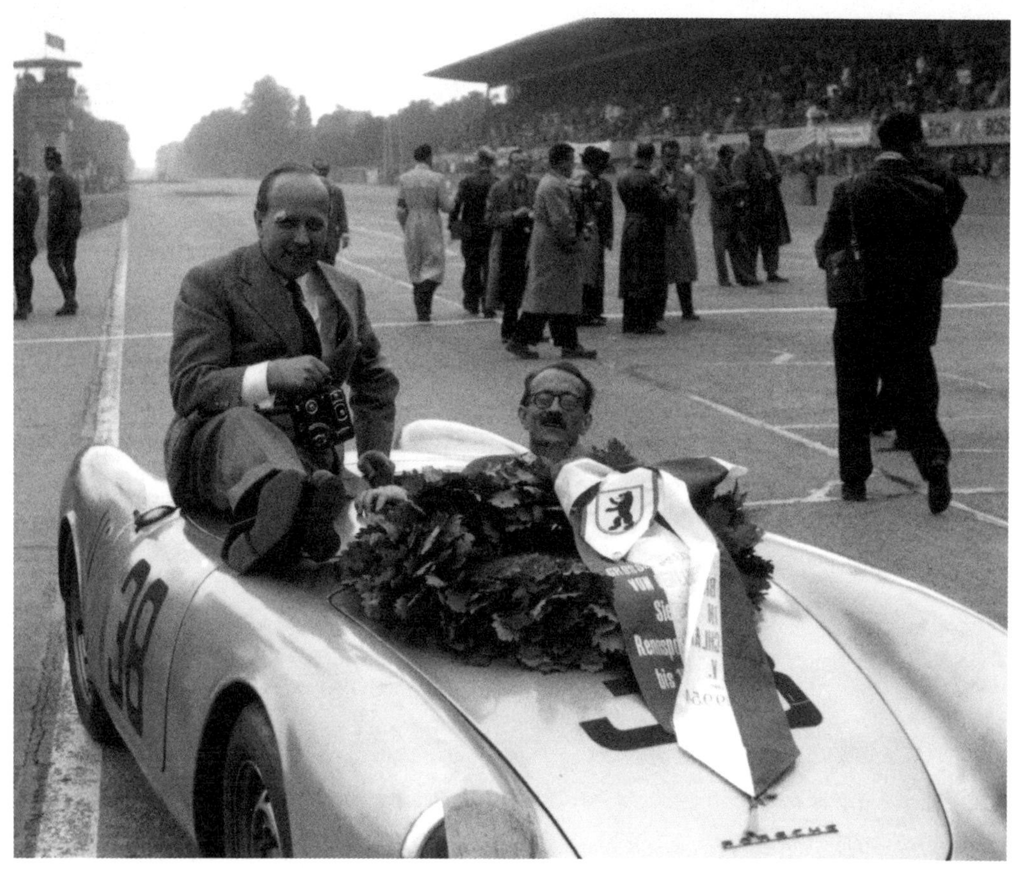

RvF holt den 1. Platz in der Sportwagenklasse bis 1500 ccm auf der AVUS Rennstrecke in Berlin 1954. Links Helmut Polensky: 1. Platz in der Gran Turismo-Klasse bis 1600ccm.

Motorrad, eine 100 ccm DKW-Maschine. Mit ihr machte er in halsbrecherischer Manier die Tübinger Wälder unsicher. Die erst später bei der Wehrmacht erkannte Kurzsichtigkeit dürfte seinen Wagemut eher beflügelt haben. Die Eltern erhofften sich durch dieses Sportgerät eine körperliche Ertüchtigung seiner eher schwächlichen Konstitution.

Richard fuhr nicht nur über Stock und Stein. Mit seiner Maschine bestritt er zwölf Gelände- und Zuverlässigkeitsfahrten und gewann bei der Geländefahrt in Isny im Allgäu eine Goldmedaille. Aufgrund dieser Erfolge bekam er schon mit 17 Jahren, am 30. Juni 1939, zwei Monate vor Kriegsbeginn, die Motorsport Lizenz Nr. 828 für Motorräder, gültig für Motorradsportveranstaltungen. Rundstreckenrennen durfte er damit allerdings nicht bestreiten.

Seine eigentliche Karriere begann nach dem Krieg als Fahrer der Porsche-Werksmannschaft (1953–1960). Am 25. September 1955 stand der Große Preis von Berlin auf der Avus an. Dies war der letzte und entscheidende Lauf zur Deutschen Meisterschaft. Richard von Frankenberg startete im Vorlauf der GT-Wagen bis 1300 ccm, fiel aber wegen eines technischen Defektes aus. Bei den Rennsportwagen waren in 30 Runden 249 Kilometer zurückzulegen. Richard von Frankenbergs Spyder leistete mittlerweile 122 PS und erreichte eine Geschwindigkeit von 240 km/h. Im Training hatte es nur zum drittbesten Startplatz hinter den EMW von Barth und Rosenhammer gereicht. Ihm gelang jedoch eines seiner besten Rennen: ein Start-Ziel-Sieg. Drei EMW mit einer Leistung von 140 PS und einem Gewicht von nur 530 Kilogramm jagten ihn über die gesamte Renndistanz. Oftmals fuhr Edgar Barth ausgangs der Südkehre mit ihm gleichauf. Durch das Fünfganggetriebe konnte Richard von Frankenberg aus der Kurve heraus besser beschleunigen. Nach dem Ausfall Edgar Barths wegen eines gerissenen Gaszugs in der 24. Runde versuchten Paul Thiel und Arthur Rosenhammer, ihn zu überholen – vergeblich. Das Endresultat spricht für sich: Hinter dem Sieger kamen drei EMW ins Ziel, erst auf dem fünften Platz, eine Runde zurück, Wolfgang Seidel auf einem weiteren Porsche Spyder. Die Durchschnittsgeschwindigkeit des Siegers betrug 197,6 km/h.

Die Deutsche Meisterschaft gewann Richard von Frankenberg überlegen mit 27 Punkten vor Paul Thiel mit 14 und Edgar Barth mit zwölf Punkten, beide auf EMW.

Bundespräsident Theodor Heuss verlieh dem erfolgreichen Sportler das Silberne Lorbeerblatt. Auf einer Festveranstaltung am 12. Dezember 1955 in Bad Homburg wurde es durch den Verkehrsminister Hans-Christoph Seebohm überreicht.

Ende des Jahres war dann das erste Buch über den Automotorsport fertig: »Die großen Fahrer unserer Zeit«, das Anfang 1956 im Motor-Presse-Verlag Stuttgart veröffentlicht wurde und von dem auch einige Texte in dieses Buch aufgenommen sind.

Viele weitere Rennerfolge folgten und auch als Journalist und Autor machte sich Richard von Frankenberg einen großen Namen. Bereits kurz nach dem Krieg hatte er bei Rowohlt unter dem Pseudonym

Herbert A. Quint die erste Biografie Adolf Hitlers in deutscher Sprache veröffentlicht. Die Deutsche Nationalbibliothek verzeichnet heute über 60 Publikationen, darunter viele Neuauflagen seiner Bücher. 1952 legte er, ebenfalls unter Pseudonym, seine Biografie von Ferdinand Porsche vor und gründete im selben Jahr die Porsche-Kundenzeitschrift Christophorus, die er über 20 Jahre lang als Chefredakteur gestaltete. Als brillanter Moderator und charismatischer Markenbotschafter behielt er noch lange nach seiner aktiven Rennsportkarriere eine große Fangemeinde.

Ein großes Verdienst hat er sich sicher um die Geschichte des Automobils erworben. Ich denke hier nicht nur an seine Bücher. Als Auto-Enthusiast war Richard von Frankenberg auch begeisterter Oldtimer-Sammler. In Kraft Fürst zu Hohenlohe-Langenburg fand er 1970 einen Freund und geeigneten Partner, um ein Projekt mit großer Strahlkraft zu verwirklichen: das erste markenunabhängige Automuseum in Deutschland, das die beiden schließlich federführend ins Leben riefen.

In seinem Aufsatz »Vom Ruhm des Rennfahrers« schrieb mein Vater, dass viele beklagen würden, wie kurz unser Gedächtnis sei. »Ich höre das oft: Der Ruhm eines Rennfahrers ist vergänglich, mehr noch als der Ruhm eines Filmstars. Die Großen von gestern, was bedeuten sie den Heutigen? Wer kennt noch die Namen von Spitzenfahrern, die vor zehn, fünfzehn Jahren ihre Karriere beendeten oder die auf tragische Weise verunglückten?« Richard von Frankenberg glaubte dagegen daran, dass der Ruhm der »anciennes pilotes«, die sich durch Begeisterung, Beruf und überstandene Gefahren zusammengehörig fühlten, länger überdauern werde. Tatsächlich: 50 Jahre später kennen wir noch viele ihrer Namen. Richard von Frankenberg hat den Motorsporthelden seiner Zeit in vielen spannenden und heute noch lesenswerten Reportagen ein überdauerndes Denkmal gesetzt. Genauso, wie sich selbst.

◆

Benzin und Tinte im Blut – Begründer und Chefredakteur der Porsche-Kundenzeitschrift »Christophorus« zu Hause in der Wohnung am Stuttgarter Frauenkopf.

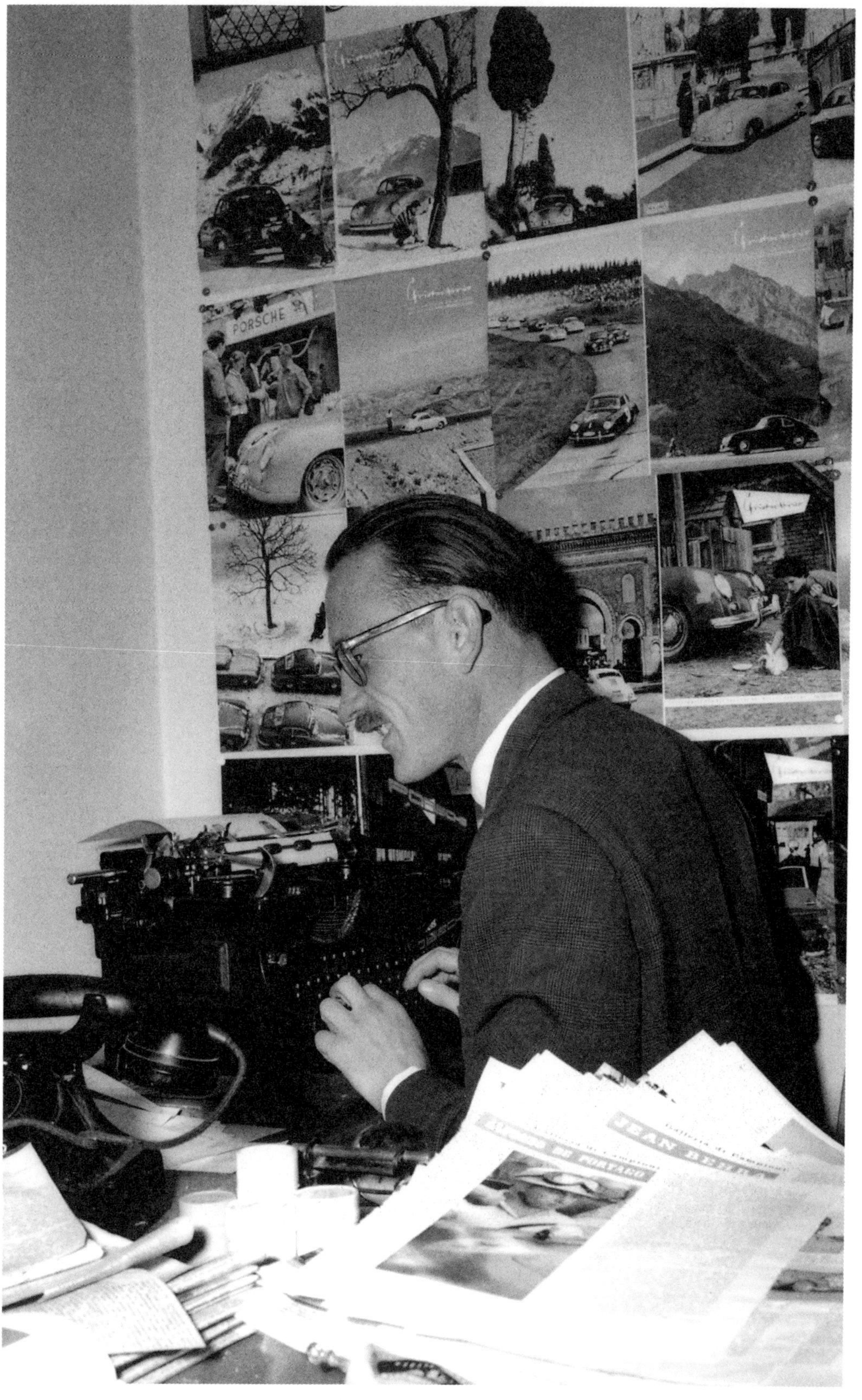
PORSCHE

PORSCHE

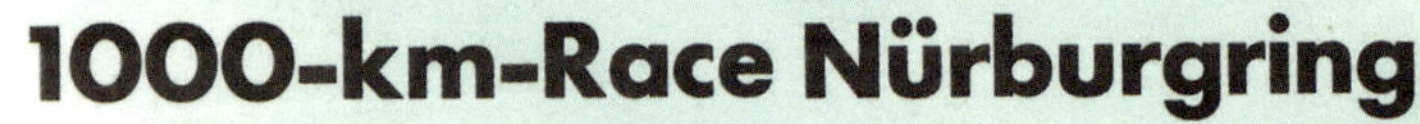

Racing Sports Cars up to 1500 c.c.:	1. Count Trips / Maglioli 2. Herrmann / v. Frankenberg
Overall Classification:	4. Count Trips / Maglioli 5. Herrmann / v. Frankenberg
Production Sports Cars up to 1500 c.c.:	1. Kretschmann / Liebl 2. Hezemans / Count Beaufort
Gran Turismo up to 2000 c.c.:	1. Nathan / Kaiser 2. Schulze / Nogueira

The factory owned cars were using LABO oil and were fitted with Continental tyres

VAN HUSEN KÖLN

2 Technik und Mut an der Grenze des Möglichen

Vielleicht sind wir alle, die wir Rennen fahren oder uns an Rennen begeistern, um 400 Jahre zu spät geboren? In der bekannten amerikanischen Zeitschrift »Life« erschien einmal – längst bevor er diesen tragischen Unfall bei der Mille Miglia hatte, der zu seinem Tode führte – ein Artikel über den spanischen Marquis de Portago und dieser Artikel trug die Überschrift: »Ein Mann, der vierhundert Jahre zu spät geboren ist«.

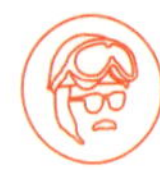

Ganz abwegig scheint mir dieser Gedanke nicht zu sein, denn der Automobilsport kommt mir oft vor wie eine Fortsetzung von mittelalterlichen Ritterturnieren. Auch diese waren ja keineswegs ungefährlich, obwohl die Geschwindigkeiten der Pferde 50 bis 60 km/h nicht überstiegen, weil Pferde einfach nicht schneller laufen. Aber es gab damals das sogenannte Turnier-Scharfstechen: Man versuchte seinen Gegner nach bestimmten Spielregeln mit einer Lanze so zu treffen, dass er vom Pferd herunterfiel, dann hatte man gewonnen. Selbstverständlich trugen die Ritter dicke Panzer und man sollte sich dabei keineswegs erstechen, sondern wollte nur zeigen, wie geschickt man mit einem Pferd umgehen kann, wie behende man ausweicht, wie gut man trifft und wie mutig man ist. Immerhin: Im Jahre 1241 fand in Neuß am Rhein ein solches Turnier- Scharfstechen statt, ein großes, an dem sich viele hundert Ritter aus allen deutschen Landen beteiligten. Es gab dabei 60 Tote – so steht es in den Chroniken. Es wurde aber das Turnier-Scharfstechen daraufhin nicht verboten …

Die Erkenntnisse, die unsere Konstrukteure bei den Rennen und Rallyes gewonnen haben, lassen sich umsetzen und befruchten die Konstruktion der Serienwagen.

Indem man ein solches Ereignis erwähnt, besteht die Gefahr, missverstanden zu werden. Der Automobilsport ist dann am schönsten, wenn sich ein großer, echter, spannender Kampf abspielt und es keinen einzigen Unfall dabei gibt. Aber es wäre töricht, behaupten zu wollen, man könne den Automobilsport so einrichten, dass niemals Unfälle vorkommen. Man kann auch das Bergsteigen nicht so einrichten, dass Unfälle völlig ausgeschlossen sind. In den letzten Jahren haben die Tageszeitungen die Automobilsportunfälle zu sehr in das Rampenlicht der Schlagzeilen gehoben, selbst dann, wenn keine Zuschauer verletzt wurden, sondern nur Fahrer. Ich erinnere daran, dass beim Bergsteigen in jedem Jahr mindestens zehnmal so viele Opfer gezählt werden als beim Automobilrennsport; aber außer in kurzen Nachrichten von drei oder vier Zeilen kümmert sich niemand um die Opfer des Berges – und wenn ich es scharf formulieren will, dann sind es doch völlig sinnlose Opfer, denn was steckt dahinter, wenn ich einen bestimmten Berg oder eine bestimmte Wand eines Berges ersteige? Der persönliche Wunsch nach einem Leistungsbeweis, nach Ausleben sportlicher Ambitionen, der Wille zu einem persönlichen oder allgemeingültigen Rekord, zu einer Bezwingung der Natur und ihrer Elemente – nicht mehr und nicht weniger. Der Automobilsport besitzt außer diesem Hintergrund, der ihm zweifellos auch eigen ist, noch zwei andere: Das eine ist ein kommerzieller und volkswirtschaftlicher – denn mit den Erfolgen im Sport kann eine Firma Reklame machen und mit der Reklame verkauft sie Autos, mit dem Verkauf der Autos aber bringt sie Arbeit und Brot. Außerdem gibt es ganz ohne Zweifel einen technisch-konstruktiven Hintergrund. Die Erkenntnisse, die unsere Konstrukteure bei den Rennen und Rallyes gewonnen haben, lassen sich umsetzen und befruchten die Konstruktion der Serienwagen.

Dagegen erhebt sich manchmal Widerspruch. Aber ich will nur auf einige wenige technisch markante Punkte hinweisen. Die Vierradbremse ist heute so sehr Allgemeingut im Automobilbau, dass man nicht mehr darüber spricht. Vor dem Ersten Weltkrieg gab es zwar zwei Firmen, die mit der Vierradbremse im Personenwagen Versuche anstellten (Nesselsdorfer Wagenbau, später Tatra genannt, und Isotta Fraschini), aber diese Vierradbremsen konnten sich keineswegs durchsetzen und blieben unpopulär, weil die Einstellung sehr schwierig war. Erst aufgrund von Rennerfahrungen ist die Vierradbremse allgemein im Personenwagenbau übernommen worden: Erst als 1914 beim Großen Preis von Frankreich die Delage-, Fiat- und Peugeot-Rennwagen Vierradbremsen besaßen, war der Bann gebrochen.

Aber noch waren das mechanische Bremsen. Die hydraulische kam erst Mitte der Zwanzigerjahre auf. Und wo war sie zuerst, wo wurde sie erprobt? Auch im Rennwagen. 1921 erschien der amerikanische Duesenberg-Rennwagen mit einer hydraulischen Vierradbremse, was eine Sensation darstellte. Der Amerikaner Jimmy Murphy gewann damals auf einer Rennstrecke bei Les Mans ganz überlegen den Großen Preis von Frankreich mit diesem amerikanischen Rennwagen – die favorisierten französischen Ballot-Rennwagen blieben weit abgeschlagen, und das hauptsächlich, weil der Duesenberg viel besser bremsen konnte. Wie das so oft in der technischen Entwicklung zu beobachten ist: Die Öldruckbremse des Duesenberg-Rennwagens war gar keine amerikanische, sondern eine, die der französische Ingenieur Pilain konstruiert hatte – aber seine Landsleute fanden die neue Bremse zu »neumodisch« und so verkaufte er sie nach Amerika. Das erste Patent auf eine Öldruckbremse allerdings hat, wenn ich nicht irre, schon 1895 bestanden und war einem deutschen Ingenieur namens Hugo Mayer erteilt worden.

Sehen Sie sich die Bremsen von schnellen Serienwagen heute an: bei Daimler-Benz oder Alfa Romeo oder Porsche. Sie werden finden, dass man Kühlrippen an den Bremstrommeln angebracht hat oder Turboschaufeln. Und wo begann das? Im Rennwagen natürlich, wo man schon vor dreißig Jahren sehr hohe Geschwindigkeiten abbremsen musste. Aber heute sind ja unsere Serienautomobile so schnell wie die Rennwagen von einst – nein, kein Spaß: Nicht nur mit einem käuflichen Sport- oder Gran Turismo-Wagen von heute, sondern auch mit einem bequemen Viersitzer kommt man ebenso schnell um den Nürburgring herum wie vor 25 Jahren mit einem Renn- oder Rennsportwagen.

Pardon, ich bin jetzt ganz abgeschweift vom Marquis de Portago. Aber was ich noch sagen wollte zu dem Thema Fortsetzung der Ritter-Turniere: Das erscheint mir am ehesten bei den Grand Prix-Rennen und bei den großen Sportwagenrennen vorzuliegen, bei den Kämpfen, die die berühmten Werksmannschaften untereinander austragen. Ich bin durchaus der Ansicht, dass der Automobilsport eine noch viel breitere Basis braucht, das heißt, dass sich noch viel mehr Privatfahrer beteiligen müssten, aber mir scheint, jener kämpferische Geist, von dem wir uns vorstellen, dass er einst bei den Ritter-Turnieren geherrscht hat, konnte sich in den großen Rennen, wo ja fast nur Fabrikwagen starten, in reinerer Form erhalten als auf dem privaten Sektor.

Es hat sich da in den letzten Jahren eine Entwicklung angebahnt, die ich mit einiger Sorge beobachte. Als ich anfing, Rallyes und dann auch Rennen zu fahren, in den Jahren 1951 bis 1953, und fast stets mit privaten Automobilen, da habe ich eigentlich niemals unter den Fahrern ernsthafte Streitigkeiten erlebt, Proteste, weil ein Auto schneller ging als das andere, oder Proteste, weil man mal nicht überholen konnte. Leider ist in den letzten Jahren eine gewisse Tendenz dazu, eine »Protestierfreudigkeit«, in den privaten Sport hineingetragen worden, die mir nicht sehr gefällt. Ist dies vielleicht darauf zurückzuführen, dass man heute materialistischer denkt als früher? Oder dass man schlechter verlieren kann? Bei den großen Sportwagenrennen und bei den Grand Prix sind derartige Vorgänge sehr viel seltener, kommen praktisch nie zum Tragen. Mir scheint auch, dass es umso mehr solche Proteste und ähnliche Begleiterscheinungen gibt, je zweitklassiger die Fahrer sind. Unter den Spitzenfahrern herrschen anscheinend viel mehr ungeschriebene Gesetze. Auch sind die Rennsportwagen und Rennwagen von heute so schnell und werden von den Spitzenfahrern so hart an den physikalischen Grenzen bewegt, dass jede kleinste Unfairness und Unkorrektheit zu einer Katastrophe führen könnte. So betrachtet bringt der größere Einsatz beim wirklichen Schnellfahren automatisch ein Plus an Fairness. Die Gefahr wirkt erzieherisch.

Nur quasi am Rande sei vermerkt, dass die sehr komplizierten Reglements, die von der FIA in den letzten Jahren für die Tourenwagen und die Gran Turismo-Fahrzeuge fabriziert worden sind, nicht gerade zur Klarheit und Offenheit im Automobilsport beigetragen haben, denn sie sind selbst für Techniker schwer zu verstehen und lassen verschiedene Auslegungen und Hintertürchen zu. Im Vergleich dazu sind die Kategorien Rennsportwagen, Formel 2 und Grand Prix-Wagen (Formel 1) so einfach und eindeutig definiert, dass es schon aus diesem Grunde hier viel weniger Reglementsverstöße geben kann.

Doch zurück zu dem Mann, der 400 Jahre zu spät geboren ist. Dass ich hier einige Gedanken über den Rennsport niederschreibe und einige Erlebnisse erzähle, hängt indirekt mit dem Marquis de Portago zusammen. Man braucht ja immer von irgendwoher einen »Anstoß«, um eine Sache zu beginnen. Dieser Anstoß kam für mich kurz nach dem Rennen von Reims. Dort wurde im Jahre 1957 nicht der »Große Preis von Frankreich« gefahren, weil der in Rouen stattfand, sondern nur der »Große Preis von Reims« – »nur« ist das falsche Wort, weil auch hier in Reims die ganze Grand Prix-Elite versammelt war. Außerdem gab es ein Formel 2-Rennen und vor alledem das traditionelle 12 Stunden-Rennen von Reims, das in diesem Jahr für Gran Turismo-Fahrzeuge ausgeschrieben wurde.

Dort war ich mit einem Carrera des Zuffenhausener Werks gemeinsam mit Edgar Barth mitgefahren und wir hatten auch den erhofften Erfolg errungen. Gemeinsam mit dem zweiten Werkswagen von Porsche waren wir »ex aequo« als Sieger klassifiziert worden, das

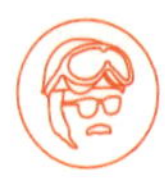

Einer der Vorläufer des Automobils war um das Jahr 1600 herum der Segelwagen. Damals hatte man, zuerst in Holland, herausgefunden, dass der Wind an der Küste nicht nur dazu gut sein kann, Segelschiffe anzublasen und voranzutreiben, sondern auch vierräderige Landfahrzeuge.

heißt, wir waren nebeneinander durchs Ziel gefahren (den anderen Wagen pilotierten Storez/Bonnier); im Gesamtklassement waren wir auf Platz sechs gekommen. Anschließend fuhr ich noch für zwei Tage an die Atlantikküste hinauf, in das französische Seebad Le Touquet, wo mich außer der netten Umgebung und dem wunderschönen Strand die Segelwagen faszinierten.

Ich interessiere mich sehr für die Geschichte des Automobils und schreibe auch oft darüber. Einer der Vorläufer des Automobils war um das Jahr 1600 herum der Segelwagen. Damals hatte man, zuerst in Holland, herausgefunden, dass der Wind an der Küste nicht nur dazu gut sein kann, Segelschiffe anzublasen und voranzutreiben, sondern auch vierräderige Landfahrzeuge. Und so konstruierte man aus Holz das, was man heute ein Autofahrgestell nennen würde, ziemlich lang und gestreckt, und setzte ein großes Segel darauf. Und mit diesen Segelwagen konnte man bei entsprechend günstigen Winden und bei Ebbe mit erheblicher Geschwindigkeit am Strand entlangfahren. Das gibt es heute als Sport in den Seebädern da oben – natürlich haben jetzt die Segelwagen Gummireifen, Drahtspeichenräder, Rohrrahmen und eine richtige Autolenkung. Aber im Grunde ist es immer noch das Prinzip des Jahres 1600.

Als ich dann wieder nach Deutschland kam und zunächst Graf Trips besuchte, der noch sein Gipskorsett trug, rief ich in Stuttgart bei den Porschewerken an. Es wurde mir gesagt, ich solle doch zunächst zu einem amerikanischen Motorsport-Club fahren – man hätte in einem Restaurant in Weinheim an der Bergstraße einen Clubabend und würde sich freuen, wenn ich über das Rennen in Reims etwas erzählen könnte.

Ich war ein bisschen müde an diesem Vortragsabend, und als die Mitternacht heranrückte, verabschiedete ich mich, um schnell nach Hause zu fahren. Auf dem Parkplatz draußen war ich gerade dabei, meinen Wagen aufzuschließen, als Leo Levine, der Motor-Korrespondent von »Stars and Stripes«, mir nachgerannt kam.

»Hallo«, sagte er, »schade, dass Sie schon wegfahren. Ich bin herausgekommen, um Ihnen noch etwas mitzugeben. Vielleicht interessiert es Sie. Es ist eine Schallplatte, die eben in den USA produziert worden ist – wahrscheinlich kriegt man sie noch nicht in Deutschland. Hier ist sie. Hören Sie sich das doch einmal an und sagen Sie mir, was Sie davon denken. Es ist eine Platte, auf der der Marquis von Portago interviewt wird und über seine Einstellung zu Rennen spricht. Es ist aufgenommen kurz vor seinem tödlichen Unfall bei der Mille Miglia.

Ich bedankte mich und nahm die Platte mit in den Wagen, stopfte sie hinter mein Gepäck – sie war ja unzerbrechlich – und fuhr auf der Autobahn nach Hause. Es war nach 1 Uhr nachts, als wir in Stuttgart ankamen. Ich wollte ja gleich ins Bett gehen, aber beim Fahren war die Neugier in mir wach geworden: Ich stellte mein Radio noch an und legte die Platte auf. Der Marquis de Portago oder, um ihn bei seinem vollen Namen zu nennen, Alfonso Cabeza de Vaza, 17. Marquis de Portago, der ein Neffe und Patenkind des spanischen Ex-Königs gewesen ist, wurde in London geboren und ist zum Teil in England erzogen worden. Er sprach infolgedessen fließend englisch – er war ja auch mit einer Amerikanerin verheiratet, doch musste man sehr genau zuhören, wenn man alles verstehen wollte, denn de Portago hielt ja keine wohlvorbereitete Rede, sondern sprach etwas schnoddrig, etwas nachdenklich, etwas unkonzentriert und wie in einem Selbstgespräch, manchmal stockend, murmelnd und verträumt.

Aber es war wert, dass man zuhörte. Und ich muss ehrlich gestehen, dass ich in dieser Nacht auf das Tiefste beeindruckt war. Als ich die Aussagen des Marquis de Portago hörte, merkte ich wieder, dass man über den Rennsport sehr viel sagen kann und auch sagen sollte, denn er ist aus drei Gründen mit keinem anderen Sport unserer heutigen Welt vergleichbar: Kein Sport ist so eng verschlungen mit dem Fortschritt und mit den Tücken unserer Technik; kein Sport bewegt sich so gefährlich nahe an einem physikalischen und daher nicht überschreitbaren Grenzbereich wie dieser; kein Sport erfordert so viel Mut, gepaart mit Erfahrung und technischem Feingefühl.

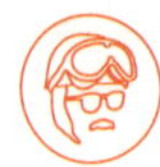

Das Geheimnis eines großen Fahrers kann man am besten dahingehend definieren, dass er diesen physikalischen Grenzbereich genauer kennt als die anderen und ihn daher mit einer gewissen Sicherheit beherrschen kann. So, wie jeder Vorstoß in Grenzbereiche für den Menschen ein Abenteuer darstellt, so kann man natürlich auch nur »mit einem gewissen Sinn für das Abenteuer«, wie es de Portago formuliert, Rennen fahren. Gewiss ist einer der Hintergründe, warum junge Menschen plötzlich auf die Idee kommen, Rennen fahren zu wollen, das, was man die Sehnsucht nach Ruhm und »Publicity« nennen kann; auch die Sehnsucht nach Geld mag in manchen Fällen eine entscheidende Rolle spielen. Aber für den Marquis de Portago waren diese beiden Hintergründe sicherlich nicht vorhanden. Er lebte wirklich nicht in finanziellen Sorgen und stand als spanischer Marquis und Neffe des Königs in der vordersten Reihe einer angesehenen Nobilität. Er hatte sich zudem als Reiter schon einen hervorragenden Namen gemacht – im Jahre 1952 zum Beispiel galt er in Frankreich als der erfolgreichste Amateur-Jockey bei Hindernisrennen. Auch die weltberühmte »Grand National Steeple Chase« in England war er schon mitgeritten. Dass er gut Auto fahren konnte, wusste er, aber ob sein Können ausreichen würde für große Rennen, war keineswegs sicher. Warum fuhr er also?

Seine innere Triebfeder kann man mit dem Wort »Grenzwert« sicherlich am deutlichsten klarmachen. Und es scheint mir in unserer Natur zu liegen, dass eine Reihe von Menschen auf allen Gebieten – der Automobilsport ist nur eines der auffallendsten dabei – immer wieder probieren, sich diesen Grenzwerten, die uns gesetzt sind, zu nähern. Man kann dieses Unterfangen als völlig sinnlos bezeichnen, weil man ja schon kraft seines Verstandes vorher weiß, dass diese Grenzwerte niemals zu überschreiten sind. In jeder Sportart kennt man ungefähr die Grenzen und die Möglichkeiten, nicht auf den Zentimeter und auf die Zehntelsekunde genau, aber man kennt den Bereich, der für den Menschen zugänglich ist. Deshalb kann man auch Rekorde immer nur um ganz winzige Zeit- und Raumeinheiten verbessern. Der Verstand sagt uns: Mit den jeweils gegebenen technischen Mitteln einer Epoche kann man z. B. einen Rundendurchschnitt von 144 km/h vielleicht auf 146 oder 147 km/h bringen, aber niemals auf 160 oder 170 km/h.

Einige unternehmen es aber, den Verstand zu kontrollieren, indem sie die Grenzen dieses Bereiches aufsuchen. Sofern man diesen Vorgang als Abenteuer bezeichnet, sollte man vor diesem Abenteuer freilich allen Respekt haben, wie vor allen Leistungen des Menschen, in denen er sich selbst bestätigen will.

Das einmal begonnene Abenteuer beginnt einen freilich immer mehr zu fesseln. In dem Interview, das der Marquis de Portago auf der Schallplatte gibt, wird er einmal gefragt, ob nicht der Unfall eines Freundes bei einem Rennen sehr deprimierend wirken würde. Ja, natürlich, erwidert er, an dem Sonntag, an dem es passiert, sagt man sich, was ist das doch für eine blöde Sache, diese Rennfahrerei. Am Montag denkt man noch einmal darüber nach und meint, man sollte es lieber aufgeben, aber doch nicht mitten in der Saison, sondern vielleicht am Ende dieses Jahres, und am Dienstag – ja, am Dienstag denkt man nur noch an das nächste Rennen. In seinem Interview sagte Portago an einer Stelle freilich etwas, was viele andere Fahrer schon aus Aberglauben heraus nicht ausgesprochen hätten: De Portago hatte viele Stürze hinter sich gebracht und nie war ihm etwas Ernstliches dabei passiert. So fühlte er sich wohl unverwundbar und gleichsam von einem Engel beschützt und deshalb sagte er: »Ein tödlicher Unfall – nein, niemals, niemals wird mir das passieren. Es darf nicht.« Das war ein knappes halbes Jahr vor seinem Mille Miglia-Sturz. Niemand kann Voraussagen über seine Existenz machen, ob er Rennen fährt oder nicht. Das hatte der Marquis de Portago in diesem Augenblick des Interviews wohl für einige Sekunden vergessen.

Kein Sport ist so eng verschlungen mit dem Fortschritt und mit den Tücken unserer Technik; kein Sport bewegt sich so gefährlich nahe an einem physikalischen und daher nicht überschreitbaren Grenzbereich wie dieser; kein Sport erfordert so viel Mut, gepaart mit Erfahrung und technischem Feingefühl.

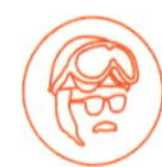

Ich erinnere mich noch sehr gut, wie ich das erste Mal den Marquis de Portago gesehen habe. Er begann ja erst 1954 große Rennen mitzufahren und hatte im Anfang einen 1,5 Liter Osca-Rennsportwagen. Mit diesem meldete er für das Sportwagenrennen beim Großen Preis von Deutschland. Damals war der Porsche Spyder noch ziemlich neu; es gab ihn nur als Werkswagen und es waren vier Stück bis dahin hergestellt worden. Zum ersten deutschen Meisterschaftslauf, dem Eifel-Rennen, war er noch nicht erfolgreich gewesen, weil nicht bis ans Ziel gekommen. Aber bei der Mille Miglia, in Le Mans und in Reims hatte es schon Auslandserfolge gegeben und man hatte gesehen, dass er in seiner Klasse (Sportwagen bis 1500 ccm) eine ziemlich überlegene Rolle spielen würde.

In jeder Sportart kennt man ungefähr die Grenzen und die Möglichkeiten, nicht auf den Zentimeter und auf die Zehntelsekunde genau, aber man kennt den Bereich, der für den Menschen zugänglich ist. Deshalb kann man auch Rekorde immer nur um ganz winzige Zeit- und Raumeinheiten verbessern.

Die vier Spyder beim Großen Preis fuhren Hans Herrmann, Helmut Polensky und ich, außerdem hatte unser Rennleiter Huschke von Hanstein noch einen, um eine ganze Phalanx für die notwendigen Meisterschaftspunkte aufzustellen. Als Konkurrenten traten die Rennsportwagen von Borgward auf, die EMW-Wagen aus der Ostzone und einige private Eigenbaukonstruktionen, die nicht sehr ernst zu nehmen waren. Auch ein paar Ausländer waren gekommen und unter diesen befand sich ein schwarz angestrichener Osca, der von einem uns bis dahin völlig unbekannten Marquis de Portago gemeldet war. Er wurde darum auch von uns in keiner Weise beachtet.

Im Training waren die vier Porsche mit Abstand die schnellsten Fahrzeuge. Zum ersten Mal war man mit 1500 ccm-Sportwagen auf dem Nürburgring unter die 11 Minuten-Grenze gekommen, was damals für außergewöhnlich gehalten wurde. In der ersten Startreihe standen also wir vier, rechts außen Hans Herrmann mit der schnellsten Trainingszeit, dann kam mein Auto, dann Polensky, dann von Hanstein. Übrigens hatte es noch einen kuriosen Zwischenfall gegeben. In den offiziellen Trainingslisten erschien plötzlich ein EMW-Wagen mit der Zeit von 10:43 – das war für die damalige Zeit unerhört schnell und zugleich sehr unglaubhaft, denn in den übrigen Runden lagen die EMW-Zeiten zwischen 11:10 und 11:30. Es herrschte für einige Zeit große Aufregung bei Porsche. War da wirklich ein EMW plötzlich so schnell – hatte man in den übrigen Trainingsrunden mit verdeckten Karten gespielt? Wir gingen zur Zeitnahme, nachdem das Training beendet war, und man stellte fest: Es war doch ein Messfehler. Wenn man am Nürburgring nur eine Schleife um die Südkurve fährt und am Ende der Gegengeraden wieder zu den Boxen einbiegt, kommt man bekanntlich auch am Zeitnehmerhaus vorbei und wird registriert. Wenn nun einer aus einer normalen Runde zurückkommt, an den Boxen hält, zehn Minuten wartet, dann losfährt und an der Gegengeraden wieder einbiegt, kann unter Umständen – rein zufällig – eine fantastisch gute Trainingszeit herauskommen, die dann natürlich gar nicht stimmt.

Wir in der ersten Startreihe kümmerten uns um die hinteren herzlich wenig, denn auch die schnellsten Wagen der zweiten Startreihe lagen zeitlich um mehr als zehn Sekunden zurück. Es würde ein Hausrennen für Porsche werden; vor den beiden Borgward-Wagen müsste man sich etwas vorsehen und diese nicht zu nahekommen lassen, ansonsten würde man mehr auf das Durchhalten der eigenen Maschine zu achten haben als auf die Gegner. Der Start klappte wunderbar. Hans Herrmann hatte beim Eingang in die Südkehre einen kleinen Vorsprung; ich fuhr direkt hinter ihm, es folgten Hanstein und Polensky. Alles ging nach Programm.

Traumgarage – Vorbereitung der Porsche 550 Spyder für das 24-Stundenrennen in Le Mans 1954.

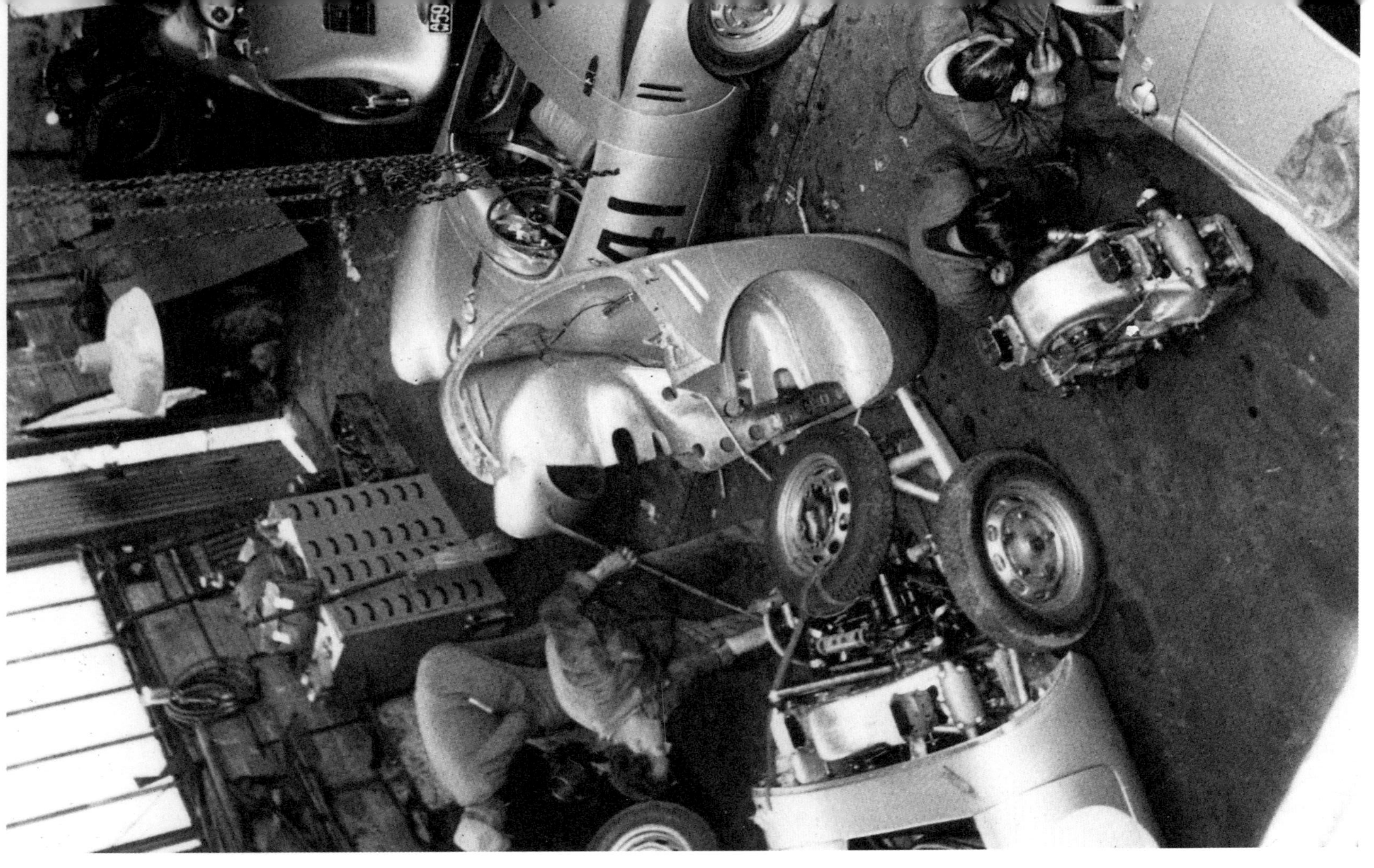

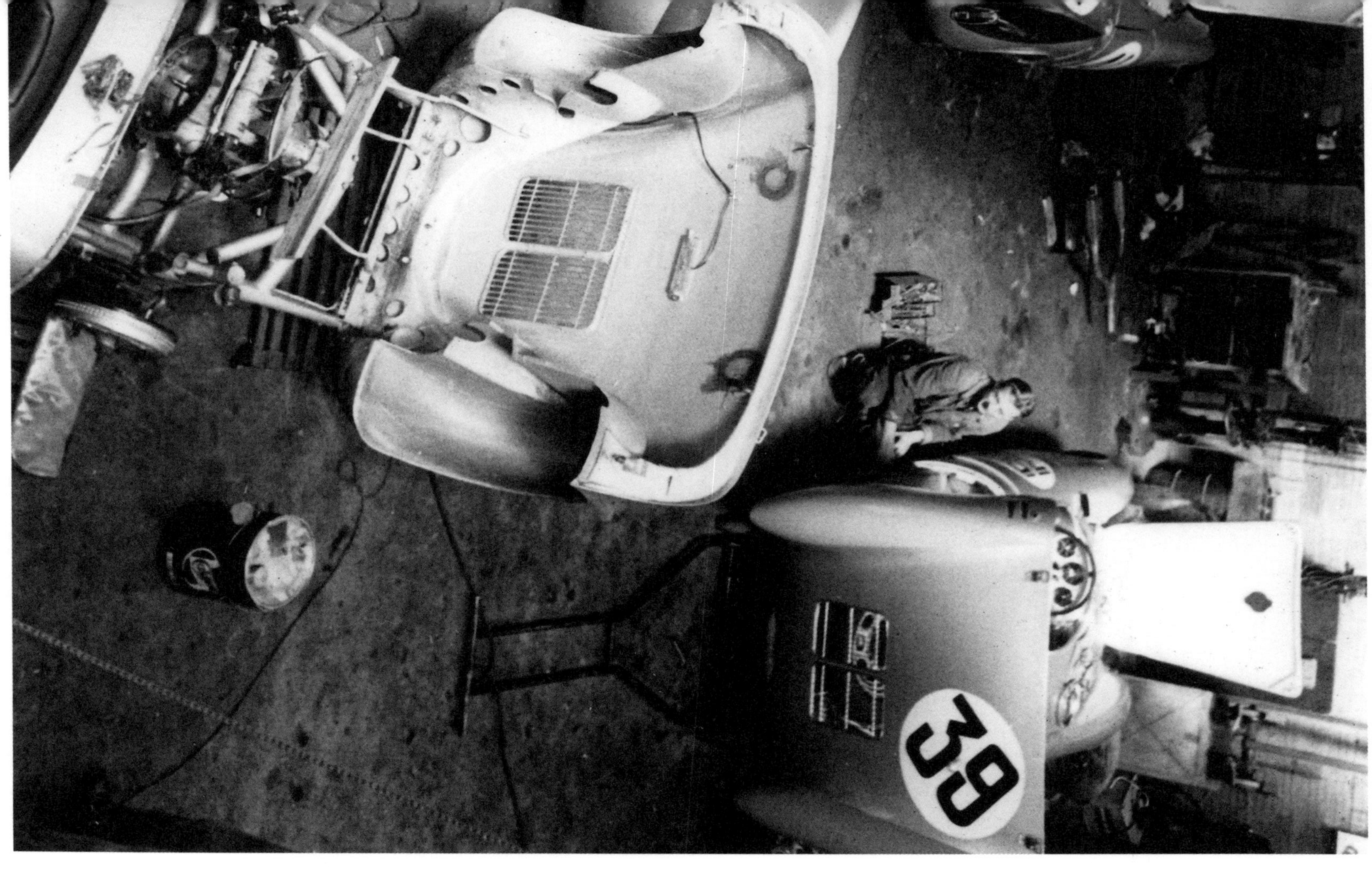

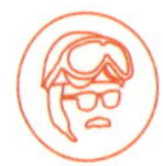

In den ersten zwei Runden war der Nürburgring von einem Regen am frühen Morgen her an einigen Stellen noch ein klein wenig feucht. Hans Herrmann führte schon nach der ersten Runde mit einem beträchtlichen Vorsprung, während ich noch etwas vorsichtig blieb. Ein Blick in meinen Rückspiegel sagte mir: zwei weitere Porsche Spyder – man brauchte also keine Sorge zu haben. In der zweiten Runde nähere ich mich wieder dem Schwalbenschwanz. Aus dem Pflanzgarten kommend, stößt man auf eine Rechtskurve (sie ist inzwischen ein wenig ausgebaut worden), kommt dann über ein Brückchen und geht in die etwas schärfere erste Linkskurve des Schwalbenschwanzes. Ich bremse also diese Rechtskurve an, ziehe den Wagen nach innen – man bleibt am Ende dieser Kurve ziemlich weit innen, um eine günstige Ausgangsposition für die folgende Linkskurve zu haben – und erschrecke furchtbar. In der Außenkurve, wenige Zentimeter neben mir, schiebt sich, ein paar Kilometer schneller als ich und in einem waghalsigen Powerslide ein schwarzes Etwas vorbei. Mein Gott denke ich, das ist ja kein eigener, das ist ja dieser schwarze Osca von diesem komischen Spanier. Ich fing an zu denken, was in solchen Situationen sehr unklug ist, weil man dadurch nicht schneller wird. War dieser Marquis de Portago im Training nicht viel langsamer gewesen als wir? Kurz vor der nächsten Kurve schob sich auch noch Hanstein mit seinem Spyder an mir vorbei, der den schwarzen Osca verfolgte.

Unser Spyder war auf der langen Geraden zu Start und Ziel hin ein klein wenig schneller als der Osca – so kam Hanstein wieder an de Portago vorbei, während es für mich und Polensky nicht mehr reichte. Am Ende der Geraden bei Start und Ziel, nachdem wir durch die Schlängel der Antoniusbuche durch waren, ließ Hanstein besonders lange das Gas stehen, um dem Marquis de Portago wieder einige Meter abzunehmen – aber offenbar kam er dadurch doch zu schnell in die Linkskurve und drehte sich. De Portago schoss innen vorbei, Polensky und ich folgten mit 50 oder 80 Metern Abstand und sahen, dass Hanstein nicht von der Straße abgekommen war, sondern nur am Rande quer stand und jetzt natürlich eine Zeit lang brauchte, um den Wagen wieder anzulassen und in Fahrt zu kommen. So lag ich also jetzt hinter de Portago. Herrmann hatte zwar, in Führung liegend, einen genügend großen Abstand, aber wer wusste, ob seine Maschine durchhalten würde? Ich bekam also von der Box sofort ein Zeichen: »minus 4 Sekunden« – das war mein Abstand zu de Portago – und die Aufforderung, schneller zu werden.

Ich bemühte mich, darauf zu reagieren, und fuhr die Rekordrunde des Rennens. Als es das Bergwerk hinaufging, lag ich noch fünf Meter hinter Portago, der wirklich großartig fuhr – ich hatte keine Chance vorbeizukommen. Dicht hintereinander schossen wir durch den Pflanzgarten und kamen wieder an die Rechtskurve vor dem Schwalbenschwanz. De Portago nahm das Gas noch etwas später weg als ich und ich glaubte schon, der Osca würde über das Brückengeländer fliegen, aber de Portago behielt ihn noch in der Hand, wenn er auch wild schleuderte und ganz weit nach links kam. Nun aber folgte die Linkskurve und für diese war de Portago einfach zu schnell beziehungsweise: Er hatte nicht mehr den richtigen Winkel zum Anschneiden. Sein Osca stellte sich quer, berührte innen die Grasnarbe, es gab eine Staubwolke und ich sah genau, wie sich vor mir der Osca überschlug und mit den Rädern nach oben im Graben landete.

In den ersten zwei Runden war der Nürburgring von einem Regen am frühen Morgen her an einigen Stellen noch ein klein wenig feucht. Hans Herrmann führte schon nach der ersten Runde mit einem beträchtlichen Vorsprung, während ich noch etwas vorsichtig blieb.

In der nächsten Runde bekamen wir ein Zeichen mit der weißen Flagge, das heißt also, ein Krankenwagen ist unterwegs. Ich dachte, armer de Portago, sicherlich wird er schwer verletzt sein. Als wir dann nach sieben Runden ans Ziel gekommen waren, ich als Zweiter hinter Hans Herrmann, und uns an den Boxen versammelten und noch miteinander sprachen, kam Hanstein auf mich zu und sagte: »Kennen Sie eigentlich den Marquis de Portago? Hier steht er, darf ich Sie vorstellen?« Ich war mindestens so verdutzt wie in dem Augenblick, als mir der schwarze Wagen vorfuhr, dachte einen Moment: Gibt es vielleicht noch einen

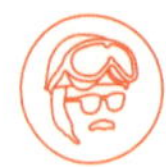

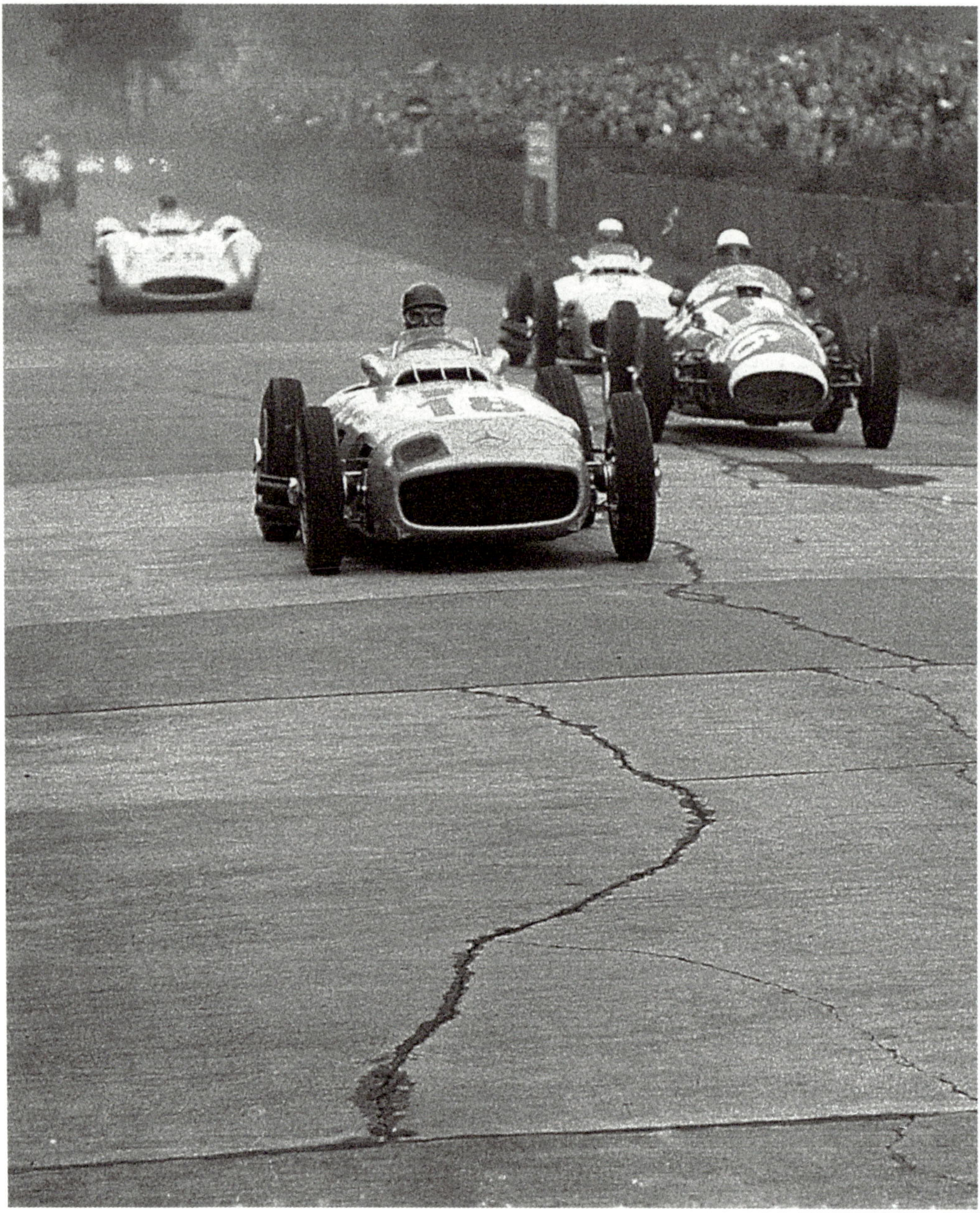

1. August 1954, Großer Preis von Europa auf dem Nürburgring – Juan Manuel Fangio, Stirling Moss, Hermann Lang und Hans Herrmann.

anderen Marquis de Portago? Weil ich doch noch den umgeschlagenen schwarzen Wagen am Schwalbenschwanz in meiner Erinnerung hatte. Aber dann erfuhr ich, dass genau dort, wo sein Kopf gewesen war, sich der Graben aufgetan hatte, sodass er nicht am Boden aufschlug, sondern nur verkehrt herum in seinem Wagen hing. Und der Wagen hatte auch nicht angefangen zu brennen, sodass man Portago nach Umstülpen des Automobils herausziehen konnte. Passiert war ihm gar nichts, außer ganz leichten Hautabschürfungen, und der Krankenwagen hatte ihn zu Start und Ziel gebracht. Ob er bleich war, konnte ich nicht sehen, denn er schien mir ziemlich unrasiert zu sein, der Marquis (es war das eine Art Aberglauben oder Snobismus – nennen Sie es, wie Sie wollen –, de Portago fuhr meistens seine Rennen, ohne sich vorher zu rasieren). Ich sagte also »Guten Tag« zu ihm, dachte: Was für ein komischer Kauz, bekam aber doch großen Respekt vor ihm, denn er hatte in diesem Rennen etwas gezeigt, was mir sehr gut gefällt: Er fuhr schnell, schneller als seine bisher gezeigten Leistungen, weil er zu kämpfen hatte und weil er kämpfen wollte.

Raymond Sommer, der berühmte französische Rennfahrer, der 1949 tödlich verunglückte, führte bekanntlich ein – nie veröffentlichtes – Privattagebuch über seine Rennen, wo er alles, was ihm auffiel, niederschrieb, auch seine Stimmungen und Launen. Er bewertete jedes Rennen, das er gefahren war, mit Punkten. Die Punkte richteten sich nicht nach dem Platz, den er erringen konnte, sondern nach seiner persönlichen Leistung, wie er sie nach seinem eigenen Urteil sah und nach dem Spaß, den ihm ein Rennen machte. Hoch bewertet wurden von ihm zum Beispiel solche Rennen, in denen er über viele Runden lang Rad an Rad mit einem etwa gleich starken oder womöglich stärkeren Konkurrenten kämpfen musste. Ich stimme Raymond Sommer ganz und gar zu. Ein Rennen, bei dem ich die meiste Zeit über in einer bestimmten Position liege, ohne dass ich Rad an Rad mit einem anderen kämpfen muss, finde ich bei Weitem nicht so schön wie ein Rennen, bei dem es – unabhängig davon, auf welchem Platz ich liege – einen direkten kämpferischen Einsatz gibt, direkt in dem Sinne, dass es sich jeweils nur um Meter oder um Sekundenbruchteile handelt.

Wenn ich also gefragt werde, welches mein schönstes Rennen war, so komme ich immer auf diejenigen Veranstaltungen zu sprechen, bei denen ich mich »herumbalgen« konnte – zum Beispiel beim 1000 Kilometer-Rennen 1957, bei dem ich zwar in meiner Klasse schon durch einen schlechten Start abgeschlagen, weit zurück an zweiter Stelle lag, aber mich viele Runden hindurch bemühte, zwei Jaguar D und einen 3 Liter Aston Martin zu überholen, die auf den Geraden natürlich etwas schneller waren als ich, sodass es viel Mühe machte, vorbeizukommen.

Ich erzählte meinem Freund weiter von Alfonso de Portago: Er würde wahrscheinlich heute noch Pferderennen mitmachen und nicht umgestiegen sein auf Autos, wenn er nicht während eines Urlaubs 1953 vierzehn Kilo zugenommen hätte, die er nicht wieder heruntertrainieren konnte – und so war er zu schwer für die schnellen Pferde geworden.

Den Marquis de Portago habe ich erst ein gutes Jahr später wiedergetroffen; das war in Monza. Er war auf Rennplätzen nie sehr elegant angezogen – man findet das ja häufig, dass Menschen, die im Hintergrund eine sehr distinguierte und honorige Existenz haben und im Frack eine untadelige Erscheinung abgeben, sich beim Sport äußerst salopp zeigen. Ich hatte jedenfalls nicht den Eindruck, dass der Marquis de Portago eitel war. Dort in Monza fragte mich ein Freund, der de Portago noch nicht kannte: Sag mal, was macht denn dieser komische italienische Mechaniker hier? Das wirst du gleich sehen, antwortete ich, denn der Marquis begab sich gerade zu seinem Ford Thunderbird, in dem seine bildhübsche Frau saß, stieg ein, strich ihr über die blonden Haare und brauste ab. Worauf mein Freund den Kopf schüttelte und sagte: Jetzt komme ich nicht mehr ganz mit, willst du mich mal aufklären?

Ich berichtete ihm von dem seltsamen Mann, dessen Vater, der 16. Marquis de Portago, schon ein sehr bekannter Sportler gewesen war, Spaniens bester Polospieler, bester Golfer und bester Segler, der, nur so nebenbei und wahrscheinlich auch nur aus der Freude am Abenteuer, im spanischen Bürgerkrieg in einem Hafen zwei Unterseeboote versenkt hatte, einfach dadurch, dass er bei Nacht mit einigen Haftladungen an diese Boote herangeschwommen war. Der Großvater war Gouverneur von Madrid gewesen. Alfonso de Portago hatte frühzeitig angefangen, jede Art von Sport zu betreiben, aber Reiten war ihm das Liebste gewesen. Als er siebzehn war, gewann er eine Wette über 500 Dollar, weil er mit einem kleinen Sportflugzeug, ohne eine Starterlaubnis oder auch nur einen Flugzeugführerschein zu besitzen, unter einer Flussbrücke durchflog.

Ich erzählte meinem Freund weiter von Alfonso de Portago: Er würde wahrscheinlich heute noch Pferderennen mitmachen und nicht umgestiegen sein auf Autos, wenn er nicht während eines Urlaubs 1953 vierzehn Kilo zugenommen hätte, die er nicht wieder heruntertrainieren konnte – und so war er zu schwer für die schnellen Pferde geworden. Als Erstes machte er die Carrera Panamericana 1953 mit, aber nur als Beifahrer von Luigi Chinetti auf einem Ferrari, doch schied die Mannschaft Chinetti/de Portago schon am zweiten Tage aus. Sein erstes Rennen, an dem er sich als Fahrer beteiligte, waren die 1000 Kilometer von Buenos Aires im Januar 1954. Lache aber nicht, sagte ich meinem Freund, bei diesem 1000 Kilometer-Rennen steht im Ergebnis, dass de Portago zusammen mit Harry Shell auf einem 4,5 Liter Ferrari hinter dem Werksteam Farina/Maglioli, auch auf 4,5 Liter Ferrari, Zweite wurden, aber weißt du, wie lange de Portago dabei gefahren ist? Von den rund hundert Runden genau zwei, dann wurde er wieder hereingewinkt und Harry Shell übernahm den Wagen erneut, weil Harry Shell eben besser war als damals de Portago. Nun kaufte sich de Portago einen 2 Liter Maserati-Sportwagen, tat sich mit dem Argentinier de Tomaso zusammen und fuhr das 24 Stunden-Rennen von Le Mans – bis zur zwölften Runde, dann stand der Maserati mit einem Maschinenschaden an den Boxen. Als Nächstes fuhr Alfonso de Portago ein kleineres Rennen in Metz mit und das gewann er mit seinem Maserati – das gab ihm großen Auftrieb. In Reims beim 12 Stunden-Rennen, wo ich auch mitfuhr und mit Polensky zusammen die 1500er-Klasse gewann, lag de Portago in der 2 Liter-Klasse bis kurz vor Ende des Rennens in Führung. Sein Copilot war Louis Chiron. Aber der Wagen kam auch hier nicht ans Ziel, sodass man wenig von ihm hörte. Sein nächstes Auto war der schwarze Osca. Mit dem fuhr er nur ein einziges Rennen, eben dieses

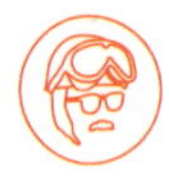

auf dem Nürburgring. Dann verkaufte er ihn schnell wieder. Diese kleinen Autos behagten ihm nicht; er schaffte sich einen großen Ferrari an und am Ende des Jahres 1954 gewann er zwei Rennen mit dem 4,5 Liter Ferrari-Sportwagen in Nassau auf den Bahamasinseln. Und mit seinem privaten Ferrari war er dann in der folgenden Saison sehr aktiv, hatte allerdings in Silverstone einen schweren Unfall. In Goodwood bildete er ein Team mit Hawthorn zusammen und fuhr schon recht schnell und sauber.

Sein großer Tag, der ihn zum Ferrari-Rennstall brachte und zum Werksengagement für die Saison 1956, war das Rennen in Caracas in Venezuela am 6. November 1955. Dort gewann Fangio mit einem 3 Liter Maserati-Werkswagen. Zweiter in diesem Rennen, mit 52 Sekunden Abstand, wurde Alfonso de Portago mit seinem privaten Ferrari. Und von nun an nahm man ihn ernst.

Er fuhr 1956 im Ferrari-Team, wurde beispielsweise beim 1000 Kilometer-Rennen auf dem Nürburgring mit Phil Hill und Gendebien zusammen Dritter und beim Großen Preis von England in Silverstone, im Formel 1-Wagen sich mit Collins ablösend, Zweiter hinter Fangio. Sein größtes Rennen fuhr er zweifelsohne im Herbst 1956 in Kuba, wo er mit seinem Ferrari 3,5 Liter-Sportwagen über zwei Drittel des Rennens ganz klar vor Fangio (im 3 Liter-Maserati) führte, ehe ihn ein Boxenhalt zurückwarf.

Und weil Autorennen und Bobfahren keine so ganz verschiedenen Dinge sind, wurde er so ganz »nebenbei« der Kapitän der spanischen Nationalbobs. Bei der Olympiade 1956 war der von de Portago gesteuerte spanische Bob inmitten der seit Jahren bobfahrenden Weltelite immerhin Vierter; bei den Weltmeisterschaften kam er auf den 3. Platz!

Sein Unfall auf der Mille Miglia passierte nicht, wie vielfach geschrieben wurde, wegen eines platzenden Reifens, sondern wegen eines Defektes an der Hinterachse – fast alle Ferrari-Wagen waren ja bei dieser Mille Miglia von Hinterachsschäden betroffen, die sich katastrophal auswirken können, wenn sich plötzlich bei Höchstgeschwindigkeit – und diese liegt für diese großen Sportwagen zwischen 280 und 300 km/h! – eine Halbachse loslöst. Enzo Ferrari stand selbst an der letzten Kontrolle in Bologna und gab seinen Fahrern technische Ratschläge und Prognosen für die letzten 300 Kilometer des Rennens mit. Dort wusste man, dass mit den Hinterachsen etwas nicht mehr stimmte. Collins musste denn auch kurz danach aufgeben, Taruffi hatte den beginnenden Hinterachsschaden mit seinem großen technischen Feingefühl schon gespürt, brachte aber den Wagen, fast nur im vierten Gang fahrend, noch siegreich bis ins Ziel nach Brescia. Zu Graf Trips wurde von Ferrari gesagt: Du gewinnst wahrscheinlich, denn deine Hinterachse scheint noch in Ordnung zu sein (man glaubte nicht, dass Taruffi noch so schnell bis ans Ziel kommt und Trips ihm auf den letzten Kilometern nicht vorfährt). Alfonso de Portago, der in der Zeit hinter Taruffi und Trips lag, wurde auch von den Hinterachsschwierigkeiten benachrichtigt, hatte aber das Gefühl, dass der Wagen noch einwandfrei lief, und fuhr deshalb mit unverminderter Geschwindigkeit weiter. Der Unfall ereignete sich auf den letzten 60 Kilometern vor dem Ziel; hätte die Hinterachse noch zehn oder zwölf Minuten gehalten – zehn Minuten bei einem Rennen über 1600 Kilometer Distanz, was ist das schon für eine lächerliche Zeiteinheit? –, dann wäre diese Mille Miglia als eine von den vielen in die Geschichte des Autosports eingegangen, die ohne große Unfälle verlaufen sind …

Der Marquis de Portago war intelligent: einer der wenigen, die über die Rennfahrerei Aussagen machen konnten. In der amerikanischen Zeitschrift »Sports Illustrated« erschien wenige Tage vor seinem Tode ein Artikel von ihm, der höchst bemerkenswert war. Als im Frühjahr 1957 der SAR – die Schweizer Automobil-Rennfahrer-Vereinigung – wieder ihren inzwischen so berühmt gewordenen Lehrkursus für schnelle Leute in Monza veranstaltete, hielt ich dort wieder einen Vortrag, nachdem Mercedes-Rennleiter Neubauer ebenfalls gesprochen hatte. Ich erklärte den Schülern einige Details der Fahrtechnik und sagte dann, es gäbe vermutlich eine Formel, auf die man das Fahren bei allen Rundstreckenrennen bringen könnte – eine Formel, nach der beispielsweise Weltmeister Fangio sich richten würde, zumindest unbewusst. Es bestünden nämlich zwei Möglichkeiten: so schnell Autofahren, wie man kann, und so schnell fahren, wie man muss. Nur die Unklugen, das Material und die eigenen Kräfte nicht schonenden Fahrer würden die Ambition haben, immer so schnell zu fahren, wie sie können, während es doch völlig genüge, so schnell zu fahren, wie man müsse, nämlich genau so schnell, um zu gewinnen; oder so schnell, um seinen nächsten Gegner zu überholen und dann in Schach zu halten, wozu ja unter Umständen ein kleiner Vorsprung ausreicht. Gerade bei Fangio könne man sehen, dass durch diese Methode das Ankommen am ehesten gewährleistet sei, weil man dabei das Material am meisten

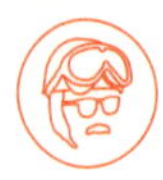

Diese Methode des So-schnell-Fahrens-wie-man-muss führe aber auch dazu, dass man unter gewissen Umständen im Kampf gegen einen Gegner über sich selbst hinauswächst.

schont. Diese Methode des So-schnell-Fahrens-wie-man-muss führe aber auch dazu, dass man unter gewissen Umständen im Kampf gegen einen Gegner über sich selbst hinauswächst. Das Muss jedenfalls sei der primäre Maßstab.

Ich habe mich damals sehr gewundert: Ich fand meine Formulierung, die aufgrund vieler eigener Erfahrungen und vieler Beobachtungen entstanden war, sehr wichtig. Als dann aber nach dem Kursus in der Presse referiert wurde und man auch meinen Vortrag erwähnte, habe ich viele interessante Dinge lesen können; nur über meine Theorie, die ich da vortrug, stand nirgendwo etwas. Aber sie ist wahrscheinlich die gültigste Theorie, die es für Erfolge im Motorsport gibt — in seinem Artikel in »Sports Illustrated« hat sie Alfonso de Portago, ganz unabhängig von mir, aber zur gleichen Zeit etwa, folgendermaßen formuliert:

»Das Problem ist, nicht mit der höchstmöglichen Geschwindigkeit zu gewinnen, sondern im Gegenteil, mit der niedrigstmöglichen. Fangio hat diese Theorie seit Jahren mit Erfolg praktiziert. Es ist offensichtlich, dass die Möglichkeiten, einen Defekt zu haben, umso geringer sind, je langsamer man fährt. Man muss aber gleichzeitig schnell genug sein, um als Erster durchs Ziel zu gehen. Fangio gewinnt viel mehr Rennen mit zehn Sekunden als mit fünf Minuten Vorsprung und er tut dies ganz bewusst.«

Alfonso Cabeza de Vaca, den 17. Marquis de Portago, wollen wir nicht vergessen.

◆

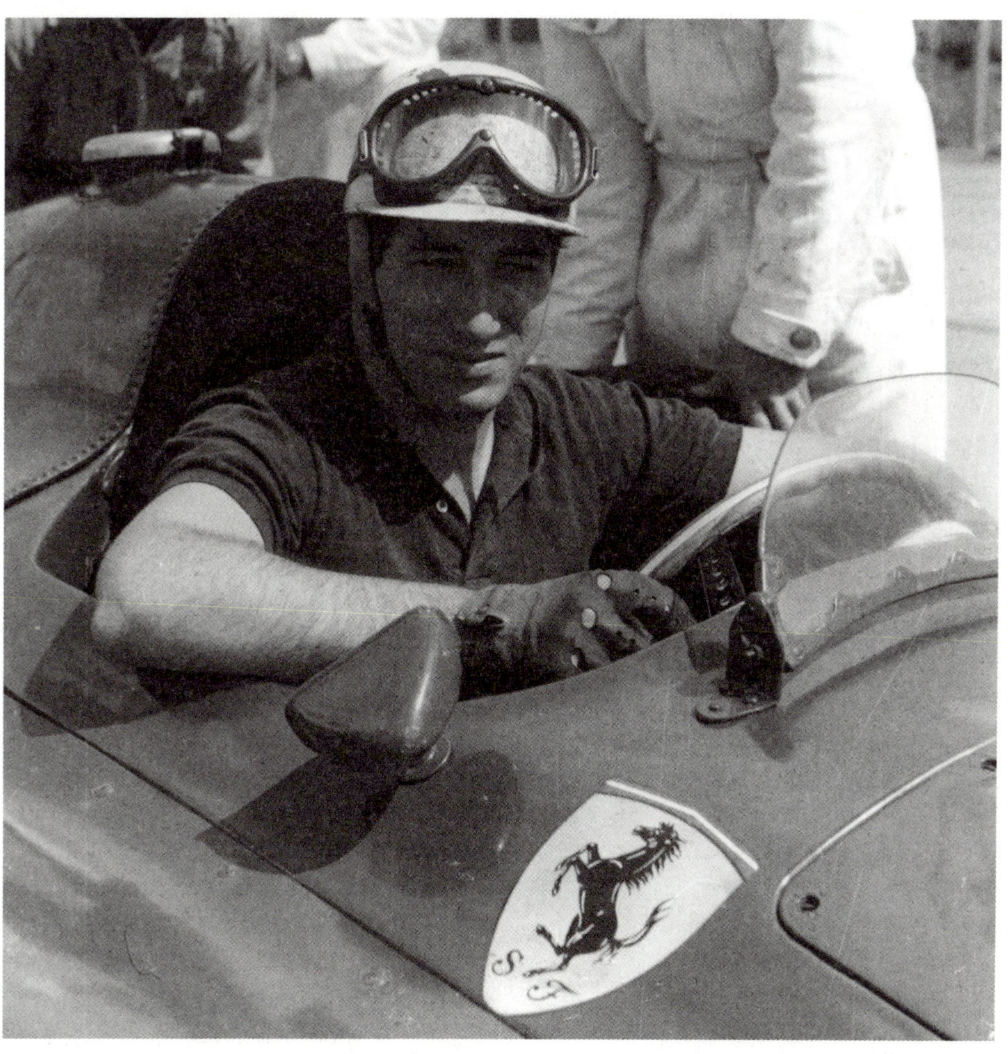

Alfonso de Portago 1957 in seinem Ferrari 860 Monza.

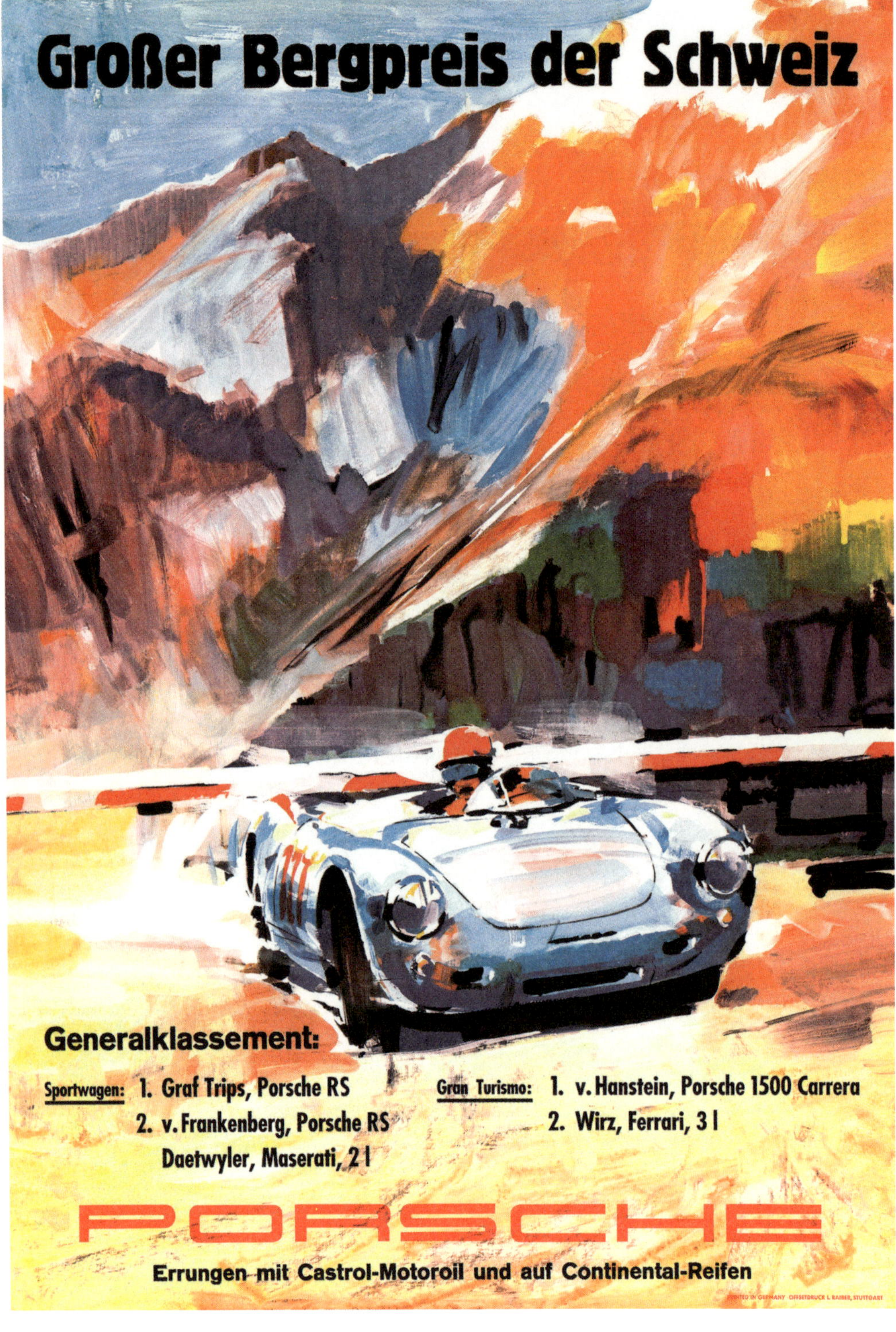

Großer Bergpreis der Schweiz
Generalklassement:
Sportwagen: 1. Graf Trips, Porsche RS
2. v. Frankenberg, Porsche RS
Daetwyler, Maserati, 2 l
Gran Turismo: 1. v. Hanstein, Porsche 1500 Carrera
2. Wirz, Ferrari, 3 l
PORSCHE
Errungen mit Castrol-Motoroil und auf Continental-Reifen
PRINTED IN GERMANY · OFFSETDRUCK L. RAIBER, STUTTGART

3 Die Kinderkrankheiten des Porsche Spyder

Unsere Medizin hat in den letzten 50 Jahren außergewöhnliche Fortschritte gemacht. Aber noch immer pflegen die Kinder Masern, Windpocken und Ziegenpeter zu bekommen. Man kann wenig dagegen unternehmen; die Ärzte haben sich nicht damit abgefunden, sie forschen weiter, aber die Menschen zucken mehr oder weniger die Achseln und sagen: Kinderkrankheiten, da kann man nichts machen.

Auch in der Technik sind in den letzten 50 Jahren gewaltige Fortschritte erzielt worden. Vor allem hat man das Automobil sehr vervollkommnet, den Tourenwagen ebenso wie das Rennauto. Die Konstrukteure, so sollte man denken, haben genügend Erfahrungen gesammelt, um einem neuen Typ, den sie auf die Räder stellen, alle jene Eigenschaften zu verleihen, die sich Fabrik und Fahrer wünschen. Einem Sportwagen zum Beispiel die Eigenschaft, dass er, wenn ihn der Fahrer entsprechend sorgsam behandelt, in einem Rennen auch ankommt. Das Fordern hieße aber verlangen, dass der Mensch alle Eventualitäten bedenken kann, die es gibt, und es scheint, auch die besten Ingenieure müssen bei einem neuen Typ Erfahrungen dadurch sammeln, dass etwas plötzlich nicht funktioniert.

Auch der Porsche Spyder, dessen größter Vorzug im Lauf der letzten Rennjahre nicht einmal so sehr seine Schnelligkeit als seine nahezu hundertprozentige Zuverlässigkeit gewesen ist, hat im Anfang die Masern und den Ziegenpeter durchmachen müssen. Der erste »richtige« Spyder, das heißt ein Porsche-Rennsportwagen, der nicht mehr den 1500 Super Motor hatte, sondern den Rennmotor mit den vier oben liegenden Nockenwellen und der Doppelzündung, erschien beim Training zum Sportwagenrennen des Großen Preises von Deutschland 1953, wurde aber nur zu einigen Versuchsrunden benutzt. Acht Tage später kam der erste Renneinsatz: Weil Hans Stuck vom Beginn seiner Laufbahn an immer nur Porsche-Konstruktionen gefahren war, vertraute man ihm – es war eine schöne symbolische Geste – als erstem Fahrer einen Spyder an, und zwar beim Freiburger Bergrekord. Allerdings war hier Hans Herrmann mit jenem Porsche-Rennsportwagen, der noch den auf Alkoholbetrieb verdichteten 1500 Super Motor besaß (Leistung etwa 98 PS), hier ein gutes Stück schneller als Stuck mit dem neuen Spyder. Sonstige Renneinsätze aber wurden 1953 mit dem Wagen noch nicht gefahren. Er stand dann im Oktober auf dem Pariser Autosalon, viel bewundert; und auch in Brüssel im Januar 1954 war er ausgestellt.

Als wir Ende März 1954 nach Campione fuhren, zu jenem bekannten Fahrerausbildungskursus des SAR (Schweizerischen Automobil-Rennfahrerclubs), nahmen wir einen solchen Spyder zu Vorführ- und Lehrzwecken mit: ein Automobil, das den Spitznamen »das Buckelauto« trug, weil die Karosserie, die mit einer breiten, durchgehenden Frontscheibe versehen war, hinter den Sitzen eine ebenfalls durchgehende kopfstützenartige Erhöhung besaß, die man später nicht mehr

In der ersten Runde ging er ausgezeichnet, in den vier folgenden hatte er über 6.500 Touren nicht mehr die volle Leistung, während damals Stuck beim Freiburger Bergrekord immer behauptet hatte, über 6.500 ginge er wundervoll, aber unten sei nichts da.

anwandte. (Der spätere Spyder RS hat dann eine ganz schmale Kopfflosse für den Fahrer bekommen.) Meistens fuhr in Campione dieses Auto Hans Herrmann, während ich ein 1300 Super Leichtmetall-Coupé in den Fingern hatte, um den Schülern Fahrstil zu demonstrieren.

In Campione gab es außer dem üblichen Schlussrennen für die Kursteilnehmer auch ein ganz kurzes Demonstrations-Schlussrennen der schnellen Wagen, die aber nicht gemeinsam, sondern aus Sicherheitsgründen (denn die Campione-Strecke ist sehr schmal) in gewissen Abständen hintereinander starteten. Es beteiligten sich Taruffi mit einem 3,3 Liter Lancia-Rennsportwagen, der Schweizer Gilomen mit einem 1100 ccm Cooper-Rennwagen (verstärktes Formel 3-Chassis mit dem 1100er Jap-Motor von etwa 90 PS) und ich mit dem neuen Spyder. In der ersten Runde ging er ausgezeichnet, in den vier folgenden hatte er über 6.500 Touren nicht mehr die volle Leistung, während damals Stuck beim Freiburger Bergrekord immer behauptet hatte, über 6.500 ginge er wundervoll, aber unten sei nichts da. Die Ingenieure nahmen den Wagen wieder in ihre Obhut.

Das erste große internationale Rennen, das den Spyder am Start sah, war die Mille Miglia 1954. Es war erst einer fertig – es ist immer ein Risiko für eine Firma, nur einen Wagen einzusetzen, aber man wollte einmal sehen, welche Schwächen sich auf diesem harten 1000 Meilen-Kurs zeigen und wie der Wagen im Vergleich zur internationalen Konkurrenz seine Leistung ausspielen kann. Dieses Auto wurde Hans Herrmann anvertraut, der mit Herbert Linge zusammen fuhr, nicht nur wegen des Gebetbuches, sondern auch wegen eventueller mechanischer Schäden, die vielleicht Herbert Linge als Chefmechaniker des Versuchs

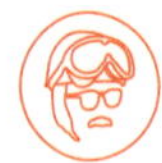

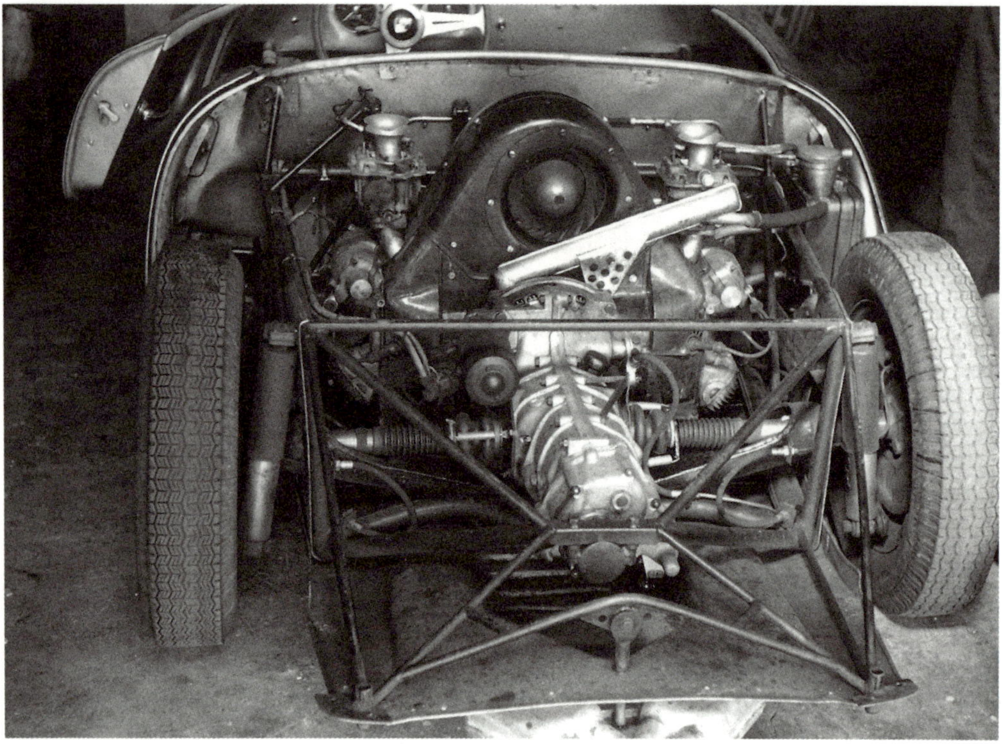

Herzstück eines Porsche 550 A Spyder.

auch unterwegs würde beheben können. Man sah mit großer Spannung diesem Einsatz entgegen.

Die Hauptkonkurrenz waren natürlich die speziell auf italienischen Strecken immer sehr gut gehenden Osca-Rennsportwagen. Einer von diesen Osca-Wagen, der sieben Minuten hinter Hans Herrmann gestartet war, brachte es fertig, noch vor Rom zu Hans Herrmann aufzuschließen. Es gab in den Bergen einen kurzen, harten Zweikampf zwischen Hans Herrmanns Spyder und dem schnellen Osca. Herrmann hatte strikte Anweisung, nicht über eine bestimmte Drehzahlgrenze zu gehen; der Osca-Fahrer schien sich weniger um seine Drehzahlen zu kümmern und stach vorbei. Nach wenigen Kilometern allerdings wurde er merklich langsamer und blieb mit einem Motorschaden liegen.

Es regnete strichweise sehr stark auf dieser Mille Miglia und das war den Verteilern des Spyder-Motors gar nicht recht. Sie hatten noch nicht die nötige Abdeckung gegen Spritzwasser und Feuchtigkeit, was durch die Motorverkleidung eindrang. Aber dazu war ja schließlich Herbert Linge mitgefahren. Zweimal musste Hans Herrmann anhalten, zweimal wurde »gebaut« und insgesamt gingen auf diese Weise gut fünfzehn Minuten verloren. Aber immerhin – der Spyder kam dann sauber laufend ans Ziel, konnte die 1500er Klasse überlegen gewinnen und holte sich im Gesamtklassement (Ascari auf einem Lancia gewann damals) einen hervorragenden 6. Platz.

Ich fragte nachher Linge, wie ihnen zumute gewesen sei, als sie der sieben Minuten später gestartete Osca überholt habe und sie damit gesehen hätten, dass ein schnelleres Auto im Rennen liege. »Was ich da gedacht habe? Ganz einfach«, erwiderte Linge in seinem unverfälschten Schwäbisch, »es war ja noch nicht die Hälfte vom Rennen gefahren und zusammengezählt wird immer erst am Schluss ...«

Er hatte ja vollkommen recht und diesen Slogan kann man als Leitmotiv für alle Rennen verwenden, denn im Vergleich zu der Frage nach dem Sieger ist es ziemlich uninteressant, wer in einem Rennen bis kurz vor dem Ziel an erster Stelle oder auf einem guten Platz lag. Die karierte Flagge an der Ziellinie – die ist entscheidend. Ich kann mich noch gut an das Nürburg-Rennen 1953 erinnern, wo beim Großen Preis auch die Seriensportwagen antraten, und ich einen harten Strauß mit dem Schweizer Meister Heuberger, der auch einen 1500 Super fuhr, auszufechten, hatte. Es gelang mir erst am Ende der dritten Runde, ihn zu überholen; ich erreichte dabei einen neuen Rundenrekord für meine Klasse und konnte mich dann immer weiter von Heuberger entfernen. Eingangs der letzten Runde betrug mein Vorsprung schon über 20 Sekunden und ich sah einen sicheren Sieg vor Augen. Aber genau neun Kilometer vor dem Ziel, kurz unterhalb des Karussells, hörte schlagartig der Motor auf, sich zu bewegen. Der Wagen rollte aus, ich musste ihn an die Seite stellen; ich ahnte, was passiert war: Das Antriebsrad der Nockenwelle war abgeschert. Ich stieg aus und sah nun alle an mir vorbeiziehen, alle Konkurrenten, von denen ich glaubte, dass sie mich in diesem Rennen nie mehr sehen würden. Die Engländer sagen: In order to win a race it's first necessary to finish.

Im Frühjahr 1954 gab es noch verschiedene Rennen, bei denen der neue Spyder nicht so lief, wie er sollte. Hans Herrmann zum Beispiel war beim Eifel-Rennen mit dem Spyder eingesetzt, dem ersten deutschen Meisterschaftslauf. Schon nach einer halben Runde hatte er

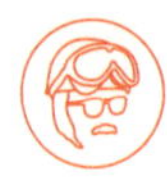

einen Vorsprung von über zehn Sekunden vor den beiden Borgwards von Bechem und Hartmann – aber gewonnen hat Bechem, denn dessen Wagen hielt bis zum Ziel durch, während Hans Herrmann bereits nach der ersten Runde in schleichendem Tempo an die Boxen rollte. Es war sowohl an der Vorderradaufhängung als am Ventiltrieb ein Defekt aufgetreten.

Und ich bin beim internationalen Sportwagenrennen in Zandvoort, in Holland also, nachdem ich klar in Führung lag gegen die Osca und die schnellste Runde gedreht hatte, mit dem »jungen« Spyder einmal ausgefallen, weil eine Distanzscheibe, ein Ding, das nur wenige Millimeter stark ist, im Hinterachsantrieb sich zerrieben hatte. Die Distanzscheibe war aus Kunststoff angefertigt und von da an hat man sie dann aus Metall gemacht. Kann man das alles voraussehen?

Einmal haben wir ein so klassisches Beispiel für den Spruch: »Zusammengezählt wird erst am Schluss« erlebt, dass ich es den Lesern hier noch schnell erzählen muss. Die Geschichte spielt ebenfalls noch in der Zeit der Spyder-Masern. Wir gingen nach Le Mans. Und wir waren dort in der 1500er-Klasse die Favoriten, trotz Werksbeteiligung von Osca. Denn auf dieser Strecke konnten wir dank der ausgezeichneten aerodynamischen Formgebung des Wagens mit einer relativ niedrigen Drehzahl eine hohe Spitzengeschwindigkeit auf der 5,5 km langen Geraden erreichen.

Weil Le Mans schon seit dem Jahre 1951 (Porsche beteiligte sich damals als erste deutsche Fabrik nach dem Kriege wieder an diesem Rennen) ein besonderes Anliegen von Ferry Porsche ist und es immer, in jedem Jahr, zu einem Klassensieg gereicht hatte, waren auch diesmal die Vorbereitungen ganz minutiöse.

Mit siegesgewissem Lächeln begaben wir Fahrer uns in die großen weißen Kreise gegenüber den Boxen, um von dort den berühmten Le Mans-Start auszuführen, den Sprint über die Straße hinüber in die Wagen. Außer einem 1100er (mit Duntov/Olivier) hatten wir drei 1500er-Spyder für Le Mans vorbereitet. Ich stand in meinem Kreis neben Helmut Polensky; dieser sollte mit Hans Herrmann zusammen einen Wagen fahren, während mein Partner Helm Glöckler war. Neben uns der Belgier Johnny Claes, der in den dritten Spyder hineinspringen würde – oben auf den Boxen stand sein Co-Equipier Pierre Stasse neben Herrmann und Glöckler. Mein Motor sprang schnell an und ich hatte einen guten Start. Auch Polensky kam gut ab; in der 1500er-Klasse lagen wir schon auf der ersten Geraden klar an der Spitze. Nach der ersten Runde passierte ich mit einem kleinen Vorsprung vor Polensky die Boxen. Alles schien in bester Ordnung zu sein; der Motor klang gesund, meine Fahrlaune war die beste. Wir würden es den anderen schon zeigen, wie schnell hier die neuen Porsche Spyder sein können …

Als ich in der zweiten Runde nach dem Ende der langen Geraden die enge Rechtskurve im ersten Gang durchfahre und wieder voll beschleunige, höre ich merkwürdige Geräusche im Motor und die Leistung scheint etwas nachzulassen. Es durchzuckt mich wie ein Schlag: Sollte nach sieben Minuten schon der erste Defekt eintreten? Das waren ja schöne Aussichten für die 24 Stunden. Tatsächlich, der Wagen wurde langsamer, kam nicht mehr auf die volle Tourenzahl. Ich fuhr scharf rechts und winkte Polensky vorbei. Der schaute mich fragend an und ich deutete nach hinten auf den Motor. Die gleiche Geste vollführte ich beim Vorbeifahren an der Boxe. Vielleicht ist nur Schmutz im Vergaser, versuchte ich mich zu beruhigen, vielleicht kommt er wieder auf volle Leistung … Aber in der dritten Runde auf der langen Geraden merkte ich, dass nicht mehr viel zu machen war. Claes fuhr vorbei, die beiden Osca kamen, das Biest ging immer langsamer und hörte sich immer komischer an. Am Ende der dritten Runde rollte ich an die Boxen, sprang heraus und erklärte den Mechanikern meine Beobachtung. Im Hintergrund der Box hörte ich jemanden leise sagen: »So was Dummes – da ist der Frankenberg sicher in der ersten Runde wie ein Wilder gefahren und hat die Maschine ruiniert.« Diese Bemerkung ärgerte mich sehr, weil ich den Motor keineswegs zu hochgedreht hatte.

Die Mechaniker schraubten daran herum, fünf Minuten, zehn Minuten, das ganze Feld war schon zweimal vorbeigerauscht. Ich stand oben auf dem Boxentisch, wütend und nervös. Was war denn los, dass die Monteure so lange arbeiteten und offenbar nichts Genaues fanden? Schließlich kamen sie herauf und schüttelten mit finsterem Gesicht den Kopf: »Wahrscheinlich ’n Loch im Kolben. Sauerei.« Ich dachte mir: An einem Loch im Kolben bist du sicher unschuldig, aber trotzdem war es mir nicht sehr angenehm, dass ausgerechnet mein Wagen gleich zu Anfang ausfallen musste – irgendwie wird dann der Fahrer doch schief angeschaut.

Ich beobachtete das Rennen von der Box aus weiter. Der Wagen von Hans Herrmann und Polensky lag in der 1500er-Klasse klar an der Spit-

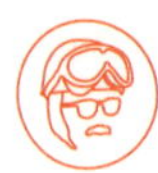

ze, während die belgische Equipe etwas langsamer fuhr, aber immer noch sich auf der Höhe des schnellsten Osca halten konnte. Trotzdem empfand ich keine große Lust mehr beim Zusehen und fuhr gegen acht Uhr abends zur Stadt zurück. Im Hotel legte ich mich sehr bald schlafen. Es mochte sechs Uhr morgens gewesen sein und ich war schon halb wach geworden, als sich die Türe auftat, leise und vorsichtig. Ich dachte: Wer kommt denn jetzt, die Porsche-Equipe ist doch draußen beim Rennen? Ich glaubte meinen Augen nicht recht zu trauen: Es war Hans Herrmann. Ich war etwas entgeistert:

»Was machst du denn hier?«

»O«, sagte er, »ich wollte dir nur sagen, du kannst weiterschlafen. Und ich gehe jetzt auch ins Bett.«

»Seid Ihr raus?«, fragte ich.

»Was ist denn los gewesen?«

»Ach«, sagte er, »weißt du: ein Loch im Kolben ...«

Irgendwie beruhigte mich diese Nachricht sehr. Wenn bei zwei Wagen der gleiche Fehler passiert, deutet das auf eine mechanische Ursache hin. Im Lauf des Vormittags fuhr ich wieder hinaus; ich wollte doch sehen, wie das Rennen stand, das in der großen Klasse durch den Zweikampf zwischen dem 4,9 Liter Ferrari von Gonzalez/Trintignant und dem Jaguar von Rolt/Hamilton gegen Schluss unerhört spannend wurde. In unserer Klasse lagen die beiden Belgier noch im Rennen, und nicht schlecht. Dies hatte ich kaum festgestellt, als auch dieser Wagen an die Boxen rollte. Diagnose der Mechaniker: Loch im Kolben.

Normalerweise hätte man in dieser Situation auch den dritten und letzten Wagen aus dem Rennen genommen und resigniert gesagt: Da kann man eben nichts machen. Aber während die Monteure noch an dem Wagen montierten, unterhielt sich Rennleiter Huschke von Hanstein flüsternd mit Ferry Porsche. Und schließlich kam eine Idee heraus, basierend auf dem berühmten Spruch vom Schluss, bei dem erst zusammengezählt wird. Die Mechaniker bekamen den Auftrag, jenen Zylinder, der wegen des durchgebrannten Kolbenloches nicht mehr funktionierte, einfach stillzulegen. Und den belgischen Fahrern wurde gesagt, nachdem sie fast eine Stunde lang untätig und nicht sehr erfreut in der Box gesessen hatten, dass sie jetzt in aller Ruhe weiterfahren sollten. Mit drei Zylindern eben. Das Auto würde nicht mehr schnell gehen, aber die letzten vier Stunden würde es wohl noch aushalten. Sie sollten es probieren.

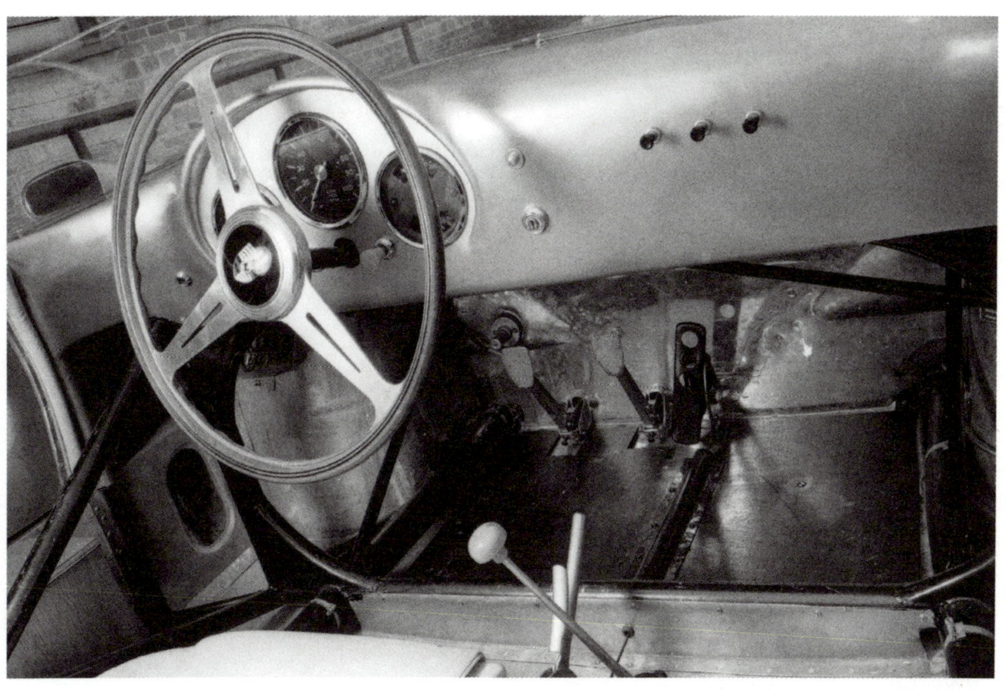

Um schnell zu fahren, brauchte man keinen Komfort: 550 A Spyder, 1957.

Natürlich waren in der Zwischenzeit die beiden Osca, die zu unserem größten Erstaunen immer noch im Rennen lagen, obwohl wir den italienischen Wagen eigentlich nicht zugetraut hätten, dass sie 24 Stunden durchhalten, überlegen an die Spitze gegangen. Sie führten, nachdem der Porsche von Claes/Stasse sich wieder in Bewegung setzte, mit einem Vorsprung von ungefähr 12 Runden, den sie in den folgenden Stunden entsprechend weiter ausbauen konnten, weil der Porsche ja so langsam lief. In Le Mans müssen die Wagen je nach ihrem Hubraum eine bestimmte Mindestdistanz zurücklegen, um überhaupt gewertet zu werden. Wir hatten schon Sorge, dass die Belgier mit ihrem 3 Zylinder nicht mehr auf die Mindestdistanz kommen würden. Aber das amputierte Auto ging immer noch sehr ordentlich, so etwa mit der Geschwindigkeit der 750er-Sportwagen, und die Mindestdistanz würden sie schaffen, wenn das Auto hielt. Im Übrigen regnete es gerade in Strömen.

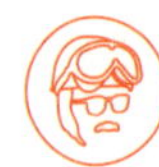

Unbeirrt zogen die beiden Osca ihre Bahn. Den einen Wagen fuhr der ausgezeichnete italienische Sportwagenfahrer Giardini mit dem Franzosen Peron (jenem Mann, mit dessen Osca ich mich in der »Rallye Soleil Cannes« duelliert hatte), den anderen Osca pilotierten der damals recht bekannte Engländer Lance Macklin (er fuhr häufig den Formel 2 HWM mit Moss und Collins zusammen, hat sich aber inzwischen vom Rennsport zurückgezogen) zusammen mit einem Franzosen, den ich nicht kannte. In den letzten zwei Stunden des Rennens lagen die beiden Osca in der gleichen Runde, gar nicht sehr weit voneinander entfernt.

Ihr Vorsprung vor unserem letzten Porsche betrug bereits 15 oder 16 Runden – genau wusste man es nicht und es war eigentlich auch uninteressant. Die Osca hätten – die Strecke war immer noch nass – in aller Gemütsruhe das Rennen zu Ende fahren können. Sie hatten ja einen haushohen Klassensieg in der Tasche, einen doppelten sogar. Es war geradezu langweilig und in der Osca-Box bemühte man sich gar nicht mehr um eine Signalgebung. Umso eifriger waren aber Macklin und Giardini am Werk, die in den letzten zwei Stunden am Lenkrad der beiden Osca saßen. Der eine dachte wahrscheinlich: den werde ich noch kriegen und der andere dachte: den werde ich schon abschütteln. Sie fuhren jedenfalls so schnell, wie sie konnten, und eine Stunde vor Schluss fuhren sie schneller, als sie konnten.

Es geschah etwas Fantastisches, das wir zunächst gar nicht glauben wollten. Erst flog Giardini heraus, und zwar am Ende der Geraden in der langen schnellen Rechtskurve, wo man auch bei Regen an die 200 km/h fährt. Gottlob wurde Giardini nur leicht verletzt, aber das Auto war hinüber. Wenn das Macklin gesehen hätte, wäre er natürlich sofort viel langsamer gefahren. Aber Macklin lag vor Giardini, und als der Engländer wenige Minuten später hinter Start und Ziel die ebenfalls recht schnelle Rechtskurve unter dem Dunlopbogen passierte, war er immer noch der Ansicht, er müsse dem Italiener weglaufen. Auf der nassen Straße kam er ins Rutschen, touchierte die Palisaden am Rande der Strecke, stellte sich quer, drehte sich, drehte sich noch einmal und schlug dann auf der anderen Seite der Straße ziemlich vehement mit der Schnauze und dem rechten Vorderkotflügel gegen die Umzäunung. Bums! – Da stand er.

Er versuchte jetzt, den Wagen wieder flott zu machen, rollte ihn dabei ein Stück rückwärts und außerdem halfen einige Leute dabei und beides ist verboten in Le Mans. Er konnte das Auto noch mit moto-

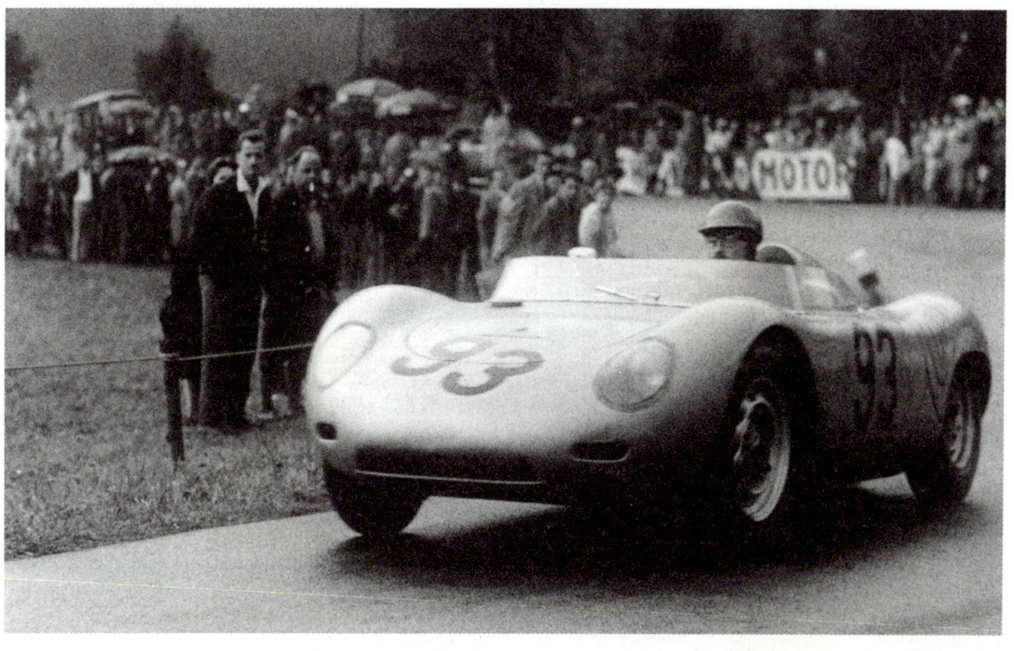

RvF im Porsche Typ 718 RSK.

rischer Kraft bewegen, war selbst nicht nennenswert verletzt, setzte sich wieder hinein, kam wieder an den Boxen vorbei, aber wurde sofort wegen seines Verstoßes gegen das Reglement aus dem Rennen genommen. Und somit waren, eine Dreiviertelstunde vor Schluss dieses Rennens, beide Osca plötzlich von der Bildfläche verschwunden.

Der amputierte Porsche aber fuhr immer noch und fuhr bis ins Ziel der 24 Stunden. Er hatte keinen neuen Rekord aufgestellt und sein Motor klang nicht mehr überzeugend. Aber am Schluss dieser 24 Stunden war eben kein einziger Wagen der 1500er-Klasse mehr übrig geblieben, außer diesem. Er hatte die Klasse gewonnen. Nachher fragte niemand mehr, wieso und warum. In allen Zeitungen und auf allen Plakaten stand: Porsche-Sieg in der 1500er-Klasse. Ihn mit drei Zylindern noch weiterkrebsen zu lassen, hatte sich doch gelohnt. Denn sehen Sie: Zusammengezählt wird erst am Schluss.

◆

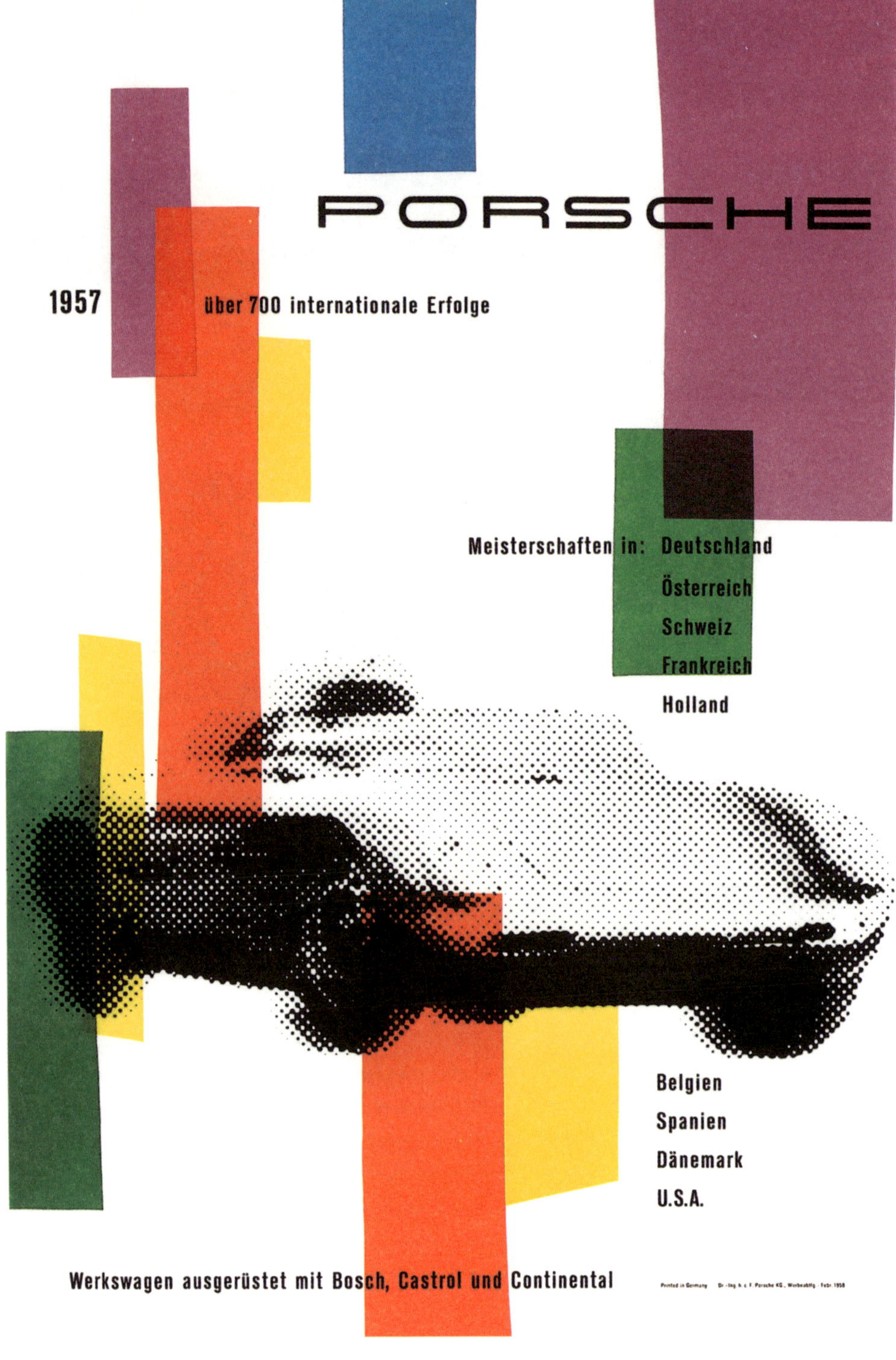
PORSCHE
1957
über 700 internationale Erfolge
Meisterschaften in: Deutschland
Österreich
Schweiz
Frankreich
Holland
Belgien
Spanien
Dänemark
U.S.A.
Werkswagen ausgerüstet mit Bosch, Castrol und Continental
Printed in Germany
Dr.-Ing. h. c. F. Porsche KG., Werbeabtlg. · Febr. 1958

DR. WOLFGANG PORSCHE

4 Über Schutzheilige, Rennsiege und andere Legenden

Ein Porsche 356 im Tiefschnee. Sein silberfarbenes Blechkleid spiegelt das warme Licht der tiefstehenden Wintersonne wider. Durch die Windschutzscheibe und das offene Seitenfenster auf der Fahrerseite sind die roten Ledersitze im Innenraum zu erkennen. Vor dem eleganten Sportwagen hockt eine junge Frau mit schwarz-rot-gelbem Pullover im Schnee und schnürt ihre Stiefel. Die Skistöcke hat sie neben sich an den Stamm eines blätterlosen Baums gelehnt. Im Hintergrund, auf der anderen Seite des Tals, entfaltet sich ein imposantes Alpenpanorama mit unzähligen schneebedeckten Berggipfeln.

Diese friedliche, unbeschwerte Szene in der Winterfrische spielte Anfang der 1950er-Jahre am Klausenpass in den Schweizer Alpen. Fotografisch eingefangen wurde das Motiv von Heinz Hering. Der bekannte Fotojournalist arbeitete damals für die »Münchner Illustrierte«, die später in die »Bunte« aufgehen sollte. Doch dieses Foto bekam einen sehr prominenten Platz in einem ganz anderen Magazin: Im Frühjahr 1952 erschien es als Titelbild der Erstausgabe des »Christophorus«, der »Zeitschrift für die Freunde des Hauses Porsche«.

Und er war begeisterter Porsche-Fahrer: Ab 1951 startete von Frankenberg bei diversen Rallyes und auf Rundkursen erfolgreich mit Sportwagen des Typs 356.

Im Sportwagenbau war Porsche zu dieser Zeit Pionier. Auch in der Kundenansprache übernahm das Familienunternehmen eine Vorreiterrolle: »Christophorus« gehörte zu den ersten hochwertigen Kundenmagazinen der Welt. Dabei hatte die Zeitschrift ihre Gründung auch einem Zufall zu verdanken.

Und natürlich: Richard von Frankenberg. Der motorsportbegeisterte Journalist schrieb nicht nur Berichte über Autorennen. Er fuhr auch als Pilot selbst mit. Und er war begeisterter Porsche-Fahrer: Ab 1951 startete von Frankenberg bei diversen Rallyes und auf Rundkursen erfolgreich mit Sportwagen des Typs 356.

Im Jahr 1950 lernte er den Grafiker Erich Strenger kennen: Während eines Kinobesuchs in Stuttgart saßen Strenger und von Frankenberg rein zufällig nebeneinander. Man kam ins Gespräch, die beiden verstanden sich auf Anhieb. Und es dauerte nicht lange, bis ein gemeinsames Projekt in Angriff genommen wurde. Die Idee: eine Illustrierte ausschließlich für Porsche-Fahrer.

Strenger und von Frankenberg begannen damit, ein Konzept zu entwerfen. Und sie waren sich von Beginn an einig: Es muss ein journalistisches Qualitätsprodukt werden. Keine profane Werbebroschüre mit dem vordergründigen Ziel, mehr Autos zu verkaufen, sondern ein textlich wie grafisch hochwertiges Magazin, in dem spannende Geschichten rund um die Sportwagen und die Fahrer der Marke Porsche erzählt werden. Und das das Image der Marke mitprägt.

In den Artikeln sollte sich die Lebenswelt der Porsche-Kunden widerspiegeln: ihr beruflicher Erfolg und sportlich-aktiver Lebensstil, ihr Faible für moderne Technik und ihre Begeisterung für den Motorsport. Aber auch die Aufbruchsstimmung im Nachkriegsdeutschland der frühen 1950er-Jahre, das Gefühl von Freiheit und Individualität, die unbekümmerte Zuversicht der Menschen und ihre Leistungsbereitschaft. Aufmachung, Layout und Bildsprache sollten sich an der besonderen Ästhetik orientieren, die das Design der Sportwagen von Porsche so unverwechselbar erscheinen ließ: zeitlos-klassisch, elegant, zugleich frisch und modern. Vor allem aber: einzigartig.

Für die geplante Zeitschrift stand bald ein detailliertes Konzept, von dem beide Gründer überzeugt waren. Was aber noch fehlte, das war ein passender Titel. Wie könnte das neue Magazin heißen? Viel wurde überlegt, hin und her, tagelang. Eine Idee nach der anderen wurde wieder verworfen. Bis Richard von Frankenberg plötzlich die richtige Eingebung hatte: Wie wäre es mit dem Schutzheiligen der Reisenden und damit auch der Autofahrer? Der Titel stand fest: »Christophorus«.

Aufmachung, Layout und Bildsprache sollten sich an der besonderen Ästhetik orientieren, die das Design der Sportwagen von Porsche so unverwechselbar erscheinen ließ: zeitlos-klassisch, elegant, zugleich frisch und modern. Vor allem aber: einzigartig.

Im Frühjahr 1952 wurde die erste Ausgabe veröffentlicht – mit dem eingangs beschriebenen Fotomotiv auf der Titelseite. Startauflage: 4.500 Exemplare. Preis: eine Mark und 50 Pfennige. Und das Magazin wurde ein Erfolg. Während Richard von Frankenberg in seiner Funktion als Rennleiter für Porsche Sieg um Sieg holte, sorgte er als Chefredakteur des »Christophorus« für eine ständig steigende Auflage. Die Zahl der »Freunde des Hauses Porsche« wuchs und wuchs.

Bald auch im Ausland. Deshalb kam schon 1956 zur deutschen Ausgabe eine englischsprachige hinzu. Denn vor allem in Nordamerika sorgten die leichten und wendigen Sportwagen aus dem Schwabenland zunehmend für Furore. Im Herbst 1950 verschiffte Porsche die ersten drei Sportwagen vom Typ 356 über den Atlantik. Einer davon ging an den Privatrennfahrer und Konstrukteur Briggs Cunningham, der damit in der US-Rennszene für Aufmerksamkeit sorgte. Zwei Jahre später wurden bereits 283 Fahrzeuge in die Vereinigten Staaten exportiert – immerhin rund 20 Prozent des jährlichen Gesamtabsatzes von Porsche. 1965, im letzten Produktionsjahr des 356, verkaufte unser Unternehmen fast 75 Prozent seiner Sportwagen in Nordamerika.

Zu diesem Geschäftserfolg haben die unzähligen Siege der Marke auf den bekanntesten Rennstrecken der Welt entscheidend beigetragen. Der Klassensieg von Hans Hermann und Herbert Linge auf dem 550 Spyder bei der Carrera Panamericana in Mexico 1954 verschaffte Porsche jenseits des Atlantiks größere Bekanntheit. Auf den legendären US-Rennstrecken Laguna Seca oder Riverside Raceway feierte Porsche mit Leichtbaumodellen wie dem offenen 356 America Roadster unzählige Triumphe. »Riesentöter« nannten die Fans die effizienten Sportwagen aus Zuffenhausen, weil diese die hochgezüchteten Hubraum- und PS-Boliden aus heimischer Fertigung regelmäßig auf die hinteren Ränge verwiesen.

Die Siege in den Motorsportserien waren für die Porsche-Händler zwischen New York und Los Angeles die allerbeste Werbung – und das auch noch gratis. Ihr inoffizieller Leitspruch lautete daher: »Win on Sunday, sell on Monday.« Schnell hatten die Rennwagen von Porsche in den USA den Geheimtippstatus verloren. Zunehmend begannen auch bekannte Filmstars, sich für die eleganten 356 zu begeistern. Diese Verbindung zwischen spektakulären Rennsporterfolgen und exklusivem Hollywood-Glamour verhalf der Marke in den USA zu einem einzigartigen Image, das auch nach Europa zurückstrahlte.

Szene am Klausenpass in den Schweizer Alpen – die erste Ausgabe des Christophorus.

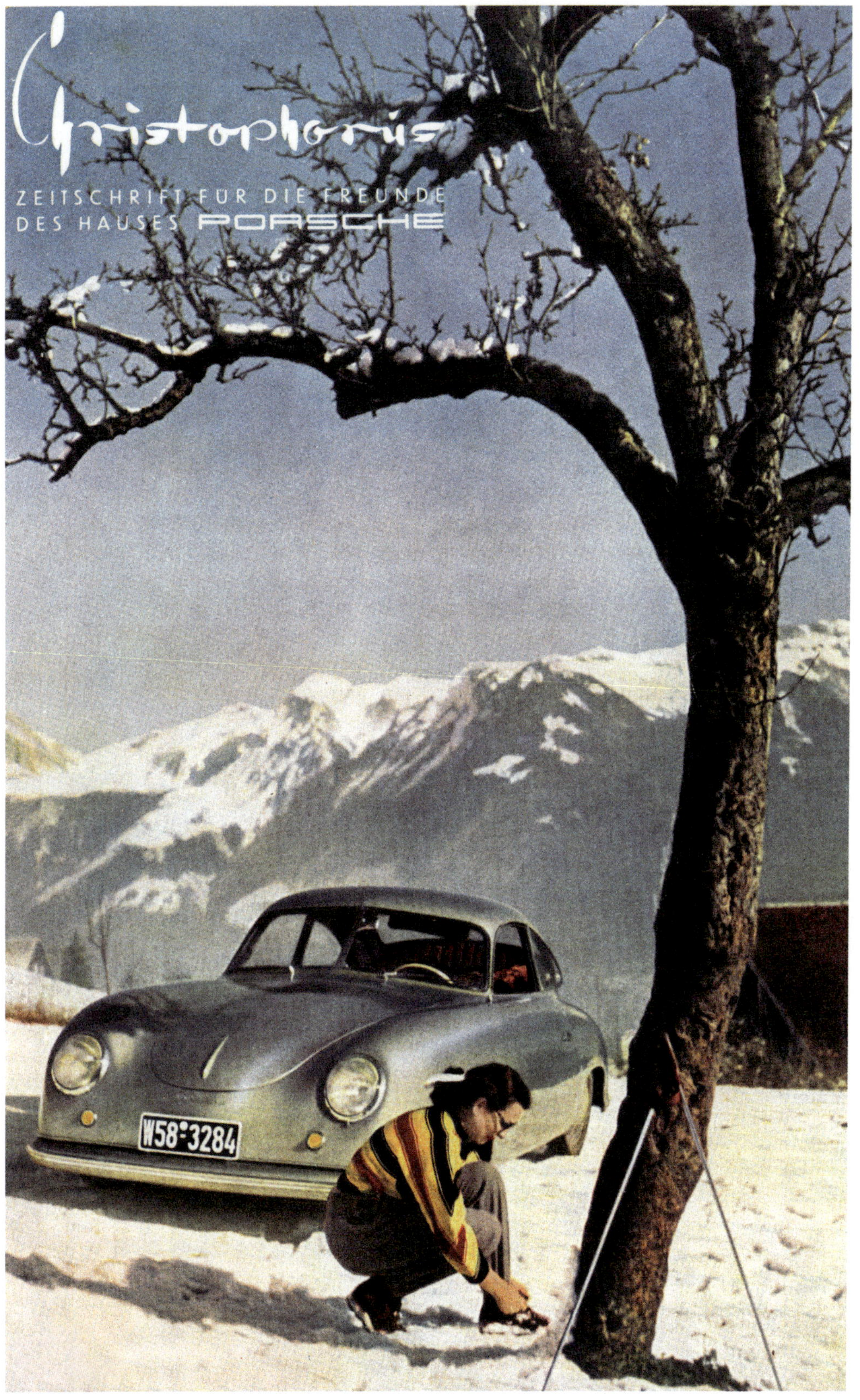
Christophorus
ZEITSCHRIFT FÜR DIE FREUNDE
DES HAUSES PORSCHE
W58-3284

057

Auf den europäischen Rennstrecken hatte Porsche ebenfalls schnell einen legendären Ruf. 1951, beim ersten Start der Stuttgarter Sportwagenmarke in Le Mans, holten sich die französischen Fahrer Edmond Mouche und Auguste Veuillet in ihrem 356 SL auf Anhieb den Klassensieg. Im Herbst des gleichen Jahres setzte die 72 Stunden-Rekordfahrt eines Porsche 356 ein eindrucksvolles Statement: Auf der Rennstrecke von Montlhéry südlich von Paris erzielte ein Rennfahrerteam mit dem Leichtmetall-Coupé elf internationale Rekorde in Serie.

Im Folgejahr dominierte Porsche die Langstreckenrallye Lüttich–Rom–Lüttich: Unter den ersten zehn Fahrzeugen, die die Ziellinie erreichten, befanden sich fünf Porsche 356. Und beim Internationalen Eifelrennen auf dem Nürburgring war 1952 ein privater Glöckler-Porsche erfolgreich. Insgesamt 75 internationale Rennsiege konnte Porsche allein im ersten Erscheinungsjahr des »Christophorus« feiern.

Und immer wieder auf dem Podium zu sehen: Richard von Frankenberg. 1953 gewann er die Deutsche Sportwagenmeisterschaft in der 1100er-Klasse, 1954 erreichte er bei der Mille Miglia den Klassensieg, 1956 den Gesamtsieg bei den 12 Stunden von Reims.

Der ab Spätsommer 1953 eingesetzte Carrera-Motor – ein luftgekühlter Boxer mit vier oben liegenden Nockenwellen, konstruiert von Ernst Fuhrmann – erwies sich als schnell, leicht und robust. Er war damit der ideale Antrieb für unsere Rennwagen. Vor allem im Porsche 550 Spyder konnte er überzeugen, aber auch im 356 Carrera, im 904 Carrera GTS und in den Formel-Fahrzeugen. Hinzu kam das Fahrwerk, das für eine perfekte Straßenlage und hohe Agilität sorgte – auch das von Anfang an eine Kernkompetenz der schwäbischen Sportwagenmarke. Die moderne Leichtbauweise der Karosserie komplettierte schließlich die positiven Eigenschaften der erfolgreichen Rennwagen von Porsche.

Damals entstand das Motto »von der Rennstrecke auf die Straße«. Denn Porsche betreibt Motorsport seit jeher weder als Selbstzweck noch als reine Werbemaßnahme. Der sportliche Wettbewerb dient auch und vor allem dazu, in der Fahrzeugentwicklung innovativ zu bleiben und den Pioniergeist im Unternehmen zu schärfen.

Bei den Rennen haben nur diejenigen Marken eine Chance auf den Sieg, die technologisch ganz vorne stehen und moderne Hochleistungstechnik einsetzen. Und davon profitieren auch die Käufer unserer Seriensportwagen. Denn Innovationen, die sich im harten sportlichen

Wettbewerb auf der Rennstrecke bewährt haben, fließen häufig in die Entwicklung unserer Seriensportwagen ein.

Von unseren Kunden wurde diese Strategie schon in den 1950er-Jahren honoriert – das lässt sich an der dynamisch steigenden Nachfrage ablesen: Am 16. März 1956 wurde in Zuffenhausen der 10.000ste Sportwagen fertiggestellt: ein Porsche 356 A Coupé. Nur elf Jahre später konnte bereits die Produktion des 100.000sten Porsche gefeiert werden – eines 912 Targa, der als Spende an die Landespolizei Baden-Württemberg übergeben wurde.

So viel steht fest: Anfang der 1950er-Jahre wurde das Fundament für den »Mythos Porsche« gelegt – ein Mythos, der bis heute Bestand hat. Mittendrin in diesem spannenden Geschehen stand damals Richard von Frankenberg – als Berichterstatter und Chronist, als Organisator, als Akteur hinter dem Rennwagen-Volant. Seine Arbeit war von Herzblut und Leidenschaft geprägt – Eigenschaften, die sich bis heute in der Unternehmenskultur von Porsche widerspiegeln.

Sein Wirken lebt auch nach seinem viel zu frühen Unfalltod im Jahr 1973 fort: in unserer Erinnerung, in seinen Buchveröffentlichungen und durch das mehrfach preisgekrönte Magazin »Christophorus«, das heute mit jeder Ausgabe in 13 Sprachversionen rund 600.000 Freunde des Hauses Porsche rund um den Globus erfreut.

◆

3

DEUTSCHE MEISTERSCHAFTEN

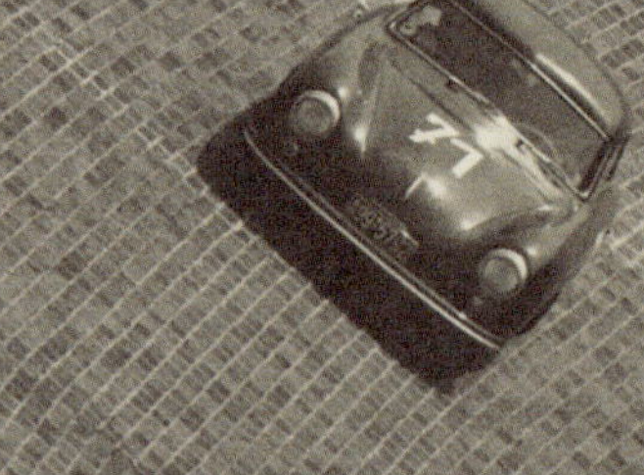

RENNSPORTWAGEN 1500 ccm: R. v. FRANKENBERG
GRAN TURISMO 1600 ccm: VICTOR ROLFF
GRAN TURISMO 1300 ccm: P. ERNST STRÄHLE

PORSCHE

5 Unfälle, wenn man sie etwas näher unter die Lupe nimmt

In dem Aufsatz über den Grafen Trips habe ich von einigen Unfällen berichtet, die ihm in seiner Laufbahn schon passiert sind; sozusagen der Ordnung und der Chronistenpflicht halber hätte ich noch den vom 1000 Kilometer-Rennen auf dem Nürburgring erwähnen sollen: Da ist Trips mit einem 3 Liter Ferrari-Coupé (Typ 250 GT) an der tiefsten Stelle des Nürburgrings, unten bei Breitscheid, im Training von der Bahn abgekommen, hat sich mit dem Wagen überschlagen und war, obwohl nachher das Auto wieder auf den Rädern stand, doch nicht unerheblich verletzt: Ein Lendenwirbel war angebrochen, was ihm fast drei Monate lang ein Gipskorsett eintrug.

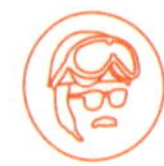

Dies war ein seltener Unfall, selten deswegen, weil er durch eine fahrerische Unvollkommenheit entstanden ist. Trips macht kein Hehl daraus – die Ferrari-Rennsportwagen, die er gewohnt war zu fahren, hatten eine andere Pedalerie als dieses Gran Turismo-Coupé: Im einen Fall befinden sich nämlich der Gashebel in der Mitte, die Bremse rechts; im anderen Fall (wie bei allen unseren normalen Automobilen) der Gashebel rechts, die Bremse in der Mitte. Die plötzliche Umstellung war Trips noch nicht in Fleisch und Blut übergegangen, weshalb er in einer Situation, in der er sehr schnell reagieren musste, eben falsch reagierte: Er trat einen Augenblick voll aufs Gas anstatt voll auf die Bremse, und wenn man sich dann am ohnehin äußersten Anbremspunkt befindet, ist natürlich die Chance, noch um die Kurve herumzukommen, gleich Null. Nebenbei: Ich verstehe nicht ganz, wieso eine Firma ihre Wagen mit einer verschiedenen Pedalerie ausrüstet.

Ich sagte: Ein seltener Unfall sei das gewesen. Wenn Rennfahrer verunglücken, so beruht das meist auf Umständen, die nichts mit dem Leichtsinn des Fahrers oder zu schnellem, unvorsichtigem Nehmen von Kurven zu tun haben. Die überwiegende Zahl der Rennunfälle ist zurückzuführen auf mechanische Schäden am Wagen oder auf Gegebenheiten der Strecke, die außerhalb der Kontrolle des Fahrers liegen: wenn sich zum Beispiel ein Ölfleck auf der Straße befindet.

Moss hat allein in der ersten Hälfte der Saison 1957 drei sehr unangenehme Unfälle gehabt, die allesamt auf Materialfehler des Renn- oder Sportwagens zurückzuführen waren und die einen noch nachträglich erschaudern lassen: Was da unter Umständen hätte passieren können, wenn es sich nicht gerade um eine relativ günstige Situation gehandelt und wenn nicht Moss meisterlich zu reagieren verstanden hätte!

Wenn ich allein über diese Unfälle von Moss nachdenke – ich will gar nicht von meinem eigenen, in der Presse so spektakulär erschienenen Avus-Unfall von 1956 anfangen, bei welchem das Auto mit scharf nach links eingeschlagenem Lenkrad elegant nach rechts oben verschwand –, so beginne ich unwillkürlich Vergleiche zu ziehen mit den Rennen vor dem Zweiten Weltkrieg. Als die Auto Union- und Daimler-Benz-Rennwagen auf den Pisten fuhren, die Alfa Romeo dazu, die privaten Bugatti und Maserati, die englischen ERA, die BMW- und Adler-Sportwagen, die französischen Talbot und Delahaye, damals, als es ungefähr genauso viele Rennen gegeben hat wie heute, gab es aber, soviel ich auch in meinen alten Chroniken blättere, bei Weitem nicht so viele Unfälle, die auf Materialschäden zurückzuführen waren. Und ich frage mich wirklich: Sind die heutigen Renn- und Sportfahrzeuge nicht mehr mit der gleichen Sorgfalt bezüglich der Materialauswahl und der Materialdimensionierung gebaut wie früher? Liegt diese höhere Quote an Materialunfällen, die es heute gibt, an mangelndem Verantwortungsbewusstsein der Ingenieure und der Mechaniker, die den Wagen zusammenbauen, oder reicht das Wissen der Konstrukteure einfach nicht mehr aus, um die voraussichtlichen Grenzbelastungen schon im Voraus genau zu erfassen? Ich will hier keine vehemente Anklage gegen die Automobilfabriken schleudern, aber ich halte es für nützlich, wenn man einmal diesen Vergleich zum Vorkriegsrennsport zieht und auf die zahlreichen Materialfehler, die es heute im Rennsport gibt, deutlich hinweist. Das Leben der Rennfahrer ist eigentlich zu kostbar, als dass es durch andere Dinge als durch das Fahren in den Grenzwertbereichen selbst aufs Spiel gesetzt werden sollte, ganz davon abgesehen, dass durch eine Reduzierung der Rennunfälle naturgemäß auch die Sicherheit für das Publikum, über die heute so viel geschrieben wird, zu fördern wäre.

Die überwiegende Zahl der Rennunfälle ist zurückzuführen auf mechanische Schäden am Wagen oder auf Gegebenheiten der Strecke, die außerhalb der Kontrolle des Fahrers liegen: wenn sich zum Beispiel ein Ölfleck auf der Straße befindet.

Um bei Stirling Moss und seinen Unfällen 1957 zu bleiben: Der erste ereignete sich bei der Mille Miglia. Moss, der wie in den vergangenen Jahren den bärtigen, ebenso zwergenhaft kleinen wie bewundernswert kühnen und fachkundigen englischen Journalisten Denis Jenkinson als Beifahrer mitnahm, galt als einer der Favoriten für dieses Rennen – erstens deswegen, weil der 4,5 Liter Maserati vermutlich der schnellste

Wagen des Feldes in Beschleunigung und Spitzengeschwindigkeit war, zweitens weil Moss zusammen mit den Aufschrieben von Jenkinson die Mille Miglia-Strecke mnemotechnisch beherrschte wie kaum ein anderer Fahrer. Man verfolgte daher seinen Start mit besonderer Spannung. Aber die Konkurrenz brauchte sich nicht aufzuregen – Moss war schon zwölf Kilometer nach dem Start aus dem Rennen. Ich denke, mein Freund Denis Jenkinson wird mir erlauben, wenn ich hier wiedergebe, was er über diese 12 Kilometer-Mille Miglia unmittelbar danach niedergeschrieben hat:

»Unsere Startzeit war 5.37 Uhr, demzufolge unsere Startnummer 537, wir waren der letzte Wagen am Start der Mille Miglia 1957. In den drei Tagen vorher waren wir in den Morgenstunden auf kleinen Trainingsfahrten zwischen Brescia und Padua unterwegs, und zwar zu der Zeit unseres wirklichen Starts nachher im Rennen. Als wir dann am Sonntagmorgen um Viertel nach fünf unseren Platz in der Reihe der Fahrzeuge hinter der Startrampe einnahmen, fühlten wir uns wohlvorbereitet. Der 4,5 Liter Maserati schien wirklich in Ordnung. Wir hatten ihn einer eingehenden Prüfung unter allen Bedingungen unterzogen. Er war wesentlich stärker als der SLR, mit dem wir 1955 unseren Rekord gefahren hatten, und als Rennleiter Ugolini uns erklärte, bis Pescara sei das Wetter wundervoll und es würde wahrscheinlich den ganzen Tag so bleiben, dachten wir zuversichtlich, wir könnten unseren 157 km/h-Rekord diesmal verbessern. Da Behra nicht fuhr, hatten wir zwei Minuten zu warten, nachdem Taruffi 5.35 Uhr losgefahren war. Dann fiel die Flagge, wir rollten mit dem Wagen die Startrampe herunter, Moss gab im ersten Gang Vollgas, alle 400 PS kamen auf den Boden und zwischen den Menschenmauern in Brescia schossen wir davon.«

»Wir hatten kaum Brescia verlassen, als ich realisierte, dass die große V8-Maschine schon mit 7000 Touren drehte: Ein kurzer Seitenblick auf den Drehzahlmesser bestätigte mir das. Ich war dann sehr erstaunt, dass Moss hier schon den zusätzlichen Schnellgang einlegte, der als sechster Gang funktionierte, und wir kamen auf 6.700 Umdrehungen damit. Dieses zusätzliche Zweiganggetriebe zwischen dem Motor und dem mit der Hinterachse verblockten Fünfganggetriebe war eine Sondereinrichtung, die Maserati eigens für die Mille Miglia eingebaut hatte. In diesem fünften Gang plus Schnellgang war das Getriebe für eine Spitzengeschwindigkeit von 285 km/h ausgelegt, die wir aber nur gelegentlich würden erreichen können – immerhin kamen wir hier, kurz nach Verlassen der Stadt Brescia, auf einer Geraden von nur 2 km Länge bereits auf 272 km/h. Wir schauten einander an, vergnügt grinsend, weil diese enorme Beschleunigung auch für uns neu war. Bei trockener Straße und leicht bedeckter Sonne schienen alle Chancen auf unserer Seite zu liegen.«

»Wir hatten«, erzählt Jenkinson weiter, »justament 12 km zurückgelegt, als Moss von unserer 270 km/h-‚Reisegeschwindigkeit' heruntergebremste, um eine Serie von schärferen Rechtskurven zu nehmen, und dann näherten wir uns, nachdem wir wieder auf etwa 210 km/h beschleunigt hatten, einer Linkskurve, die 130 km/h vertrug. Ich fühlte, wie Moss herunterschaltete und den Wagen mit den Bremsen zu verlangsamen begann, aber dann schien es, als ob er wieder beschleunigen würde, und ich sah, wie er absichtlich den Wagen zur Innenseite der Kurve hin, der wir uns näherten, halb quer rutschen ließ – mein erster Gedanke war, der Gang sei herausgesprungen. Dieses Gefühl verstärkte sich einen Moment in mir, als Moss während der Schleuderbewegung noch einmal ziemlich wild nach dem Ganghebel griff. Dann waren wir durch, Moss brauchte nicht mehr am Lenkrad zu arbeiten, der Wagen wurde langsamer. Ich dachte: nun los, beschleunige wieder, aber das tat er nicht, und während ich zu ihm herüberschielte, deutete er auf die Pedalerie herunter. Ich erschrak sehr: denn da gab es plötzlich nur noch zwei Pedale, das für das Gas und das für die Kupplung; das Bremspedal lag zwischen Rohrleitungen auf dem Boden und ich wusste plötzlich, warum Moss diese Kurve 25 km/h zu schnell angefahren hatte...«

Ja – das Bremspedal war knapp über der Lagerung an den Bodenbrettern einfach abgebrochen – um Gewicht zu sparen, werden ja an den Renn- und Sportwagen die Pedale möglichst leicht gemacht und oft mit Löchern versehen (System Schweizer Käse nennt man das spaßeshalber). Aber wie Jenkinson berichtete, waren hier offenbar nicht die Aussparungen zur Gewichtsabmagerung daran schuld, sondern es handelte sich wahrscheinlich um einen Gussfehler in dem Rohr, das zum Pedal selbst führte; es war ein Bruch, der schon vorher begonnen hatte, sich abzuzeichnen. »Aber auch so«, meinte Jenkinson, »war das

Legendärer Unfall: RvF auf Porsche Typ 645 Spyder „Mickymaus", Avus 1956. Sicherheitsgurt Fehlanzeige – zum Glück!

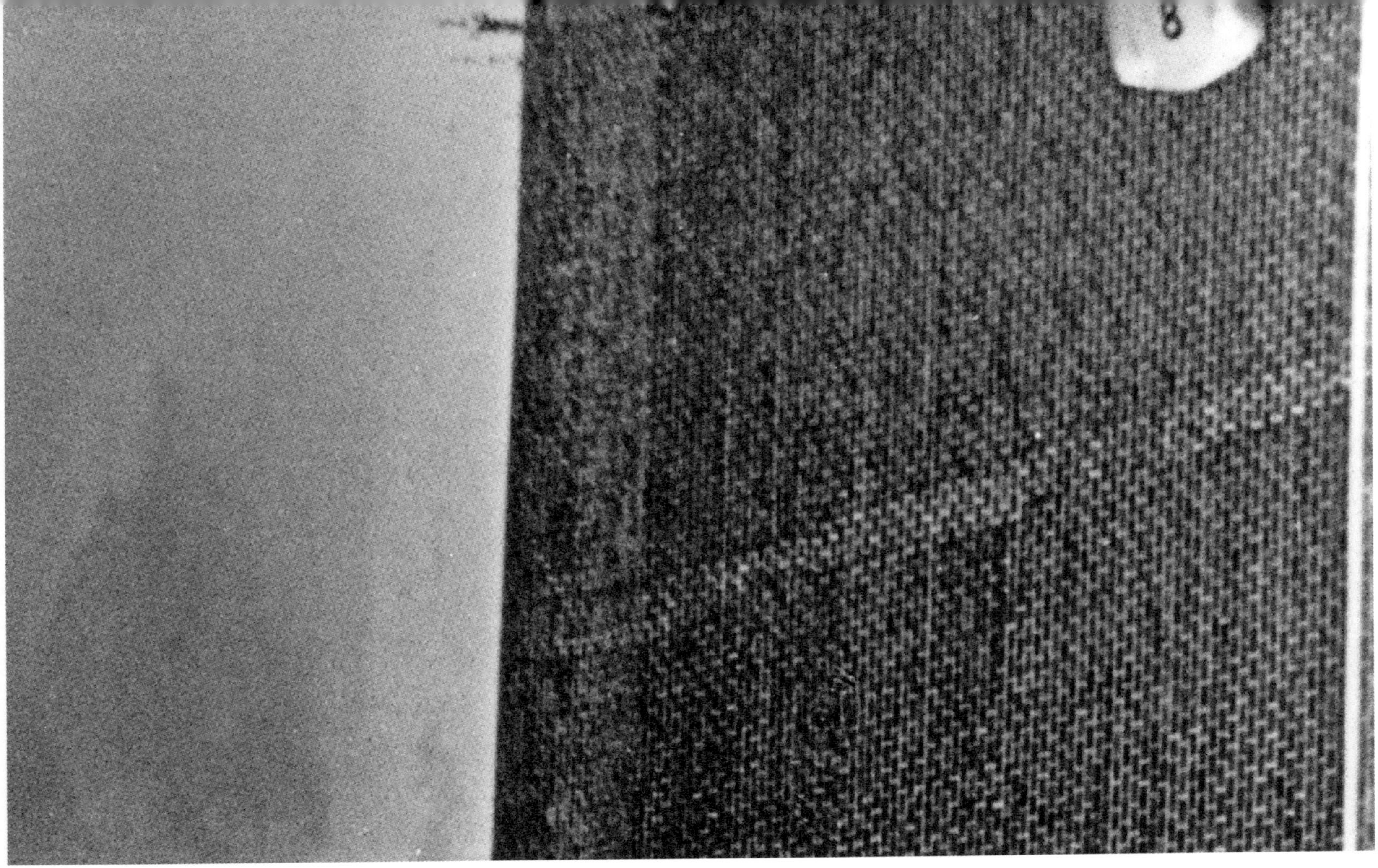

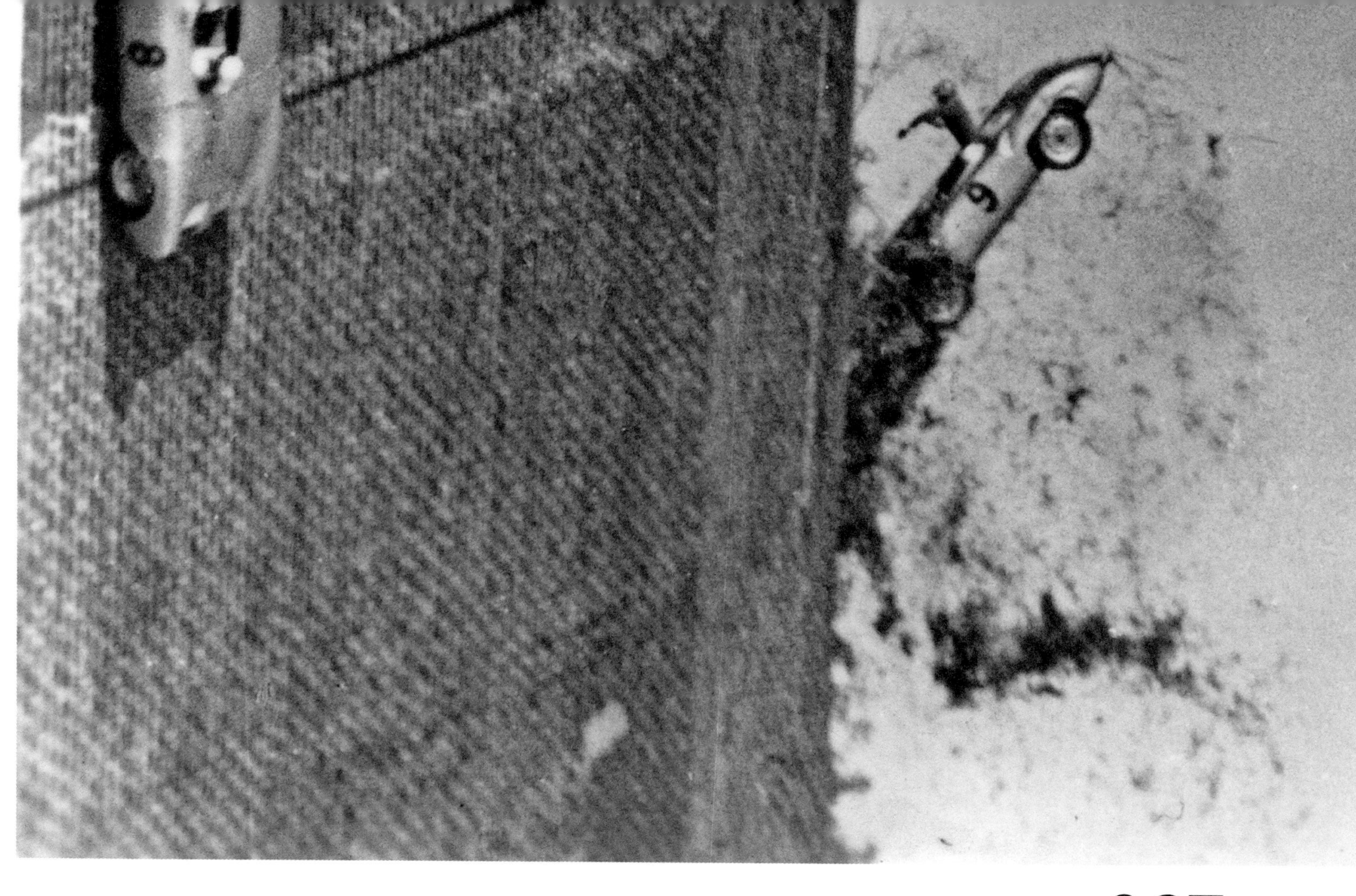

eigentlich ganz und gar unentschuldbar.« Wenn die anzubremsende Kurve schärfer gewesen wäre und nur 80 oder 100 km/h vertragen hätte, wären selbstverständlich Moss und Jenkinson trotz aller Fahrkunst von Stirling Moss herausgeflogen.

Gar nicht lange darnach, beim 1000 Kilometer-Rennen auf dem Nürburgring, hatte Moss wiederum Gelegenheit, zu zeigen, wie man einen Wagen, der durch einen Materialfehler beschädigt ist, auf geradezu wunderbare Weise noch auf der Straße hält. Auch hierbei handelte es sich um den 4,5 Liter Maserati, dem in der zehnten Runde des Rennens am Eingang des Schwalbenschwanzes – nach der Rechtskurve, die auf das kleine Brückchen zuführt – ein Hinterrad verloren ging (!), was bei 150 km/h in einer Kurvenfolge nicht gerade angenehm ist. Der wild schleudernde und sich drehende Wagen kam aber am Rande der Strecke zum Stillstand und die Gedanken von Moss waren sofort auf eine Fortsetzung des Rennens gerichtet. Dazu musste er schleunigst an die Boxen kommen und auf sein Winken hielt schließlich ein englischer MG-Fahrer, der ihn »auflud« und zu Start und Ziel transportierte, wo er darauf wartete, wieder einen Wagen zu übernehmen: Dieser nächste 4,5 Liter starb dann aber an einem Motorschaden, nicht ohne zuvor einiges Öl zu verlieren. Diese Situation ist für den Mann in dem waidwunden Sportwagen kaum gefährlich, umso mehr für die Konkurrenten, die hinter ihm kommen, denn das frische Öl, auch wenn es nur eine schmale Spur hinterlässt, verringert die Reifenadhäsion auf ein Minimum; wehe, wenn man dieses Öl nicht rechtzeitig erblickt, wehe, wenn die Flaggenmänner nicht sofort die gelbe Fahne mit den roten Streifen zeigen. Leider war die Tätigkeit dieser Flaggenmänner auf den Rennstrecken nicht immer einheitlich organisiert und ich kann aus eigener Erfahrung berichten, dass sie auf dem Nürburgring in den letzten Jahren stets am schlechtesten funktionierten.

Die Aufgabe der Flaggenmänner ist keine leichte, das muss man zugeben, und man sollte hierfür – beim letzten Großen Preis auf dem Nürburgring wurde das wenigstens angestrebt – nur Experten einsetzen, die sich über die Vorgänge bei einem Automobilrennen ein klares Bild machen können. Mindestens ebenso wichtig ist es – gerade bei einem Sportwagenrennen, in dem sich unterschiedliche Fahrzeugklassen bewegen –, dass die Flaggenmänner nicht nur mit der Ölwarnflagge und der allgemeinen gelben Gefahrenflagge umzugehen wissen, sondern auch mit der blauen Fahne, die anzeigt: Achtung! Hinter dir ist einer, der dich überholen will. Diese Flagge scheint mir z. B. in Le Mans im Durchschnitt besonders gut gehandhabt zu werden; für die Nacht gibt es dort auch noch Lichtsignale.

Gar nicht lange darnach, beim 1000 Kilometer-Rennen auf dem Nürburgring, hatte Moss wiederum Gelegenheit, zu zeigen, wie man einen Wagen, der durch einen Materialfehler beschädigt ist, auf geradezu wunderbare Weise noch auf der Straße hält. Auch hierbei handelte es sich um den 4,5 Liter Maserati.

Ich muss aber noch von dem dritten Unfall des englischen Fahrers berichten. Dass ich gerade zweimal Maserati in diesem Zusammenhang erwähnt habe, besagt nicht etwa, dass es bei dieser italienischen Firma besonders viele derartige Unfälle gegeben hat, was man schon aus dem Bericht über das Monza-Rennen 1956 und die dortigen Ferrari-Unfälle entnehmen kann. Der dritte Materialunfall von Stirling Moss ereignete sich mit einem Vanwall-Rennwagen beim Großen Preis von Monte Carlo (zeitlich gesehen war es der zweite, denn Monte Carlo fand eine Woche vor dem 1000 Kilometer Nürburgring-Rennen statt). Neben Collins (Ferrari) und Fangio (Maserati) stand Moss mit dem Vanwall hier in der ersten Startreihe, hatte auch den besten Start und lag in den ersten Runden in Führung, knapp gefolgt von Collins und Hawthorn.

Fangio hielt sich in diesen ersten Runden beobachtend und abwartend in vierter Position auf der Lauer – eine Taktik, die er sehr oft bei Rennen anwandte. Audi in diesem Fall erwies sich seine Methode wieder einmal als richtig. Als Moss am Hafen (da, wo einmal Ascari ins Meer stürzte) auf die Schikane zuschoss, hat offenbar seine Bremse nicht mehr richtig funktioniert. Man hatte den Eindruck, dass der Wagen überhaupt nicht mehr abgebremst wird, weshalb Moss es vorzog, eine Holzbarriere zum Bremsen zu benutzen. Diese erwies sich als

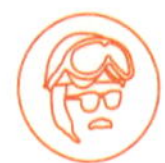

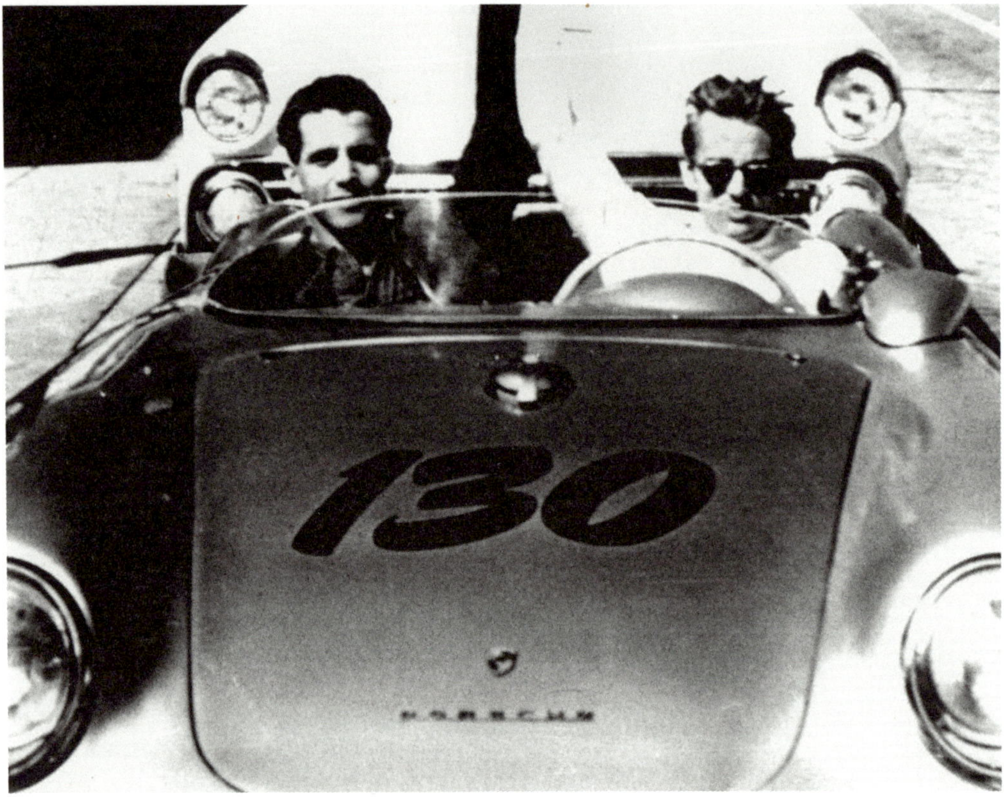

James Dean mit Rolf Wütherich im Unglücksfahrzeug „Little Bastard".

relativ geeignet dazu, denn der Wagen wurde nur leicht und Moss gar nicht beschädigt; Teile dieser Barriere fielen aber auf die Strecke und genau vor den Wagen von Collins; ein Stück weit schob dessen Ferrari nun die Holzbalken wie ein Traktor vor sich her. Auch der unmittelbar nachfolgende Hawthorn entging der Barriere nicht mehr. Erst Fangio, der einen kleinen Abstand wahrte, brachte es fertig, vorbeizulavieren.

Zwar habe ich den Eindruck, dass bei den deutschen rennsporttreibenden Firmen derartige Materialunfälle nicht ganz so häufig sind wie bei den italienischen und englischen Marken, doch ist auch schon Karl Kling im Formel 1 Mercedes-Rennwagen kurz vor Start und Ziel am Nürburgring ein Rad weggelaufen und bei Porsche hat es schon mehrere Vorderachsdefekte gegeben. Ich möchte sagen: Alle Firmen sitzen da in einem großen Glashaus, aus dem heraus man bekanntlich nicht mit Steinen werfen soll. Und was ich hier für die Automobilfirmen sage, das gilt in sehr ähnlicher Weise für das Zubehör, insbesondere für die Reifen. Auch das Reifenglashaus ist ein reichlich dimensioniertes und es wohnen alle europäischen Firmen darin. Denn ich wüsste keine, die nicht ihre Rennerfahrungen auch aus negativ zu wertenden Vorfällen gesammelt hätte im gleichen Atemzug aber muss ich sagen, dass jede solche Erfahrung zur Verbesserung der Materialhaltbarkeit geführt hat, zu neuen technischen Erkenntnissen, die ganz automatisch von der Rennpraxis, von den Versuchsabteilungen aus übertragen werden auf die Entwicklung der Serie und auf die Serienproduktion.

Über einen Unfall, der nicht direkt in Verbindung mit einem Rennen stand, aber sich immerhin mit einem Sportwagen ereignete, der gerade zum Rennen gefahren wurde, ist sehr viel geredet worden, sehr viel Fantasievolles auch, weswegen ich hier noch kurz auf ihn eingehen möchte, um ihn der Wahrheit gemäß darzustellen: Es handelt sich um den Unfall des amerikanischen Filmschauspielers James Dean.

Mit ihm zusammen in dem James Dean gehörenden Porsche Spyder saß ein Monteur aus Zuffenhausen. Dieser Mann heißt Rolf Wütherich. Einige Jahre vorher war er auch einmal in einen Unfall verwickelt, der einem historischen Automobil das Ende bereitete, nämlich jenem ersten in Deutschland gebauten Porsche-Coupé, mit dem ich 1951 die »Rallye Wiesbaden« gefahren war und das, wie der Leser schon weiß, »Windhund« genannt wurde. Wütherich fuhr mit diesem Wagen auf der Autobahn Ulm–Stuttgart und befand sich bereits kurz vor Echterdingen, als jene Situation eintrat, die wir wohl alle schon in ähnlicher Form erlebt haben, auch wenn sie nicht zu einem schweren Unfall geführt hat. Ein vor ihm fahrendes, wesentlich langsameres Auto bog völlig unvermutet – natürlich ohne dass der Fahrer in den Rückspiegel geschaut hätte – auf die linke Seite der Fahrbahn hinüber; Wütherich musste, da es mit Bremsen nicht mehr reichte, ganz plötzlich ausweichen, kam auf den Grünstreifen, stand quer, drehte sich, schoss über die Autobahn hinaus, flog über eine Mulde hinüber, in der eine Straße unter der Autobahn durchführte; Wütherich konnte im letzten Augenblick herausspringen, war nur leicht verletzt, während der Wagen beim Aufprall zu brennen anfing – und bis jemand mit einem Feuerlöscher kam, war der »Windhund« fast völlig ausgebrannt; das vorausfahrende und so plötzlich ausschwenkende Automobil aber war seelenruhig weitergefahren – man hat den Fahrer nie feststellen können.

Besagter Rolf Wütherich also saß neben James Dean; dieser fuhr. Nicht langsam, aber durchaus den Straßenverhältnissen und seinen eigenen Fähigkeiten angemessen. Was diese Fahrfähigkeiten angeht, so muss, ohne dass ich damit die James Dean-Legende der Teenager weiter entfachen will, gesagt werden, dass der junge amerikanische Schauspieler ein ganz vorzüglicher Fahrer war und seinen Spyder nicht nur aus »Angabe« besaß. Er hatte schon an Wettbewerben teilgenommen und die Experten bescheinigten ihm, dass er durchaus ein Fahrtalent für Rennen habe. Sein Spyder-Hobby war echt.

Als der Unfall passierte, war es gerade dämmerig geworden. Einzelne Wagen hatten bereits ihr Standlicht, einzelne sogar (ich halte immer diejenigen, die sehr frühzeitig ihr Licht einschalten, für sehr klug: der James Dean-Unfall beweist es) das abgeblendete Fernlicht eingeschaltet. Die breite, gerade, geteerte Straße verlief in einer Mulde. Von der einen Seite kam James Dean mit seinem Spyder talwärts gefahren, von der anderen Seite ein Mann mit einem Stationswagen (es war nicht ein Lastwagen, wie oft behauptet wurde). Fast ganz unten in der Sohle der Mulde zweigt eine Straße ab: In diese wollte das entgegenkommende Fahrzeug einbiegen und musste zu diesem Zweck die Fahrbahn von James Dean's Spyder kreuzen. Offenbar hatte James Dean noch nicht das große Licht eingeschaltet; jedenfalls sah der entgegenkommende Fahrer in der Konturen verschwimmen lassenden Dämmerung den niedrigen, auf der Straße dahinhuschenden Spyder nicht. Er bog ein, genau in dem Augenblick, als James Dean ankam und ihm begegnete. Sicherlich war der Mann in dem Personenwagen unaufmerksam gewesen und hatte dann im letzten Augenblick gedacht: Vielleicht reicht's noch.

Es reichte nicht mehr. Es gab einen nahezu frontalen, sehr wuchtigen Zusammenstoß, bei dem der sehr leichte Spyder natürlich noch mehr beschädigt wurde als der große Personenwagen. James Dean, der eingeklemmt im Wagen sitzen blieb, war sofort tot – er hatte sich neben anderen Verletzungen das Genick gebrochen. Rolf Wütherich wurde aus dem Wagen herausgeschleudert und trug komplizierte Beinverletzungen davon, die ihn monatelang im Krankenhaus hielten; inzwischen ist er so weit wiederhergestellt, dass er zwar nicht mehr im leichtathletischen Sinne laufen, aber doch wieder arbeiten kann. Ich erkläre dies hier so ausführlich, weil es immer noch diese dummen Gerüchte gibt,

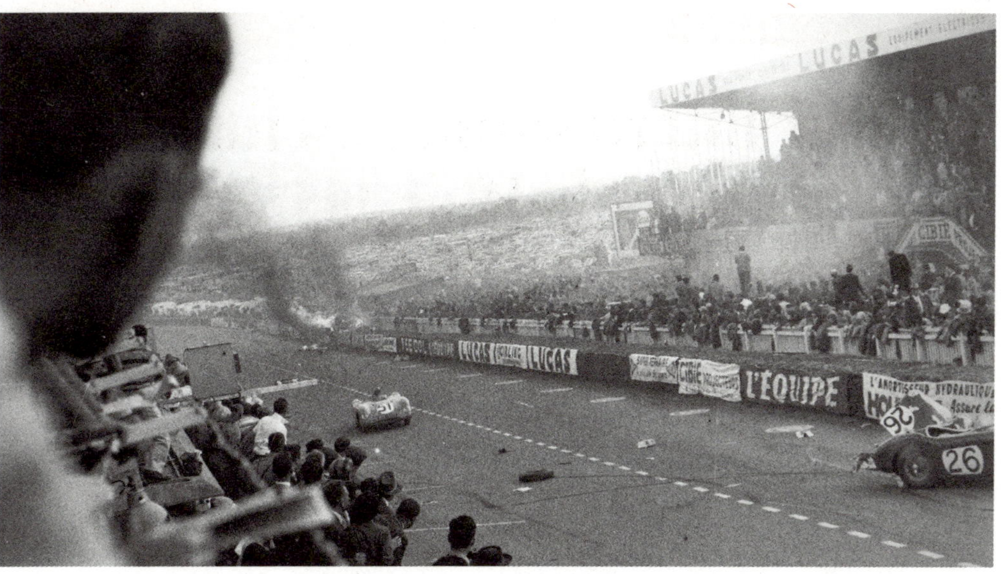

24-Stundenrennen von Le Mans 1955 – Pierre Levegh raste mit seinem Mercedes-Benz 300 SLR nach einer Kollision in die Zuschauermenge.

James Dean sei in Wirklichkeit gar nicht gestorben, sondern nur grässlich entstellt und lebe in Verborgenheit weiter; der Unfalltote sei der Mechaniker gewesen. Ich sprach erst kürzlich mit einem Kronzeugen dieses Unfalles, mit dem Volkswagen- und Porsche-Großhändler der amerikanischen Westküste, Johnny von Neumann, der damals ebenfalls auf dem Weg zu dem Rennen, das James Dean mitfahren wollte, knapp eine halbe Stunde nach dem Ereignis an die Unfallstelle kam, Rolf Wütherich übrigens arbeitet bei ihm in der Werkstatt.

Rennfahrer sind ja oft sehr populär, aber Filmschauspieler erreichen zuweilen eine Bewunderung der Massen, die ein etwas fragwürdiges Phänomen unserer Zeit zu sein scheint. Der völlig zerstörte Spyder von James Dean ist vermutlich das kostbarste Auto aus Zuffenhausen, denn die Fans bieten heute noch viele Dollars für jedes Blechstückchen von dem Wagen ihres geliebten Helden …

◆

PORSCHE

Our international victories first half of 1952

1. Rallye Sestrière, Italy
1500 ccm category: 1. von der Mühle/v. Guilleaume
2. Graf Berckheim/Polensky

2. Vero Beach Hour Race, Florida, USA
1500 ccm category: 1. Hoffman, New-York

3. Road Race of Agadir, Maroc
category 2 ltr serial sports cars: 1. Picard, Nice

4. Road Race of Montlhéry, France
1100 ccm category: 1. Veuillet, Paris
1500 ccm category: 1. Picard, Nice

5. Rallye Soleil Cannes, France
1500 ccm category: 1.-7. place 1. Mlle. Thirion/Thirion, Belgique
2. Ringenberg/Schneider, Switzerl.
3. Molinelli/Heurteaux, France
Ladies category: 3. Mrs. von Hanstein/Miss Bretz

6. Rallye da Montanha, Portugal
1500 ccm category and all classes: 1. Martorel

7. Hill Climb Val de Cuech, France
1500 ccm category: 1. Picard, Nice

8. Thompson Speedway-Race, USA
1500 ccm category: 1. Hoffman, New-York

9. Rallye Capitales de l'Ouest, France
All classes: 1. Veuillet/Mouche

10. Rallye de Tulipes, Holland
1500 ccm category: 2. von der Mühle/Holzschuh
3. Nathan/Schellhaas

11. Road Race of Bordeaux, France
1500 ccm category serial sports cars: 1. Veuillet, Paris
1500 ccm category sports cars: 1. Picard, Nice

12. XIX. Mille Miglia, Italy
1500 ccm category Gran Turismo Internazionale:
1. Graf Berckheim/Graf Lurani
2. Dalla Favera, Italy
3. Elvio d'Inca Levis, Italy
1100 ccm category serial sports cars: 1. Fürst Metternich/Graf Einsiedel

13. Price of Bremgarten, Bern, Switzerland
1500 ccm category serial sports cars: 1. Heuberger, Switzerland
2. Patthey, Switzerland

14. ADAC-Eifel-race on the Nürburgring, Germany
1100 ccm category: 1. Brendel
2. Trenkel
1500 ccm category: 1. Helm. Glöckler

15. Wurzenpass-race, Austria
1100 ccm category: 1. Mathé, Innsbruck
1500 ccm category: 1. Mathé, Innsbruck

16. Rallye Lisbon, Portugal
1500 ccm category and all classes 1. Nogueira, Portugal
2. Mascarenhas
3. v. Hösch/v. Falkenhausen
1100 ccm category 1. Nathan/Schellhaas

17. Sports cars race of Bridgehampton, USA
1500 ccm category serial sports cars: 1. Lipe, USA
2. Bentley, USA
3. Proctor, USA
1500 ccm category racing sports cars: 2. Hoffman
3. Koster

18. 12 hours of Hyères, France
1100 ccm category serial sports cars: 1. v. Frankenberg/Graf Berkheim
New category-record!
1500 ccm category serial sports cars: 2. Picard, Nice

19. Rallye Travemünde, Germany
1500 ccm category and total valuation:
1. Polensky/Schlüter
2. Kittner/Brudes
Ladies-category: 1. Mrs. v. Hanstein/Miss Bretz

20. Coppa Toscana, Italy
1500 ccm category Gran Turismo Internazionale:
1. Dalla Favera, Italy
2. Elvio d'Inca Levis, Italy

21. 24 hours of Le Mans, France
1100 ccm category / New category record
1. Veuillet/Mouche, France

22. Wiesbaden XV automobile, Germany
category up to 16 kg/PS 1. Bendix, Hamburg

23. Rallye of the Midnightsun, Sweden
1500 ccm category and best performance all classes:
1. Persson, Sweden
2. Westblad, Sweden
3. v. Hanstein, Germany
Ladies-category 2. Mrs. v. Hanstein/Mrs. v. Essen

24. Austrian Mountain Race, Austria
1500 ccm category sports cars: 1. Graf Orssich

25. Equinox-Hill climb, USA
1500 ccm racing sports cars: 1. Koster
2. Thorpe
1500 ccm serial sports cars: 1. Bentley
2. Proctor
3. Hoffman

26. Road Race of Gmünd, Austria
1100 ccm category: 1. Mathé, Innsbruck

27. Mendola-Hill climb, Italy
1500 ccm category Gran Turismo: 1. Dalla Favera

28. Hill climb of Burke, State Vermont, USA
1500 ccm serial sports cars: 1. Proctor
2. von Neumann
1500 ccm racing sports cars: 1. Hoffman
2. Lloyd
3. Koster

29. Coppa Dolomiti, Italy
1500 ccm category Gran Turismo: 1. Dalla Favera
2. Elvio d'Inca Levis

Druck: Ernst Klett, Abt. Plakate, Stuttgart

6 Rekorde – kritisch betrachtet

So sehr es auf einer Rundstrecke auf den Fahrer ankommt, der die Vielzahl der Kurven in vollendeter Form meistern muss, um die beste Zeit, um den Rundenrekord zu erzielen, so sehr hängt die Leistung, die man als einen Automobilrekord oder gar als Automobilweltrekord bezeichnet, von den maschinellen Gegebenheiten ab.

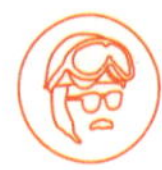

Das Wort Weltrekord wird in diesem Zusammenhang oft missbraucht. Ich glaube sagen zu können, warum: denn bei den Motorrädern gilt in jeder Klasse die erzielte Bestleistung als »Weltrekord« – das ist aber bei den Automobilen nicht der Fall. In den einzelnen Klassen gibt es hier die »Klassenrekorde«. Weltrekord heißt dagegen, dass es sich um einen absoluten Rekord handelt, der ohne Rücksicht auf den Hubraum des Wagens aufgestellt worden ist: die beste Leistung, die über eine bestimmte Distanz auf ebener Bahn ein Automobil jeweils erreicht hat.

Der Hubraum ist dabei, wie gesagt, vollkommen gleichgültig und aus diesem Grund sind die Fahrzeuge, die in den letzten Jahrzehnten versucht haben, den berühmtesten Automobilweltrekord zu erobern, den über einen Kilometer und über eine Meile mit biegendem Start, allesamt mit einem oder gar mehreren Flugmotoren ausgerüstet gewesen, deren Zylinderinhalt etwa das Zehnfache eines ausgewachsenen Personenwagens betrug – und die entsprechend auch Leistungen zwischen 2000 und 4000 PS hatten.

So betrachtet ist gerade dieser Automobilweltrekord von zweifelhaftem Wert. Gewiss setzt er technische Vorbereitungen und Kenntnisse voraus, die aller Ehren wert sind und sich nicht nur auf den Motor, sondern in viel höherem Maße noch auf die Aerodynamik des Fahrzeugs, auf das Fahrwerk und die Reifen beziehen müssen, aber es liegen Leistungen mit solchen »Über-Automobilen« mehr im Bereich des nationalen Prestiges als im Rahmen automobiltechnischer Erkenntnisse, die sich auf den Serienwagen noch irgendwie übertragen lassen. Auch die fahrerische Leistung bei einem solchen Rekord ist keine überragende, wenigstens so lange nicht, als sich das Fahrzeug auf einer weiten, ebenen Fläche, wie z. B. dem Salzsee, bewegt, wo John Cobb mit seinem Railton Mobil Special am 16. September 1947 die noch heute gültigen Rekorde über einen Kilometer mit 5,68 Sekunden (= 633,8 km/h) und eine Meile mit 9,13 Sekunden (= 634,4 km/h) aufstellte, die freilich nicht mehr lange Bestand haben werden, nachdem der Engländer Donald Campbell (dessen Vater Malcolm Campbell zu Anfang der Dreißigerjahre den absoluten Weltrekord hielt) und zwei Amerikaner jetzt zu ernsthaften Rekordversuchen ansetzen.

Wahrscheinlich befände sich dieser Automobilweltrekord in deutschem Besitz, wenn der Krieg nicht gekommen wäre, denn 1939 wurde bei Daimler-Benz ein von Prof. Porsche entworfener Rekordwagen gebaut, der einen Daimler-Benz-Flugmotor von rund 3000 PS Kurzleis-

Er war für 650 km/h ausgelegt und hätte unter Umständen auch bis an die 700 km/h-Grenze gefahren werden können: dies war für das Jahr 1940 vorgesehen. Das Automobil, ohne Motor, befindet sich heute im Daimler-Benz-Museum.

tung besaß, sechs Räder und zur Stabilisierung kurze seitliche Tragflächen mit negativem Anstellwinkel. Er war für 650 km/h ausgelegt und hätte unter Umständen auch bis an die 700 km/h-Grenze gefahren werden können: Dies war für das Jahr 1940 vorgesehen. Das Automobil, ohne Motor, befindet sich heute im Daimler-Benz-Museum.

Fahrtechnisch ungleich schwieriger waren die Klassenrekorde, die Stuck, Caracciola und Rosemeyer (ich nenne die Fahrer der zeitlichen Abfolge dieser Rekorde nach) auf normalen Betonstraßen — teils in Italien, teils in Ungarn und zum größten Teil auf unseren Autobahnen in den Klassen bis 3000, bis 5000 und bis 8000 ccm aufgestellt haben. Geschwindigkeiten in der Größenordnung von 400 km/h, wie sie zuletzt erreicht wurden, sind hier nur mit äußerster Konzentration und Geschicklichkeit zu fahren, und nachdem Caracciola am 28. Januar 1938 auf der Autobahn bei Frankfurt 432,7 km/h Durchschnitt über den fliegenden Kilometer erreicht hatte, ist bekanntlich ein so großer Könner wie Bernd Rosemeyer bei einer ähnlichen Geschwindigkeit kurz danach tödlich verunglückt: Hinter einer Brückenunterführung hatte ihn eine Windbö gepackt, gegen die bei einer solchen Geschwindigkeit kein Gegensteuern mehr half.

Und Bernd Rosemeyer gehörten auch die einzigen beiden Automobilweltrekorde, die Deutschland bis vor Kurzem noch in seinem Besitz hatte. Sie wurden am 26. Oktober 1937 mit einem unverkleideten 6 Liter Auto Union-Grand Prix-Wagen ebenfalls auf der Autobahn in der Nähe von Frankfurt aufgestellt: ein Kilometer mit stehendem Start in 19,08 Sekunden = 188,7 km/h und eine Meile mit stehendem Start in 25,96 Sekunden = 223,2 km/h Durchschnitt. Inzwischen sind auch diese beiden Weltrekorde nach den USA gewandert: Mickey Thompson fuhr mit einem Spezialwagen, der durch zwei Pontiac-Motoren angetrieben

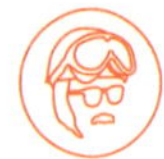

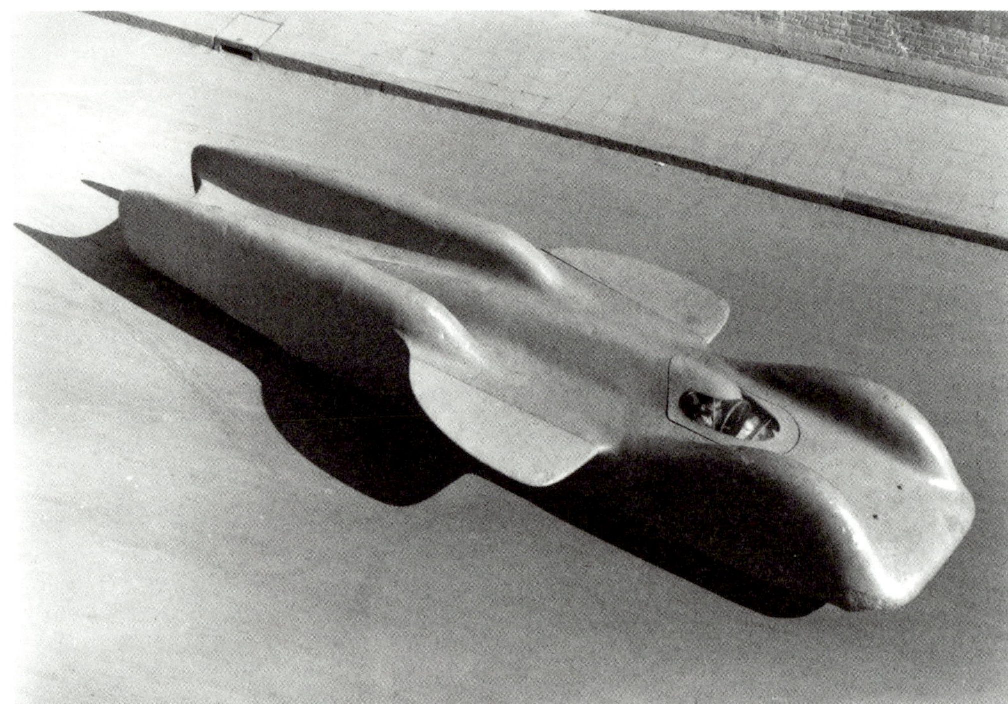

Mercedes-Benz T 80 – Wegen des Zweiten Weltkriegs kam das Fahrzeug nicht zum Einsatz. Hans Stuck sollte damit den Geschwindigkeitsrekord mit 600 km/h aufstellen.

wurde, den Kilometer mit stehendem Start in der fantastischen Zeit von 16,82 s (= 214 km/h) und die Meile in 24,12 s (= 239 km/h).

Lassen Sie mich aber jetzt etwas System in das Thema Automobilweltrekorde hineinbringen. Also, das hierfür zuständige Rekordreglement der FIA, enthalten in den internationalen Sportgesetzen, muss als ziemlich veraltet bezeichnet werden, hauptsächlich aus folgendem Grund: Es gibt zu viele Rekorde und dadurch verliert ein einzelner Rekord an Bedeutung. Bei der FIM, der höchsten Behörde in Paris für den Motorradsport, ist bei den Herbstsitzungen 1956 etwas sehr Vernünftiges beschlossen worden – auch hier sagte man sich, es seien zu viele Rekorde da, und seither gibt es für jede Motorradklasse nur noch neun verschiedene Distanzen zur Aufstellung von Weltrekorden. Einschließlich der Kategorie Dreiradfahrzeuge und Seitenwagenmaschinen (diese zählt man alle zu den Motorrädern) existieren fünfzehn verschiedene Klassen – das fängt ja bekanntlich schon bei der 50 ccm Klasse an – und so stehen also nunmehr insgesamt 135 Rekorde zur Verfügung, eine übersehbare Zahl.

Eine ähnliche Maßnahme sollte auch die FIA treffen. Es gibt bei den Wagen folgende Klassen, in denen man Rekorde aufstellen kann: 350 ccm, 500 ccm, 750 ccm, 1100 ccm, 1500 ccm, 2000 ccm, 3000 ccm, 5000 ccm, 8000 ccm, unlimitiert über 8000 ccm, dazuhin noch eigene Klassen für Dieselfahrzeuge ohne Hubraumbeschränkung und neuerdings eine für turbinengetriebene Fahrzeuge. Von diesen abgesehen, gibt es also elf Automobilklassen, wobei die kuriose Bestimmung besteht, dass eine Leistung aus einer niedrigen Hubraumklasse auch dann, wenn sie die bisherige Leistung der nächsthöheren Hubraumklasse übertrifft, nicht als Rekord für diese höhere Klasse gelten kann.

Bei den Motorrädern dagegen ist so etwas möglich, das heißt mit einer 350er-Maschine, wenn sie schnell genug ist, auch die Rekorde der 500er-, 750er -und 1000er-Klasse brechen.

Unsere deutschen Vertreter bei der FIA sollten versuchen, dies auch bei den Automobilen durchzusetzen, ebenso wie eine Einschränkung der Anzahl von Rekorden. Denn mit fliegendem Start – das heißt: beliebig langem Anlauf – gibt es, wie vorhin schon angedeutet, allein sechs. Mit stehendem Start aber gibt es – ja, wenn man es genau nimmt, beliebig viele, da eine Begrenzung in den Distanzen nach oben überhaupt fehlt. Und wenn man in die offiziellen Rekordlisten schaut, dann stehen dort – bitte lassen Sie mir einen Augenblick Zeit zum Nachzählen – 211 Distanzen für Rekorde verzeichnet, mit den 6 Rekorden des fliegenden Startes zusammen sind es also 217. Demgegenüber erscheinen die 9 Rekorddistanzen, die es jetzt nur noch in den Motorradklassen gibt, doch wesentlich vernünftiger.

Schon die Doppelgleisigkeit zwischen »Kilometer« und »Meile« ist ziemlich sinnlos und bringt die einzelnen Rekordmarken viel zu dicht aneinander. Darüber hinaus gibt es aber auch Distanzen, die nicht nach Kilometern oder Meilen gerechnet werden, sondern nach Zeiteinheiten: Es gibt den Rekord über eine Stunde, drei, sechs, zwölf und vierundzwanzig Stunden. Von hier ab existiert nach jeden weiteren 24 Stunden wieder ein Rekord, was beliebig fortgesetzt werden kann: Die längste Rekordfahrt, die es bisher gab, wurde im Frühsommer 1933 von einem Citroen-Spezial absolviert, der 133 Tage auf der Rekordbahn unterwegs

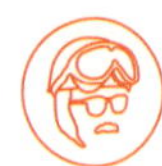

war und in dieser Zeit jene 300.000 km zurücklegte, bis jetzt die höchste Marke in den Rekordlisten.

Von dem einen Kilometer mit stehendem Start und der Meile dazu haben wir im Zusammenhang mit Rosemeyer schon gesprochen; als Nächstes folgen 50 km und 50 ml, 100, 200, 500, 1000, 2000, 5000, 10.000, 15.000, 20.000 Kilometer und Meilen bis zu 50.000, dann springen die Abstände um je 10.000 Kilometer bzw. Meilen hoch. In Anbetracht dessen, dass man mit Wagen natürlich eher auf längere Distanzen fahren möchte als mit Motorrädern, wären einige höhere Werte aufrechtzuerhalten ganz nützlich, jedoch würden zwölf bis fünfzehn Rekorde, die in jeder Klasse und als Weltrekord zu erreichen sind, vollauf genügen.

Als Kuriosum möchte ich hinzufügen, dass der erste Automobilweltrekord am 18. Dezember 1898 registriert worden ist: An diesem Tage fuhr nämlich unter offizieller Kontrolle der zuständigen Sportkommissare der französische Graf de Chasseloup-Laubat auf einem Jeantaud-Elektromobil den fliegenden Kilometer in genau 57 Sekunden, was einer Geschwindigkeit von 63,2 km/h entspricht. Da John Cobb mit dem Motorboot tödlich verunglückte, ist heute der Engländer Captain Eyston, der im Jahre 1938 genau 575 km/h erreicht hat, der schnellste Mann auf Rädern, der noch lebt – auf Autorädern jedenfalls, denn in Amerika hat man inzwischen mit raketengetriebenen, bemannten Spezialschienenschlitten auf der Erde über 1000 km/h erreicht.

Es gibt heute praktisch nur noch drei Bahnen, auf denen Automobilrekorde gefahren werden: Das ist in Frankreich das Autodrom von Montlhéry, in Italien das Autodrom von Monza, in den USA der Salzsee im Staate Utah. Die Strecke in Montlhéry besitzt hinsichtlich der Rekorde die größte Tradition; sie ist nunmehr rund 30 Jahre alt, wird laufend ausgebessert, befindet sich aber insofern in einem nicht besonders guten Zustand, als die Betonoberfläche gewisse Wellen und Vertiefungen besitzt, die bei hohen Geschwindigkeiten unangenehm spürbar werden.

Linas Montlhéry, die Ortschaft dazu, liegt etwa 25 km südwestlich von Paris; das Autodrom ist ziemlich genau 2,5 km lang und besteht aus zwei riesigen Kurven, die an ihrem oberen Rand so steil überhöht sind, dass man zu Fuß die Kante nur auf allen Vieren kriechend erreicht. Zwischen den Kurven befinden sich zwei kurze Geradeausstücke, das Ganze ist also ein Oval. Die schnellste Runde, die hier jemals gefahren wurde, geht auf das Konto des unvergesslichen Franzosen

Raymond Sommer, der hier 1939 mit einem 3,8 Liter Alfa Romeo Kompressor-Rennwagen einen Rundendurchschnitt von 238,5 km/h erzielte. Wenn auch dieser Wert mit den heutigen Fahrgestellen ein wenig überbietbar wäre, so bezeichnet er doch sehr deutlich die Grenze dieser Strecke.

Mit Geschwindigkeiten bis zu 200 km/h in Montlhéry herumzufahren, bietet keine Schwierigkeit, denn die Überhöhung in den Steilkurven ist so groß, dass der Wagen auf einer bestimmten Linie – wenn wir von den Wellen und ähnlichen Begleiterscheinungen absehen – nahezu freihändig herumläuft; zwischen 200 und 220 bereits einiges zu tun, über 220 km/h kann man die Bahn keineswegs mehr als leicht bezeichnen, zumal für das Fahrgestell ein sehr starker Anpressdruck entsteht. In Montlhéry werden kaum noch Rekorde gefahren.

Das Autodrom von Montlhéry wird bei den traditionellen Frühjahrs- und Herbstrennen als Teil der Montlhéry-Straßenrennstrecke benutzt, die sich unmittelbar anschließt und früher Schauplatz mancher französischen Großen Preise war (der Vater Ascari starb hier 1925 den Rennfahrertod). Im Dorf Montlhéry befindet sich ein kleiner Gasthof (»Cheval blanc«), in dem fast alle berühmten Rennfahrer, die anlässlich von Rekordversuchen in das Dorf kamen, schon einmal wohnten, und das Gleiche gilt für das recht gute Restaurant unmittelbar neben dem Autodrom: Hier trafen sich die Fahrer, um einen gelungenen Rekordversuch freudig zu begießen oder einen misslungenen traurig zu ersäufen.

Das Autodrom von Monza ist erst beim Großen Preis von Italien 1955 eingeweiht worden; es schließt sich unmittelbar an die berühmte Rennstrecke im Park von Monza an und ist genau wie Montlhéry ein Oval mit zwei stark überhöhten Steilkurven, die aber etwas schneller befahren werden können als die Montlhéry-Bahn, weswegen heute die meisten Rekordversuche in dem 4 km langen Autodrom von Monza laufen.

Nachdem es in Europa 30 Jahre lang die Bahn von Montlhéry für Langstreckenrekorde in einer Art von Monopolstellung gegeben hatte, begannen im Herbst 1956 zahlreiche von Erfolg gekrönte Rekordversuche auch auf der Monza-Bahn. Während man in Montlhéry an einem Tag, an dem nicht gerade ein Rennen stattfindet oder die Bahn für Rekordversuche gesperrt ist, jederzeit gegen ein Eintrittsgeld auf dem Autodrom herumfahren kann, ist dies in Monza nicht ohne Weiteres möglich. Die normale, 5,7 km lange Rennstrecke im Park ist gegen Ge-

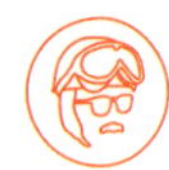

bühr von jedem zu befahren, das anschließende Autodrom aber nicht. Auf dieser Bahn muss man erst eine Reihe von Qualifikationsrunden mit vorgeschriebenem Durchschnitt unter offizieller Kontrolle des Automobil-Clubs absolviert haben, ehe man dort zugelassen wird. Diese strenge Bestimmung gilt sogar für alle bekannten Rennfahrer, die hier zum ersten Mal an einem Wettbewerb teilnehmen.

Auch in Monza werden bei Rekordversuchen die Teile des Fahrgestells durch den hohen Anpressdruck ähnlich stark beansprucht wie in Montlhéry – man hat berechnet, dass in solchen Steilkurven, wie wir sie ja auch auf der Avus haben, bei schneller Fahrt das Zwei- bis Zweieinhalbfache des Wagengewichts als Druck auf dem Fahrgestell lastet. Deshalb sind bei solchen Rekordversuchen Schäden am Fahrgestell – an Stoßdämpfern, Motoraufhängungen, Federn, Reifen – mindestens ebenso häufig wie an Motoren. Dies trifft natürlich für den Salzsee in den USA nicht zu; der hier für Rekordfahrten abgesteckte Kreis hat einen so großen Radius, dass er fast wie eine Gerade gefahren werden kann, und ist völlig eben – benutzbar allerdings nur im August und September, weil nur dann das Salz die nötige Härte aufweist.

Alle Rekorde mit fliegendem Start und ferner der Kilometer und die Meile mit stehendem Start – man nennt dies die Kurzstreckenrekorde – müssen vom Rekordfahrzeug in zwei Richtungen gefahren werden, und zwar binnen einer Stunde. Das Mittel aus beiden Messungen zählt als Rekordleistung. Die mittleren und langen Distanzen ab 50 km werden nur in einer Richtung, also einmal, gefahren. Bei allen Rekordversuchen muss die eventuell erzielte Verbesserung mindestens ein Prozent betragen – das heißt, man muss ein Prozent mehr km/h Durchschnitt erzielen als sein Vorgänger. Eine kleinere Verbesserung wird nicht als Rekord anerkannt.

Rekorde bis zu 24 Stunden Dauer wollen wir mit »mittlerer Distanz« bezeichnen, vor allem deshalb, weil es in den Bestimmungen einen sehr wichtigen Unterschied gibt: Bei solchen Rekorden bis zu 24 Stunden Dauer – und bei Rekordversuchen über geringere Distanzen natürlich – ist es erlaubt, an einem Ersatzteillager, das man sich an der Bahn einrichtet, jede Reparatur vorzunehmen und jedes Ersatzteil einzubauen, das man braucht, von elementaren Teilen, wie Kurbelwelle, Getriebe, Hinterachse, Kolben und Zylinderköpfen, abgesehen. Die Reparaturen dürfen jedoch nur am Ersatzteillager stattfinden, nicht unterwegs.
Bei Rekordversuchen über Distanzen von mehr als 24 Stunden Dauer

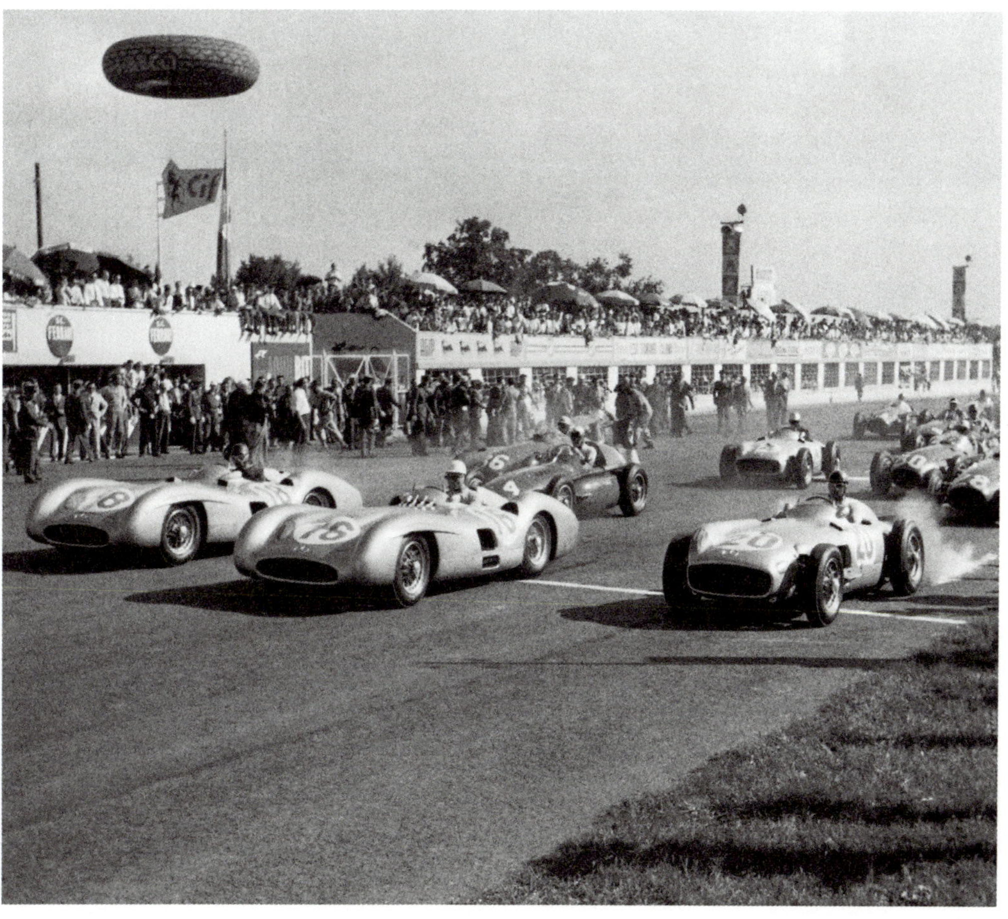

Großer Preis von Italien in Monza 1955. Startszene, Sieger Juan Manuel Fangio, Stirling Moss, Karl Kling.

darf man am Ersatzteillager jedoch nur – vom Reifenwechsel und vom Brennstoffnachfüllen abgesehen – mit solchen Geräten und Ersatzteilen operieren, die bereits am Start im Rekordwagen enthalten waren und von einem Sparkommissar geprüft wurden.

Bei jedem Rekordversuch dürfen Fahrerwechsel vorgenommen werden, wenn diese Fahrer vorher den Sportkommissaren angekündigt wurden. Bei den mittleren und längeren Distanzen wird der Fahrerwechsel ja zur Notwendigkeit; ebenso wie man beliebig viele Mecha-

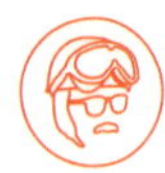

niker einsetzen und am Wagen arbeiten lassen kann (im Gegensatz zu Rennen), so kann man auch beliebig viele Fahrer benennen, die sich abwechseln. Im Allgemeinen werden die Langstreckenrekorde – wenn es sich nicht gerade um die »Superentfernungen« handelt, die uns nicht mehr sehr sinnvoll erscheinen – von vier bis fünf Fahrern bestritten. Wie oft man sich ablöst, hängt von der Geschwindigkeit ab und auch vom jeweiligen Tankinhalt (Ablösung beim Tanken). Bei Geschwindigkeiten, die im Verhältnis zu den Grenzen der Bahn sehr hoch liegen, empfiehlt sich ein Wechsel nach zwei, höchstens nach zweieinhalb Stunden, weil die Anstrengung des Lenkens durch den Anpressdruck sehr groß werden kann; bei niedrigeren Geschwindigkeiten sind drei Stunden eine Faustregel; eine längere Zeit führt zu Ermüdungserscheinungen, die ja beim Fahren mit gleichmäßiger Geschwindigkeit viel stärker auftreten als bei wechselnder Belastung – besonders in der Nacht.

Da die Zeitnahme keine Rücksicht auf eventuelle Aufenthalte nimmt, bei denen der Durchschnitt naturgemäß sinkt, empfiehlt sich, bei Rekordfahrten mit einer Schnelltankanlage nachzufüllen und auch das eventuell notwendige Reifenwechseln sehr präzise vorher zu üben. Der Brennstoffverbrauch und vor allem der Reifenverschleiß (an den Steilwänden steigt er für das kurvenäußere Hinterrad besonders stark an!) sind vor dem eigentlichen Rekordfahren zweckmäßigerweise durch Versuche auf der Bahn zu ermitteln.

Die bei einem Langstreckenrekord im Augenblick nicht gebrauchten Fahrer können in ihrer »Freizeit« ausschlafen, jedoch ist es üblich, jeweils einen Mann als Ersatzfahrer griffbereit zu haben, falls dem gerade am Lenkrad sitzenden ein körperliches Unbehagen befällt. Die Monteurmannschaft muss so zahlreich sein, dass zu jeder Tages- und Nachtzeit (wenn man die langen Distanzen fahren will) genügend Mechaniker für alle Fälle vorhanden sind; ebenso ist es notwendig, eine durchgehende eigene Zeitnahme zu haben und aufgrund dieser den Fahrer in gewissen, nicht zu langen Abständen zu informieren.

Eine wichtige Rolle spielt auch die Wettervorhersage; bei Rekorden, die mit sehr hohen Geschwindigkeiten gefahren werden sollen, ist trockene Straße Bedingung, aber auch bei anderen Rekorden können Regen und Nebel sehr unangenehm werden. Andererseits ist der Hochsommer für Rekordfahrten nicht sonderlich beliebt, weil man dann in den Öl- und Wassertemperaturen zu hochkommen würde und vor allem die Reifen eine kühle Straße sehr viel lieber haben; der Verschleiß vermindert sich.

Es besteht eine gewisse Gefahr darin, den Motor dauernd mit genau der gleichen Drehzahl laufen zu lassen (wegen Schwingungserscheinungen), weswegen die Rekordfahrer gerne pro Runde ein- bis zweimal etwas vom Gas gehen und nachher wieder etwas kräftiger durchtreten, sodass eine gewisse Drehzahlschwankung entsteht.

Rekorde fragen nicht danach, ob ein Rennwagen, ein Sportwagen oder eine serienmäßige Limousine sie erzielt hat; eine derartige Unterteilung gibt es nicht und so scheint der Rennwagen im Vorteil zu sein – aber natürlich nur für die kurzen Rekorde, weil der hochgezüchtete Motor und das leichte Fahrgestell keine zu langen Dauerbeanspruchungen aushalten. So sind es also fast immer Sportwagen – zum Teil sogar serienmäßige –, die in den einzelnen Klassen die mittleren und langen Rekorde gefahren sind, und wenn ein Werk Rekordfahrten unternimmt, so ist es propagandistisch natürlich sehr viel wertvoller, mit der Spitzenleistung eines serienmäßigen Wagens in den Zeitungen zu stehen als mit einem Spezialauto, das extra angefertigt wurde. Rekorde sind zweifellos ein Prüfstein für Materialqualität, sinnvoll für die technische Entwicklung, umso mehr, je mehr Serienbauteile dabei verwandt wurden.

◆

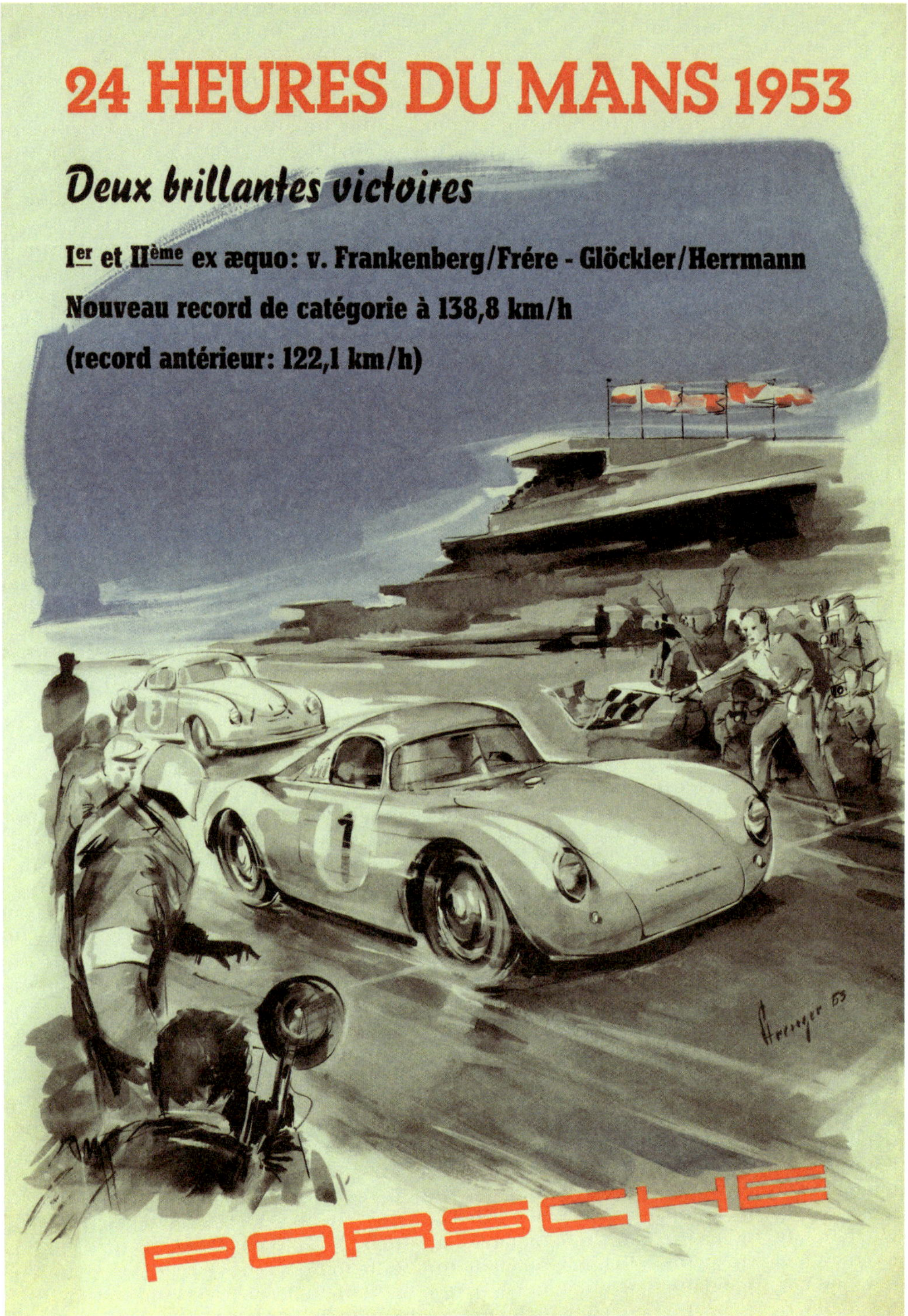

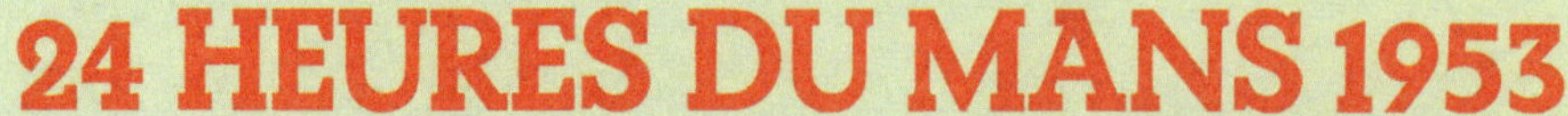

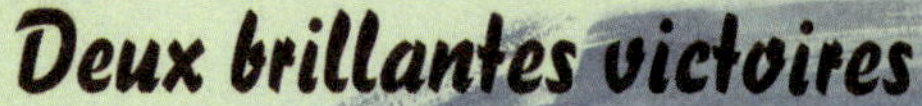

Ier et IIème ex æquo: v. Frankenberg/Frére - Glöckler/Herrmann

Nouveau record de catégorie à 138,8 km/h

(record antérieur: 122,1 km/h)

PORSCHE

HANS HERRMANN

7 Bergetappen zwischen Stuttgart und Lyon – Eine Erinnerung an Richard von Frankenberg

Meine eigene Rennsportkarriere kreuzte sich früh mit der von Richard von Frankenberg. Auch er ist vielen als erfolgreicher Fahrer, vor allem aber als Gründer und Chefredakteur der Porsche-Hauszeitschrift Christophorus, in Erinnerung geblieben. Im Jahr 1953 hatte ich richtig Fahrt aufgenommen, Richard wirkte bereits 1951 am 72 Stunden-Weltrekord auf der Piste von Montlhéry (Paris) mit und nahm auch 1952 schon an der Mille Miglia teil.

Er schlug mir vor, mit ihm zusammen die Rallye Lyon–Charbonnières zu fahren. Charbonnières, zehn Kilometer westlich von Lyon, war damals noch als kleiner Bade- und Kurort bekannt.

Da Richard das gleiche Fahrzeug wie ich fuhr – den Porsche 356 mit 60 PS – wollte er herausfinden, welcher Wagen schneller sei. Dafür war es wohl am sinnvollsten, die Autos im Werk prüfen zu lassen, schließlich war es nicht weit nach Zuffenhausen. Aber Richard hatte eine andere Idee – er mochte es praxisnah: So veranstalteten wir private Wettfahrten vom Stuttgarter Westbahnhof die Steigung hoch zum Birkenkopf. Wir stellten uns nebeneinander auf, starteten auf ein vereinbartes Zeichen und jagten mit quietschenden Reifen durch die Kurven. Damals war so etwas noch möglich! Er musste schneller gewesen sein, denn mit seinem Wagen nahmen wir dann an der Rallye teil.

Es gab Abschnitte, auf denen man über 60 oder 70 Kilometer keine Gerade von mehr als 150 Metern fand. Immer wieder das gleiche Bild: Auf einem Schotterweg ging es abwärts, die Fahrbahn war zweieinhalb Meter breit, links eine Felswand, rechts eine Schlucht; Begrenzung zum Abgrund: ab und zu ein Randstein …

Das Unternehmen hatte auch schon eine Vorgeschichte. Richard hatte sich nämlich an einen Sportfunktionär gewandt, um sich einen Wettbewerb empfehlen zu lassen, der für noch nicht besonders routinierte Leute geeignet, also nicht allzu schwierig sei. Er erfuhr da von ihm, da gäbe es vom 19. bis 22. März 1953 eine Rallye in Frankreich, das sei eine einfache Sache.

Als wir dann in Lyon starteten, kamen wir aus dem Staunen nicht mehr heraus. Die Strecke führte über 1400 Kilometer in großen Schleifen durch das Zentralmassiv, die Grenobler Alpen und den

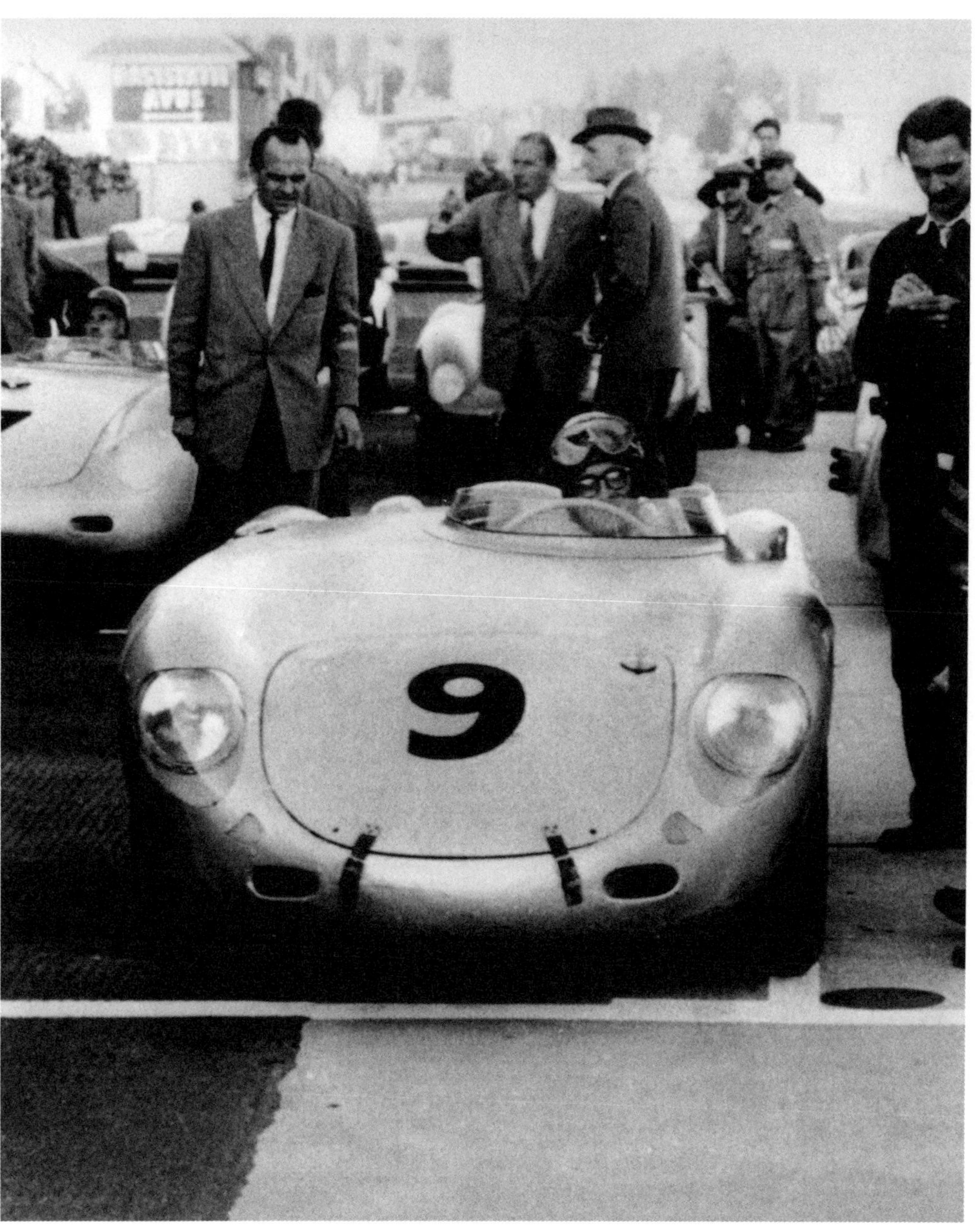

Avus 1956 – RvF auf Porsche Typ 645 „Mickymaus", der Wagen verbrennt beim Unfall, Hans Herrmann, 2. Platz auf Porsche Typ 550 A Spyder.

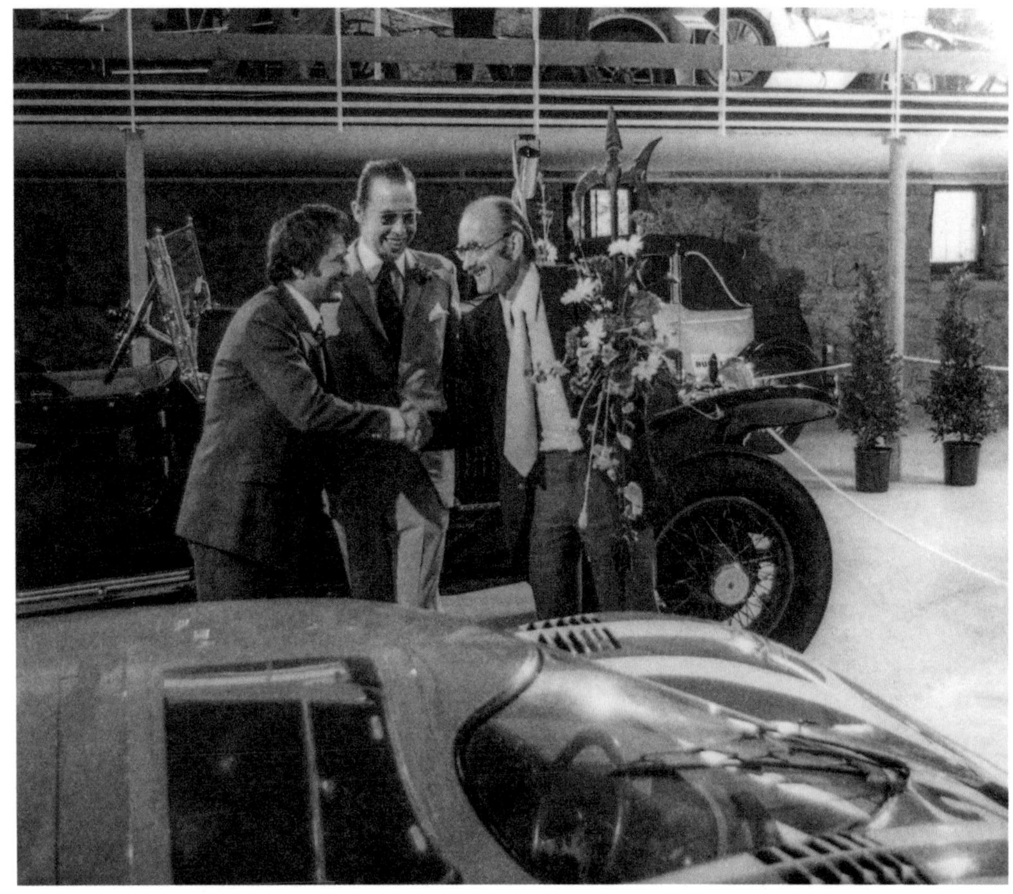

Hans Herrmann, Fürst Kraft zu Hohenlohe-Langenburg und RvF, im Vordergrund der Porsche 917 K, Siegerauto von Le Mans 1970.

Französischen Jura. Über Berge und durch Schluchten, neben denen sich die Schwäbische Alb wie ein sanftes Hügelland ausnimmt. Endlose Kurvenpassagen auf schmalen Gebirgsstraßen. Es gab Abschnitte, auf denen man über 60 oder 70 Kilometer keine Gerade von mehr als 150 Metern fand. Immer wieder das gleiche Bild: Auf einem Schotterweg ging es abwärts, die Fahrbahn war zweieinhalb Meter breit, links eine Felswand, rechts eine Schlucht; Begrenzung zum Abgrund: ab und zu ein Randstein …

Es wurden Sollzeiten verlangt, die kaum zu erreichen waren. Nur wenige Teams blieben ohne Strafpunkte, exakt 24 von 152 Fahrzeugen, obwohl fast alle Teilnehmer schon internationale Erfahrung hatten. So waren zum Beispiel die bekannten Rennfahrer Jean Behra (1921–1959) und Harry Schell (1921–1960) mit einem 2,3 Liter Gordini-Rennsportwagen dabei. Die Entscheidung über die Endplatzierung fiel dann in zwei Bergprüfungen, die mir wirklich alles abverlangten. Richard schilderte später einmal in der Bosch-Motorsport-Illustrierten (1953), wie er mich auf einem Abschnitt antreiben musste, da wir die Schwierigkeiten der Strecke zunächst falsch eingeschätzt hatten:

»Es geschahen nun drei erstaunliche Dinge. Erstens, wir kamen 25 Sekunden vor der Zeit noch ans Etappenziel. Zweitens, Hans Herrmann hatte sich trotz des Treibens und des letzten fahrerischen Einsatzes niemals in einer Kurve quergestellt oder sich sonst wie in einer kritischen Situation befunden, sondern war immer gerade an der äußersten Grenze des Möglichen geblieben. Drittens, obwohl es dauernd an Felsschluchten und Abgründen von mehreren hundert Metern Tiefe vorbeiging, hatte ich niemals Angst dabei.«

So erreichten wir am Ende den fünften Platz im Gesamtklassement. Vor uns lagen ein Jaguar XK 120, ein französischer Delahaye 4,5 Liter und zwei Porsche 1500 Super mit dem neuen 70 PS-Motor. Aber wir waren die einzige ausländische Equipe ohne Strafpunkte. Was für Abenteuer das damals waren! Und was für eine Zeit für alle, die den Motorsport geliebt haben!

◆

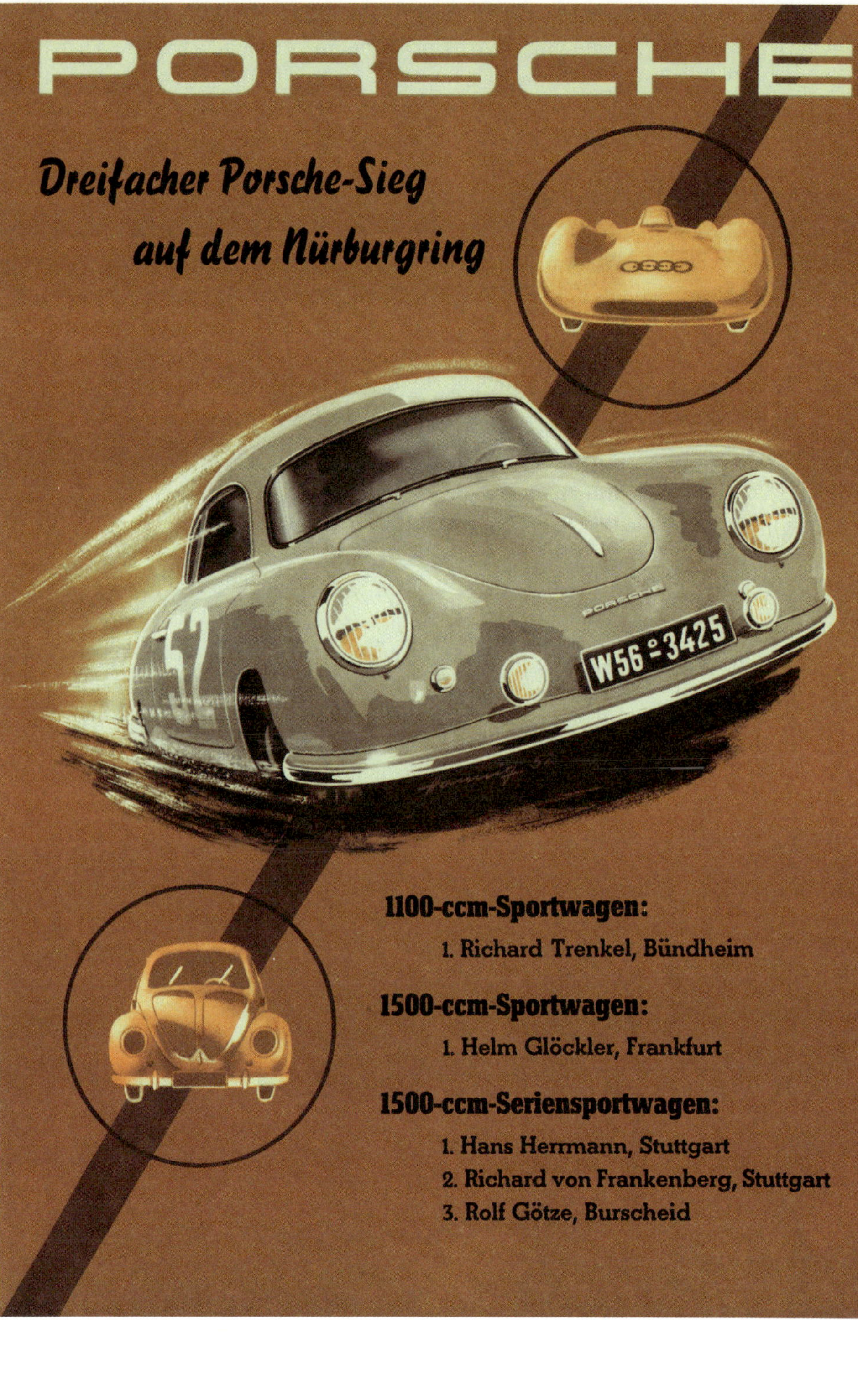
PORSCHE
Dreifacher Porsche-Sieg
auf dem Nürburgring
W56 - 3425
1100-ccm-Sportwagen:
1. Richard Trenkel, Bündheim
1500-ccm-Sportwagen:
1. Helm Glöckler, Frankfurt
1500-ccm-Seriensportwagen:
1. Hans Herrmann, Stuttgart
2. Richard von Frankenberg, Stuttgart
3. Rolf Götze, Burscheid

8 Anfänge auf dem Opel Kadett und Porsche 356

Meine erste internationale Rallye bin ich 1951 mit einem 1300 ccm Porsche-Wagen gefahren. Es war die kürzeste Rallye, an der ich jemals teilgenommen habe, die Rallye mit der merkwürdigsten Ausschreibung, mit den meisten Verwirrungen und dem meisten Kopfschütteln auf allen Seiten – und doch spielte sie sich in einer gesellschaftlich sehr netten Atmosphäre ab: Es war die Rallye Wiesbaden 1951.

Um korrekt zu sein, muss ich sagen, dass diese Rallye nicht die erste Zuverlässigkeitsfahrt überhaupt war, die ich mit einem Automobil bestritten habe, sondern es war die zweite. Von dieser allerersten spreche ich eigentlich etwas ungern, weil ich mit einem sehr komischen Wagen mitfuhr, nämlich mit einem Opel Kadett, Cabrio-Limousine, Baujahr 1938. Ich erwähne das aber, weil ich immer wieder höre: Ja, wenn man sich nicht gleich einen Ferrari kaufen kann oder einen Porsche Spyder, dann hat es gar keinen Sinn, mit dem Automobilsport anzufangen. Dann kann man doch nichts werden. Dieser Opel Kadett war unsere Familienkutsche. Ich hatte im Sommer 1950 meine BMW 500 ccm, die auch ein Vorkriegsmodell war und mit der ich ein Jahr lang an einigen Ausweisfahrerrennen teilgenommen hatte (unter den Konkurrenten, die damals mit mir zusammen auf dem Motorrad anfingen und mit denen ich in einigen Wettbewerben gemeinsam gestartet bin und um die vorderen Plätze gekämpft habe, befanden sich der unvergessliche, spätere Weltmeister Werner Haas und Hans Baltisberger, dessen tödlicher Unfall 1956 in Brünn mich tief bewegte) – also, ich bitte jetzt den Satz von vorne anfangen zu dürfen: Ich hatte meine 500er-BMW, weil sie allmählich zu langsam war, bei einem Sportbegeisterten eingetauscht gegen diesen Opel Kadett. Von Porsche war noch keine Rede. Im November 1950 veranstaltete der Württembergische ADAC eine Zuverlässigkeitsfahrt, wie sie nur in diesen Jahren möglich war – in diesen Jahren, wo im Vergleich zu heute noch kaum Verkehr auf den Straßen herrschte.

Es gab eine Reihe von Startorten in ganz Württemberg und eine Reihe von Kontrollstellen, die sich auch im ganzen Lande verteilten und mit verschieden hohen Punktzahlen bewertet wurden. Das Ziel befand sich in Heilbronn. Und die Formel lautete ganz einfach: Wer innerhalb von fünf Stunden die meisten Punkte mit nach Heilbronn bringt, der hat gewonnen. Wenn man es genau nimmt, war das also ein verkapptes Straßenrennen. Die Klasseneinteilung war noch nicht so kompliziert wie heute: Es gab weder separate Sportwagen noch Gran Turismo-Klassen noch frisierte oder unfrisierte Tourenwagen, sondern es ging nur nach dem Hubraum. Die Klasse für den alten Opel Kadett lautete: »Bis 1200 ccm«. 1200 ccm war deshalb die Grenze dieser Klasse, damit die VW und die Ford Taunus hier noch mitfahren konnten, deren Hubraum zwischen 1100 und 1200 ccm lag. Wir befinden uns noch in der idyllischen Zeit, in der wir uns noch nicht nach internationalen Formeln richten mussten. Mein Kadett hatte 1098 ccm.

In meiner Klasse starteten 38 VW und Ford Taunus. Als man mich mit dem Kadett am Start erblickte, gab es ein riesiges Gelächter, denn man hielt meine Teilnahme für einen guten Witz. Noch mehr waren die Leute erstaunt, als mein Beifahrer aus dem Wagen stieg. Der wog nämlich über zwei Zentner. Dieser Mann war außerdem ein frisch gebackener juristischer Doktor, was ebenfalls zur Heiterkeit beitrug. Er erwies sich im Verlauf dieser Fahrt als äußerst nützlich, denn wir fuhren einige ziemlich verschmierte Nebenwege – es regnete bei der ganzen Fahrt in Strömen – und rutschten auch einmal hoffnungslos in den Graben – hoffnungslos für Leute ohne einen starken Beifahrer. Meiner packte mit seinen bärenstarken Händen den Opel Kadett unter den Stoßstangen und hob ihn wieder aus dem Graben heraus.

Auf der Schwäbischen Alb oben hatte sich der Regen bereits in Schnee verwandelt. Und durch das scharfe Fahren hatte sich unser Öl verflüchtigt. Wohin, weiß ich nicht mehr, jedenfalls begannen die Lager bereits hörbar zu klopfen, ehe wir das merkten. Der Ölmessstab war völlig trocken. Das störte uns wenig, da automobiltechnische Kenntnisse unser Gemüt noch nicht getrübt hatten. Wir fuhren also in unvermindertem Tempo bis zur nächsten Tankstelle, schütteten da Öl hinein und von da an lief der Kadett wieder wie am ersten Tage. Das kann man vermutlich mit modernen Sportwagen nicht mehr anstellen.

Als wir in Heilbronn ankamen, war aus dem Lachen der Konkurrenten ein Staunen geworden, denn wir hatten in unserer Klasse unter den 38 Wagen den dritten Platz gewonnen. Aber nun hielt man uns erst recht für verrückt.

Ich erzähle diese Geschichte nur deshalb, weil der Mehr-als-zwei-Zentner-Mann auch bei der Rallye Wiesbaden mit dem Porsche eine wichtige Rolle spielte – eine wichtige Rolle, diesmal nicht, um das Auto aus dem Graben zu heben (ausnahmsweise fuhr ich in keinen), sondern um eine günstige Relation in der Prinz-Heinrich-Formel zu erzielen. Die Ausschreibung zu dieser Rallye Wiesbaden war nämlich sehr kompliziert und wir konnten uns zunächst nicht erklären, wie der AvD – der Veranstalter dieser Rallye – auf diese Bedingungen des Wettbewerbs gekommen war. Der Kernpunkt der Ausschreibung bildete das Leistungsgewicht des Wagens – aber nicht jenes, das durch Leergewicht und PS-Leistung bestimmt war, sondern durch das effektive Fahrgewicht im Verhältnis zur PS-Leistung. Je schwerer der Wagen wog, desto ungünstiger wurde – das ist klar – das Leistungsgewicht, desto

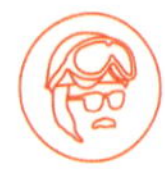

Vor 50 Jahren stand das Automobil, zumindest bei der Landbevölkerung, noch in einem sehr schlechten Ruf – oft warf man mit Steinen nach ihm. Die Automobile ratterten, stanken und staubten.

geringer brauchte aber für den gleichen Wertungskoeffizienten die Durchschnittsgeschwindigkeit bei der Rallye zu sein. Das Gewicht des Wagens mit Insassen wurde nach Durchfahren der Ziellinie auf einer offiziellen Waage geprüft.

Wenn man seinen Wagen sehr stark belädt, wird die Beschleunigung schlechter, doch an der Höchstgeschwindigkeit ändert sich nicht sehr viel. Auf Autobahnstrecken spielt aber die Höchstgeschwindigkeit eine wichtigere Rolle als die Beschleunigung und wir hatten uns eine Strecke mit viel Autobahn ausgedacht, also musste unser Wagen möglichst schwer sein. Und folglich war ein Beifahrer mit über zwei Zentner Lebendgewicht gerade das richtige.

Doch dies allein genügte mir nicht: Ich packte also noch zwei zentnerschwere Sandsäcke in den Wagen, die am Start plombiert wurden, damit man sehen konnte: Der Wagen ist die ganze Strecke mit dem »Übergewicht« gefahren und man hat es nicht erst zehn Kilometer vor dem Ziel eingeladen.

Den Startort konnte man sich aussuchen. In ganz Europa gab es dazu eine Reihe von Startorten, unter denen man die Wahl hatte - einige waren ziemlich nahe an Wiesbaden gelegen und durch günstige Straßen mit dem Zielort verbunden, andere lagen weiter entfernt und hatten schlechtere Straßenverbindungen. Die einzelnen Strecken waren vom Veranstalter sorgfältig gegeneinander abgewogen worden. Auf den guten Straßen und kurzen Strecken musste man einen sehr hohen Durchschnitt fahren, um auf die gleiche Punktzahl zu kommen wie ein Mann, der auf mäßig guten Straßen eine sehr lange Anfahrt hinter sich gebracht hatte. Eine Startzeit war nicht vorgeschrieben: Man musste seinen Durchschnitt, den man voraussichtlich fahren konnte, selbst einschätzen, sich danach die Abfahrtszeit beim Automobil-Club oder bei der Polizei der betreffenden Stadt festlegen; man musste aber dann genau zwischen vier und halb fünf nachmittags in Wiesbaden eintreffen. Kam man zu früh an das Ziel am Kurhaus, musste man bis vier Uhr warten; erst dann war die Kontrolle geöffnet. Und es wurde auch erst ab vier Uhr gestempelt, sodass der bis dahin erzielte Durchschnitt sank, wenn man vor der Kontrolle warten musste. Andererseits wurde man bei Zuspätkommen mit Ausschluss aus der Wertung bedroht beziehungsweise mit hohen Strafpunkten.

Auch wenn man sich diese Rallye-Ausschreibung genau ansah, kam ein verkapptes Straßenrennen ans Tageslicht, dem allerdings einige Rechenkunststücke vorausgingen. Ich fragte vorher an, was das für eine neuartige Formel sei und man sagte mir: Neuartig? – Das ist ein Wettbewerb nach der Prinz-Heinrich-Formel!

Ich dachte nach. Es gab ja einmal Prinz-Heinrich-Fahrten – sie standen am Ursprung der automobilistischen Langstreckenwettbewerbe und waren damals sehr berühmt. Der Prinz Heinrich von Preußen war ein jüngerer Bruder von Kaiser Wilhelm II. Er lebte von 1862 bis 1929. Vor dem Ersten Weltkrieg stand er im Flottendienst und wurde 1909 Großadmiral des kaiserlichen Deutschlands. Dieser Prinz Heinrich galt als ein Mann, der dem Sport und besonders dem Automobilsport gegenüber sehr aufgeschlossen war. Nach ihm wurden die Prinz-Heinrich-Fahrten genannt, weil er den Siegespreis dafür stiftete, das Modell eines Autos aus massivem Silber, 13 Kilo schwer.

Die erste Prinz-Heinrich-Fahrt fand 1908 statt, vom 9. bis zum 17. Juni. Sie führte in sieben Etappen durch ganz Deutschland und enthielt Sonderprüfungen in Form von Flach- und Bergrennen. Das gab es also schon damals und auch die Gesamtstrecke von rund 2200 Kilometern entspricht heutigen Rallye-Vorstellungen, doch waren die einzelnen Etappen nie länger als 300 bis 400 Kilometer und über Nacht wurde geschlafen. Es ging also noch relativ gemütlich zu – es waren ja auch keine Sport- oder Rennwagen zugelassen, sondern nur viersitzige Tourenwagen, von denen keiner unter 800 Kilo wiegen durfte! Und vier Personen mussten in den Autos sitzen. Wie populär schon damals die Langstreckenfahrten waren, geht allein daraus hervor, dass sich bereits zur ersten Prinz-Heinrich-Fahrt (1908) insgesamt 144 Wagen meldeten, von denen 129 starteten. Damals gab es diese Gewichtsformel zum ersten Mal.

Vor 50 Jahren stand das Automobil, zumindest bei der Landbevölkerung, noch in einem sehr schlechten Ruf – oft warf man mit Steinen

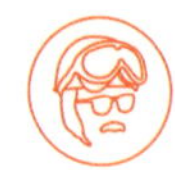

nach ihm. Die Automobile ratterten, stanken und staubten. Aber trotzdem waren hohe und höchste Regierungsmitglieder begeisterte Förderer des Automobilismus und befürworteten Rennen und Langstreckenfahrten sehr. Heute laufen unsere Automobile fast lautlos und der Kraftwagen ist ein Volksfortbewegungsmittel geworden – Lärm gibt es nur noch auf geschlossenen Rennstrecken. Aber mir scheint, dass unsere hohen Herren dem Automobilsport heute weit weniger freundlich gegenüberstehen als damals der Prinz Heinrich.

Jene erste Prinz-Heinrich-Fahrt im Jahre 1908 gewann Fritz Erle auf einem Benz-Wagen; bei der zweiten siegte Wilhelm Opel (auf einem Opel natürlich); unter den Teilnehmern befanden sich z. B. Herr Ettore Bugatti, Herr Ferdinand Porsche, Herr E. C. Mathis, Herr Dr. Ludwig Opel, der Erbgraf von Schönborn, Herr Richard Benz, Graf Kolowrat, Graf Lüttichau ... Es war sozusagen ein nationales Ereignis. Die dritte und letzte Prinz-Heinrich-Fahrt 1910 ist deshalb besonders bekannt geworden, weil sie von Ferdinand Porsche auf einem von ihm konstruierten Austro-Daimler-Wagen gewonnen wurde und weil jener Prinz-Heinrich-Wagen des damals 35-jährigen Porsche schon die ersten Ansätze einer Stromlinienform aufwies und, viersitzig offen, eine Spitzengeschwindigkeit von 140 km/h entwickelte.

Um von diesen historischen Reminiszenzen wieder auf die besprochene Rallye Wiesbaden zurückzukommen: Der Porsche 1300, den ich da fuhr, gehörte nicht mir. Ich war erst im Herbst 1951 so weit, mir einen gebrauchten zulegen zu können, aber ich stand mit dem Hause Porsche durch Pressearbeit schon in einem recht engen Kontakt. Die Ausschreibung zur Rallye Wiesbaden hatte ich frühzeitig in die Hand bekommen, hatte lange herumgerechnet, lange in Karten studiert und war dann zu der Ansicht gekommen, dass man mit einem Porsche 1300, wenn man es so macht, wie ich es mir ausgedacht hatte, das Gesamtklassement dieser Rallye gewinnen müsste. Nur hatte ich kein solches Auto. Aber ich sah jeden Tag Ferry Porsche, den Chef des Hauses, und ich machte es so ähnlich wie der alte Cato, der am Schluss jeder Rede im römischen Senat gesagt haben soll (auch wenn er gerade über die Getreideversorgung sprach): Im Übrigen bin ich der Ansicht, dass Karthago zerstört werden muss.

So erklärte ich bei jeder passenden und unpassenden Gelegenheit: »Übrigens sollten Sie mir, sehr verehrter Herr Porsche, für die Rallye Wiesbaden einen 1300er-Wagen geben; damit könnte man das Gesamt-

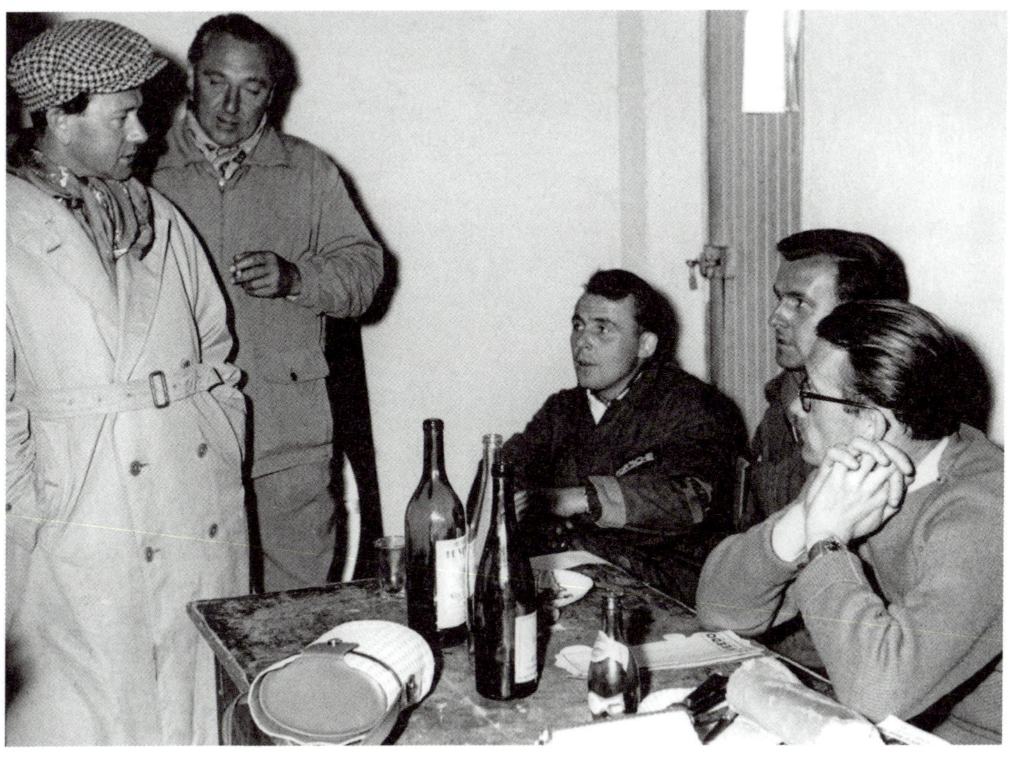

Ferry Porsche, Gentleman im Trenchcoat, schwört sein Siegerteam ein. Wein und Bier sind da nur das nötige Beiwerk.

klassement gewinnen und das wäre doch vielleicht ganz nützlich für das Haus.« Gott sei Dank fragte er mich nie nach meinen Rallye-Erfahrungen – ich hätte ihm ja nicht gut sagen können: Natürlich, ich bin schon mit einem Opel Kadett die Zuverlässigkeitsfahrt eines ADAC-Gaues mitgefahren.

Ich erklärte ihm, wie ich das machen wollte, um die Prinz-Heinrich-Formel auf einen modernen Sportwagen anzuwenden, und es leuchtete ihm ein. Ich bekam also ein Auto. Dieses war insofern ein historisches Porsche-Exemplar, als es sich um den (damals im Versuch befindlichen) Porsche-Wagen Nummer 1 handelte – das erste Coupe, das nach Aufnahme der Porsche-Produktion in Stuttgart-Zuffenhausen hergestellt worden war. Dieser Porsche Nr. 1 trug werksintern den Spitznamen

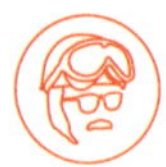

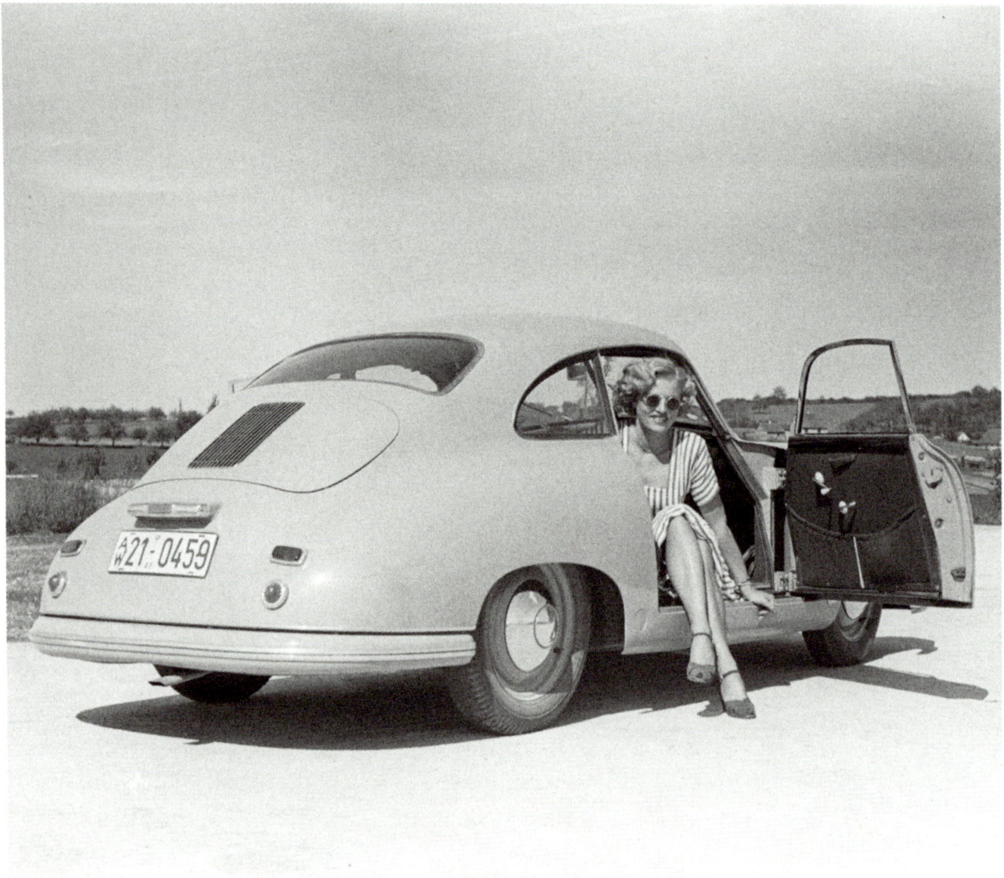

356 Coupé 1950. Dieses Fahrzeug ist der „Windhund“, ein Versuchsfahrzeug, ein früher 356 – bereits aus der Stuttgarter Produktion.

»Der Windhund«. Ich werde auf ihn noch einmal zu sprechen kommen, auf sein Ende, das er zwei Jahre später gefunden hat.

Neben der Beladung des Windhundes mit dem Mehr-als-zwei-Zentner-Mann und den Sandsäcken hatte ich mir noch etwas anderes ausgedacht. Meine Startplatzwahl fiel auf Kassel. Die Strecke Kassel–Wiesbaden ist für eine moderne Rallye ja wirklich lächerlich kurz – Kassel war auch unter allen Startorten der mit der kürzesten Distanz, der zur Verfügung stand. Die meisten starteten in Paris. Deshalb musste man auch, um eine einigermaßen hohe Punktzahl zu erreichen, von Kassel aus sehr schnell sein. Das wiederum schien mir durch die Autobahn Kassel–Frankfurt durchaus möglich. Und als ich den Startort Kassel mit einem Messtischblatt untersuchte, stellte ich fest, dass an einer Stelle die Stadtgrenze für ein paar hundert Meter über die Autobahn hinausging. Laut Ausschreibung war aber nur vorgeschrieben, »im Stadtgebiet« zu starten – das musste nicht im Stadtinneren sein, sondern konnte auch die Peripherie bedeuten.

Infolgedessen nahmen wir uns zwei Polizisten als Kontrollorgane von einer Kasseler Polizeiwache mit hinaus auf die Autobahn und ließen uns von dort nach einer Zeit, die wir uns sorgfältig ausgerechnet hatten, und nach einem geeichten Chronometer starten, nicht ohne zuvor die Sandsäcke plombieren zu lassen. Die Autobahn Kassel–Frankfurt gehört noch heute zu den relativ wenig befahrenen Strecken; damals konnte man natürlich mit einem Wagen, der nur 145 km/h Spitze lief, stets mit Vollgas fahren.

Bergauf allerdings machte sich das Gewicht des Wagens – er wog mit der ganzen Belastung weit über 1000 Kilo, während er leer ja nur etwa 750 auf die Waage brachte – doch ziemlich stark bemerkbar, aber den Berg hinunter lief er dafür umso schneller und ich stellte mit Befriedigung fest, dass er auch beim Vollgasbergabfahren nicht kaputtging. Unseren Zeitplan konnten wir gut einhalten; erst auf der Landstraße Frankfurt–Wiesbaden, die damals noch nicht so großzügig ausgebaut war, stießen wir auf einige Schwierigkeiten, denn es herrschte dort recht starker Verkehr: Es war immerhin Samstagnachmittag, kurz vor vier Uhr. Ich fand aber eine Lösung, um Wagen zu überholen, obwohl gerade auf der nicht sehr breiten Straße andere Automobile entgegenkamen. Rechts von der Straße befand sich nämlich ein ungefähr zwei Meter breiter Radfahrweg und Radfahrer waren sehr wenige unterwegs. Ich zog also rechts vorbei, auch an einigen Konkurrenten, die dann in Wiesbaden erzählten: Uns hat zuletzt ein ganz Verrückter überholt, lebt er noch?

Was wir nicht wussten, war, dass man das Ziel am Kurhaus von rechts anfahren musste, durch eine Art Gartenweg hindurch. Ich kam in großem Bogen von links und plötzlich war die Straße wenige Meter vor dem Ziel gesperrt; es standen auch viele Leute im Weg. Ich also im Renntempo wieder zurück und noch einmal um das Viereck herum. Da waren wir nun also, pünktlich im Rahmen unserer Karenzzeit, gaben

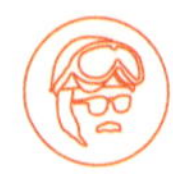

unsere Kontrollkarte ab, ließen die Funktionäre rechnen, begaben uns auf die Waage, wo das Staunen schon anfing, und dann mit einigen Konkurrenten zusammen, die wir auch in den folgenden Jahren immer wieder trafen, wenn sportliche Wettbewerbe ausgetragen wurden: mit Rudolf Sauerwein und Max Nathan, mit Fürst Metternich, Heinz Schellhaas, Graf Einsiedel, Rolf Goetze und Graf Orssich, zu einem gemütlichen Tee und anschließendem Bummel durch Wiesbaden.

Schon als wir vor dem großen Abendessen im Kurhaus beim Aperitif saßen, sickerten die ersten Gerüchte durch, dass sich die ausrechnenden Funktionäre in hellster Aufregung befänden, und zwar wegen eines Mannes, der sich bisher noch nie im Automobilsport hervorgetan, aber nun einen Durchschnitt gefahren habe, welcher schlechthin nicht möglich sei. Ich erinnere mich noch, wie die Funktionäre dann zu Professor Prinzing kamen, der als Repräsentant des Hauses Porsche in Wiesbaden mit den Fahrern zusammensaß: Dieses Auto könne doch wohl kein 1300er sein? Man habe gehört, es gäbe im Versuch jetzt schon einen 1500er, ob es sich vielleicht um diesen handele? Es sei vielleicht notwendig, dass man den Motor auseinandernähme, zum Hubraummessen. Professor Prinzing versicherte jedoch, dass es sich um einen normalen 1300er handele, einen 1500er gäbe es noch gar nicht im Fahrbetrieb. Er könne das beschwören. Die Funktionäre zogen sich kopfschüttelnd zurück, um noch einmal zu rechnen; und Prinzing fragte mich daraufhin: »Sagen Sie mal, Sie können doch nicht mit einem Auto, das maximal 145 geht, einen Durchschnitt von 137 fahren? Haben sich die Funktionäre in Kassel in der Uhrzeit geirrt?« Ich klärte ihn auf und erzählte die Geschichte von dem Zipfel der Stadt, der bis zur Autobahn reicht, während die Funktionäre noch mit der Entfernung vom Stadtkern rechneten – bei einer so kurzen Strecke macht eine solche Differenz für den Durchschnitt sehr viel aus. Ich war effektiv nur einen Schnitt von 127 km/h gefahren … Wir beschlossen, die Herren sich noch etwas die Köpfe zerbrechen zu lassen – ob sie vielleicht von selbst draufkommen würden? Ich erzählte es einigen meiner Freunde und Konkurrenten und wir saßen schmunzelnd bei Tisch, während es den Funktionären gar nicht wohl war, weil sie einerseits keine Erklärung hatten, andererseits nicht daran zweifeln konnten, dass es sich wirklich nur um einen 1300 ccm-Wagen handelte. Schließlich erlösten wir sie aus ihren Gewissensqualen, wobei dann noch festgestellt wurde, dass auch die Entfernung von der Stadtmitte Kassel aus nicht ganz korrekt nachgemessen worden war und in Wirklichkeit einige Kilometer weniger betrug, als in der Ausschreibung angegeben.

Dies war denn auch das letzte Mal, dass in den Nachkriegsjahren nach der alten Prinz-Heinrich-Formel gefahren wurde – ich weiß nicht genau, warum man sie fallen ließ: Ob den Funktionären das Rechnen zu schwierig wurde, ob ihnen die Erlebnisse bei der Rallye Wiesbaden 1951 doch etwas unheimlich waren oder ob sie vielleicht unsere bissigen Bemerkungen gehört hatten: Die Prinz-Heinrich-Formel sei deshalb gewählt worden, weil die Mehrzahl der Präsidialmitglieder noch mit dem Prinzen Heinrich befreundet gewesen seien ... Wie dem auch sei: Männer wie den Prinzen Heinrich sollten wir für den Automobilsport in Deutschland wieder haben!

◆

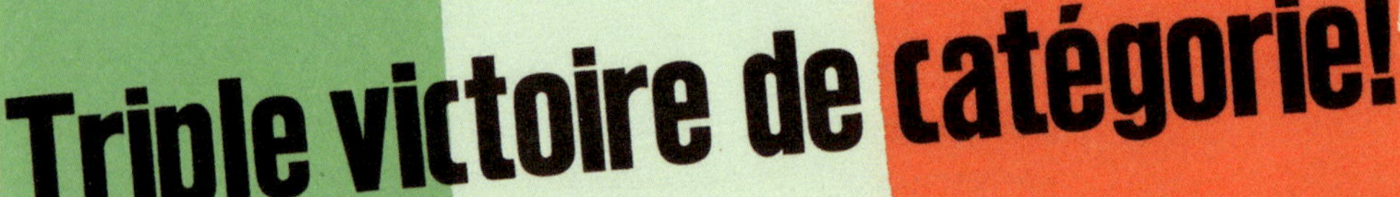

TOUT COMME EN 1952 ET 1953

LA VOITURE DE SÉRIE PORSCHE

A REMPORTÉ LA VICTOIRE A BRESCIA AUSSI EN 1954! 14 PORSCHE AU DÈPART - 11 Á L'ARRIVÉE!

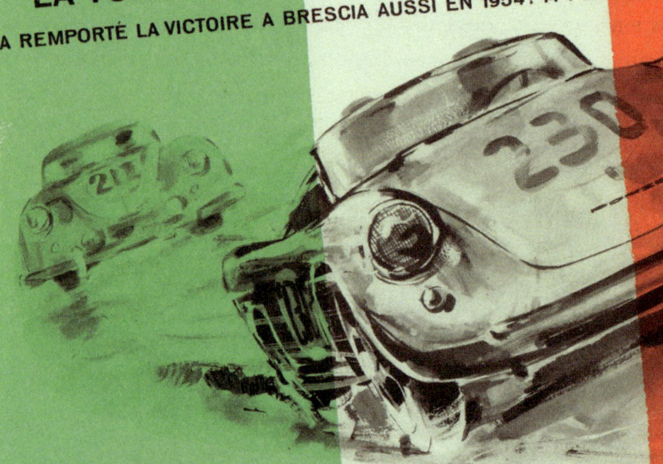

XXI. MILLE MIGLIA

Voitures de course jusqu'à 1500 cmc:	**1er**	**Herrmann / Linge**
	2ème	Cabianca sur Osca
Gran Turismo: Voitures de sèrie jusqu'à 1300 cmc	1er	Hampel / Conte Trips
	2ème	Nathan / Glöckler
	3ème	Milesi / Dinca
Voitures de série jusqu'à 1600 cmc:	1er	v. Frankenberg / Sautter
	2ème	Friedrichs / Conte Einsiedel
	3ème	Conconi / Kestenholz

La voiture de course PORSCHE 1500

pouvait se ranger, comme sixième dans le classement général, parmi les CHAMPIONS!

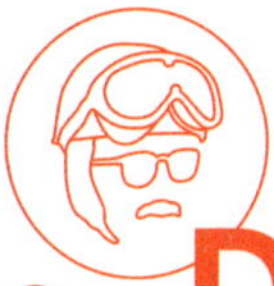

9 Die Mille Miglia-Geschichten des Schreckensteins

Weil wir die ersten Deutschen waren, die nach dem Krieg wieder an einer Mille Miglia teilnahmen, wurden wir allenthalben sehr bestaunt, zumal der Porsche für Italien noch eine Neuheit war, und wir fühlten uns wie Forscher und Entdecker, die in ein unbekanntes Land vorstoßen.

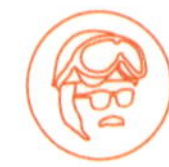

Die erste der amüsanten Geschichten, die mit dieser Mille Miglia in Zusammenhang stehen, ereignete sich bereits 14 Tage vorher auf der Autobahn zwischen Stuttgart-Echterdingen und der Ausfahrt unterhalb des Aichelberger Hanges, wo das Schild seht: Urweltfunde Museum Hauff. Der gute Tin Berckheim hatte das 1500er-Leichtmetall-Coupé vom Werk zum Ausprobieren bekommen und wollte das auf der Autobahn Richtung Ulm tun. Damals gab es in Deutschland noch die allgemeine Geschwindigkeitsbegrenzung von 80 km/h außerorts, auch auf der Autobahn. Es ist klar, dass sich Berckheim beim Ausprobieren des Mille Miglia-Wagens nicht an diese Geschwindigkeitsbegrenzung hielt. Es ist ebenso klar, dass einem Polizeistreifenwagen der sehr schnell dahinsausende Porsche auffallen musste. Dieser Polizeistreifenwagen – damals fuhren noch die deutschen und die amerikanischen Polizisten gemeinsam in amerikanischen Automobilen – stand bei Echterdingen auf der Autobahn. Es ist auch klar, dass die große amerikanische Limousine nicht schnell genug war, um den Mille Miglia-Porsche einzuholen. Aus diesem Grunde gab der Polizist in dem dicken Auto einen Funkspruch ab. Und der nächste Polizeiwagen dieser Art stand gerade unterhalb des Aichelbergs. Der nahm den Spruch auf und gab zurück: Habe verstanden, zu schnell fahrender Porsche-Wagen auf dem Weg nach Ulm. Werden ihn anhalten und Fahrer bestrafen. Tin Berckheim wusste von alledem nichts, er gab munter Vollgas und fuhr so schnell, wie das Auto ging (dazu probiert man es ja), auf den Bergabstrecken waren es etwa 190 km/h.

Bei der Abzweigung »Urweltfunde Museum Hauff« stand nun das Untier aus der modernen Zeit, der Polizeistreifenwagen, und gab rotes Signal. Tin hielt an. Er dachte sich: Ich bin zwar viel zu schnell gefahren, aber das können die von Weitem ja nicht genau festgestellt haben. Dann sah er die Funkanlage in dem großen Auto und wurde doch sehr vorsichtig. »Ja, bitte?«, fragte er. Die Polizisten tuschelten untereinander und dann sagte der eine Wachtmeister zu seinem Kollegen: »Der kann es unmöglich sein. Von Echterdingen bis hier sind es 31 Kilometer und wir haben die Meldung vor elf Minuten bekommen. In elf Minuten kann kein Auto hier 31 Kilometer fahren.« Und laut erklärte er zu Berckheim: Sie können weiterfahren, wir suchen einen anderen Wagen, danke sehr. Berckheim nickte stumm und etwas ungläubig, gab Gas und verschwand schleunigst. Analog zu den Formeln, mit denen die Märchen zu enden pflegen, könnte man sagen: Und wenn sie nicht gestorben sind, stehen die Polizisten heute noch da und warten auf den Mille Miglia-Porsche.

Als wir nach Italien herunterfuhren, passierte uns auf der Strecke vom Brenner nach Bozen eine Episode, bei der wir den italienischen Volkscharakter verstehen lernten, und seither wissen wir auch, warum es in Italien weniger Unfälle, weniger Geschimpfe und mehr Sportenthusiasmus gibt als bei uns. Ich überholte auf einer guten breiten Straße mit Schlängelkurven einen italienischen Lieferwagen, der wie die meisten italienischen Lieferwagen so schnell fuhr, wie er konnte. Mir entgegenkam – aber da war mein Überholvorgang schon fast beendet – eine Lancia-Limousine. Dieser Lancia kam aus der Ecke, die vor mir lag, mit rapider Schnelligkeit herausgeschossen, schon leicht querstehend. Mir reichte es noch bequem an dem Lieferauto vorbei, aber im Rück-

Der kann es unmöglich sein. Von Echterdingen bis hier sind es 31 Kilometer und wir haben die Meldung vor elf Minuten bekommen. In elf Minuten kann kein Auto hier 31 Kilometer fahren.« Und laut erklärte er zu Berckheim: Sie können weiterfahren, wir suchen einen anderen Wagen, danke sehr. Berckheim nickte stumm und etwas ungläubig, gab Gas und verschwand schleunigst.

spiegel sah ich, dass der mir nachfolgende Porsche auch schon zum Überholen angesetzt hatte. Das sah beinahe nach einem Verkehrsunfall aus. Ich zog mein Auto nach rechts und bremste. Hinter mir ereignete sich Folgendes: Der zweite Porsche bremste auch, weil es ihm nicht mehr an dem Lieferwagen vorbeireichen würde. Der Lancia bremste, weil ein Frontalzusammenstoß sehr unangenehm ist. Langsam fuhren beide nicht. Es kam aber zu keinem solchen, denn die beiden Wagen blieben genau zwei Meter voreinander stehen, Stoßstange gegen Stoßstange. Die Schuld lag aufseiten des Porsche, daran war kein Zweifel. Ich dachte einen Augenblick daran, was nun in Deutschland geschehen würde – ich brauche das, glaube ich, nicht auszumalen.

Es geschah aber etwas völlig anderes. Der Italiener, der einigermaßen deutsch konnte, stieg aus seinem Lancia aus, ging auf den Porsche-Fahrer zu und sagte: Dio vitello, Ihr Auto hat aber gute Bremsen. Was ist denn das überhaupt? Ein Porsche? Ah, sehr interessant. Habe schon von diesen schnellen Autos gehört. Kompliment, Kompliment, hübscher Wagen … Nach weiteren fünf Minuten saßen wir mit dem Italiener im nächsten Espresso und tranken einen. Auf die Gesundheit. Und auf die Rennfahrer.

Da wir als Deutsche alles mit System betreiben, wollten wir auch die Mille Miglia-Strecke systematisch erforschen. Wir beschlossen daher, ein Buch anzulegen und nach Möglichkeit alle Kurven zu registrieren: Wie schnell sie ungefähr sind, ob sie nach rechts oder links gehen, ob sie gefährlich sind und wie man sie sich merken kann. Dazu fuhren wir die Strecke einmal ab und notierten die Kurven dadurch, dass wir die charakteristischen Häuser, Bäume oder Kilometersteine vor den Biegungen vermerkten oder, was uns noch besser schien, die großen Reklameplakate, die es ja in Italien zu Hunderten und Aberhunderten entlang der großen Straßen gibt (dass sie sich ab und zu verändern, war uns damals allerdings noch nicht klar).

Wir prägten seinerzeit einen Ausdruck für diese Aufschriebe, der sich inzwischen in Sportfahrerkreisen allgemein durchgesetzt hat – wir nannten sie »das Gebetbuch«. Ein gewisses Risiko ist natürlich mit einem Gebetbuch verbunden: Wenn der Beifahrer eine Kurve falsch ansagt, weil er sich um eine Zeile verliest oder verblättert, wird die Sache mulmig. Helmut Polensky hatte auf dieser Mille Miglia keinen deutschen Beifahrer, sondern einen italienischen. Soviel ich mich erinnern kann, war es einer, der in Italien seinen Formel 3-Rennwagen, den Monopoletta, gefahren hatte. Er hieß Mijorini. Polensky konnte keineswegs Italienisch und Mijorini keineswegs Deutsch. Aber beide verstanden und sprachen ganz leidlich Französisch und darum beschlossen sie, die Kurvenanweisungen des Gebetbuchs jeweils in Französisch wiederzugeben.

Das klappte beim Rennen im Anfang auch ganz gut, bis dann der gute Mijorini vor einer Kurve etwas nervös wurde und in seiner

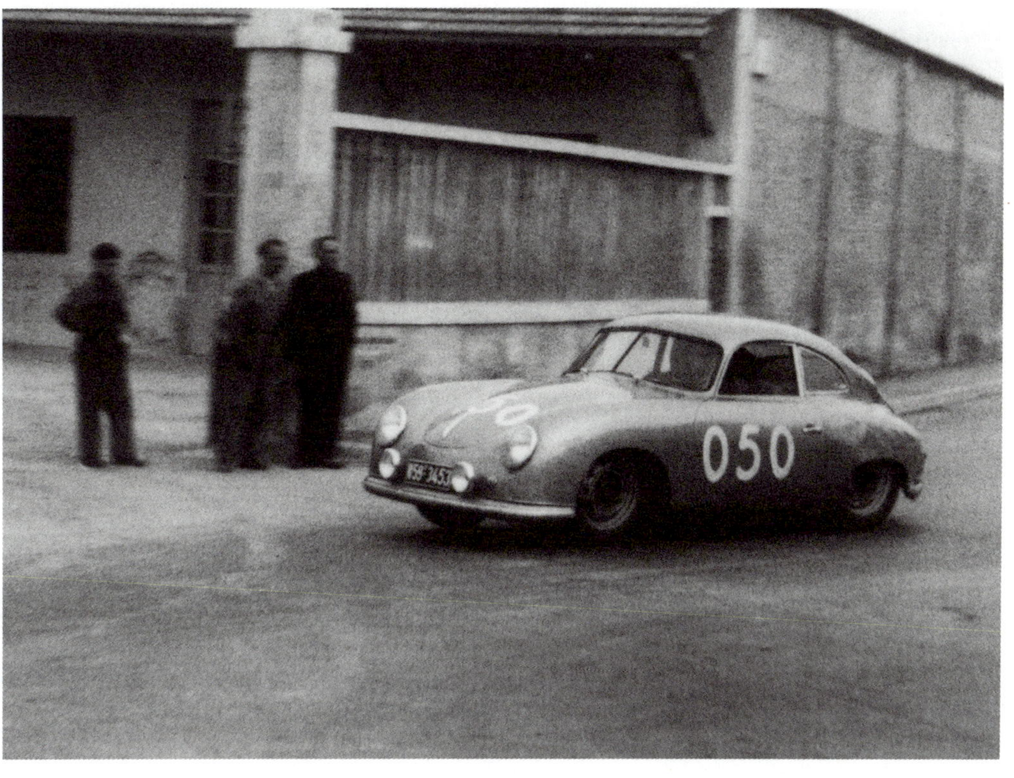

Mille Miglia 1952, 50: RvF und Uli Wieselmann auf Porsche Typ 356 Coupé.

Nervosität die französischen Begriffe für rechts und links verwechselte. Er sagte »gauche«, infolgedessen begab sich Polensky – es war um diese Zeit noch Nacht, denn wir als Fahrzeuge der kleinen Klassen starteten morgens zwischen ein und zwei Uhr – auf die äußerste rechte Straßenseite, um die vermeintliche Linkskurve anzuschneiden. Er merkte viel zu spät, dass es sich um eine Rechtskurve handelte, wofür man besser »droit« gesagt hätte, musste bei 120 km/h fürchterlich zaubern, touchierte schließlich einen Bürgersteig, worauf der Wagen sich überschlug und dabei das Dach erheblich eingedrückt wurde. Er stand aber dann wieder auf den Rädern. Der ganze Vorgang spielte sich am Eingang einer Ortschaft ab und innerhalb von Sekunden war die gesamte Bevölkerung dieses Orts am Unfallort zusammengeströmt –

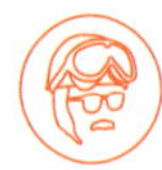

bekanntlich stehen auch schon in der Nacht während einer Mille Miglia alle Leute, die laufen können, tatsächlich auf den Beinen, um zuzusehen. Weder Polensky noch Mijorini hatten mehr abbekommen als ein paar blaue Flecke. Den Wagen konnte man schnell wieder auf die Straße zerren; erstaunlicherweise war dem Fahrgestell nichts passiert und die Räder rollten noch. Einige Italiener waren ein Stück weit der Strecke entgegengelaufen, um mit wilden Gesten den nachfolgenden Konkurrenten zu bedeuten, dass hier ein Hindernis im Wege stehe. Das Hindernis bestand nicht nur im Wagen, sondern auch aus einer ganzen Traube Menschen, die völlig unbekümmert rings um den Polensky-schen Wagen mitten auf der Straße standen. Endlich hatten sie die lange erwartete Sensation: Bei ihnen war ein Wagen verunglückt.

Polensky und sein Beifahrer saßen schon wieder drin und wollten weiter. Dass die Frontscheibe zertrümmert war, störte sie nur wenig, denn als vorsichtige Männer hatten sie Brillen mitgenommen. Aber das Dach! Das war doch so weit eingeknickt, dass sie nur in gebückter Haltung noch fahren konnten. Sehr ungünstig. Polensky sagte zu Mijorini: »Beschaff einen großen Hammer!« Mijorini nickte. »Einen Hammer«, rief er auf Italienisch, »ist vielleicht ein Schmied in der Nähe?« Auf diesen Ruf hin teilte sich plötzlich die gaffende Menge und ein Hüne von einem Menschen schob sich mit ausladenden Armbewegungen zum Wagen durch. Es war der Fleischer des Ortes. »Hammer«, sagte er, »lächerlich. Geht raus aus dem Auto!«

Er rollte die Augen furchtbar und Polensky trat etwas ängstlich zur Seite. Daraufhin kroch der Riese, was ihm viel Mühe machte, in den Porsche hinein, atmete einmal tief, krümmte den Buckel und richtete sich in den Schultern auf mit aller Kraft. Das Ergebnis war, dass das eingedrückte Dach des Porsche mit einem Ruck wieder in seine alte Lage zurücksprang. »So!«, sagte er nur und verschwand wieder in der Menge.

Polensky fuhr die Mille Miglia weiter, natürlich mit erheblichem Zeitrückstand. Um diesen aufzuholen, forcierte er das Tempo und die Maschine, die dann in der Gegend von Rom ihren Geist aufgab, sodass man am Ziel nicht das Vergnügen hatte, zwei bebrillte, vom Regen durchnässte Fahrer in einem geschlossenen Coupé ohne Frontscheibe einlaufen zu sehen.

Mit Polensky war mir während einer der Trainingsfahrten auch ein »Unfall« passiert, der sehr harmlos verlief, sofern man einen großen Bauernhof als harmlos bezeichnen kann. Wir saßen zusammen in

Polenskys Wagen; vor uns fuhren Lurani und Berckheim. Lurani kannte diesen Teil der Strecke sehr gut und hatte uns erklärt: Fahrt immer hinter uns her, ich zeige euch genau, wie man hier die Kurven fährt und wo man bremst. Wir waren sehr dankbar für diese Führung und fuhren in einem Sicherheitsabstand von etwa hundert Metern hinter den beiden die Strecke ab, relativ schnell. Helmut Polensky schaute immer auf das Bremslicht des vorausfahrenden Porsche – danach konnte man sich vor den Kurven richten und ich machte mir Aufschriebe.

Es war ein ziemlich warmer, vielleicht etwas schläfrig machender Nachmittag und wir kamen auf eine Linkskurve zu, die nicht ganz zu übersehen war. Unsere Geschwindigkeit betrug etwa 140 km/h und der Abstand zum Vordermann war auf etwas mehr als hundert Meter angewachsen. Lurani bremste nicht oder genauer gesagt: Es leuchtete kein Bremslicht auf, es kann ja defekt sein – vielleicht haben wir auch beide wegen der Sonnenspiegelung das Bremslicht nicht gesehen. Die beiden da vorne, Lurani und Berckheim, hatten aber gebremst, weil die Kurve keine 140 vertrug. Diese Tatsache bemerkten wir erst, als wir schon fast am Kurveneingang waren und immer noch 140 km/h draufhatten. Jetzt erst sah man, dass sich die Kurve »zuzog« und sicher nicht mehr als 110 bis 115 km/h vertrug. Polensky stieg voll auf die Bremse (die damals am Porsche noch nicht so gut war wie heute), aber es wurde uns sehr schnell klar, dass wir in dieser Kurve zumindest querstehen würden und eine wilde Schleuderei riskieren.

Da bot sich nun eine viel einfachere Lösung aus diesem Dilemma an. Geradeaus führte nämlich auch eine Straße: ein schmaler, staubiger Weg, der genau in einen Bauernhof hineinführte, in einen sehr großen Hof, durch ein Tor hindurch, das glücklicherweise offenstand. Also fuhren wir geradeaus und kamen noch mit 70 oder 80 km/h in das Innere des weiten Hofraumes hineingeprescht, wo sich gerade eine Unzahl von Hühnern tummelte und wo eine barfüßige Magd eine Schar von Schweinen von einem Stall in den anderen beförderte. Als Erstes reagierte die Magd (sie war von einer bäuerischen Hübschheit, die wir leider nicht sehr lange betrachten konnten), indem sie die Arme hochhub, schrie und wegrannte, als ob der Leibhaftige selbst auf dem Hofe wäre. Als Nächstes reagierten die Hühner, die fliegend auseinanderstoben, und schließlich reagierte auch Polensky, der den Wagen in einer riesigen Staubwolke auf dem Hof querstellte, schnell auf den ersten Gang zurückschaltete und den Platz wieder fluchtartig durch das

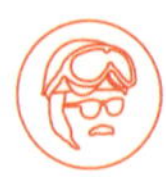

offene Tor verließ, ohne ein Tier überfahren zu haben, was besonders vermerkt werden muss. Nur einige Hühnerfedern flogen herum.

Lurani und Berckheim konnten sich zunächst gar nicht erklären, wieso wir plötzlich so weit hinter ihnen lagen. Wir erklärten dann: Ja, wisst ihr, der Motor hat ausgesetzt. Offenbar stimmt an der Benzinpumpe etwas nicht …

Bei dieser Mille Miglia 1952 gewannen Metternich/Einsiedel die Klasse der 1100er-Seriensportwagen (die Begriffe waren zu dieser Zeit für die einzelnen Wagenkategorien noch nicht die gleichen wie heute) und Lurani/Berckheim waren Sieger der Kategorie »Gran Turismo Internationale« bis 1500 ccm. Für die beiden wurde das Rennen auf den letzten 400 km sehr aufregend. Sie hatten bis nach Florenz einen sehr schönen Vorsprung herausgefahren. Ihr schärfster Konkurrent war der Italiener Musitelli mit einem kleinen Cisitalia-Sportcoupé. Als sie dann mit dem Wagen über die beiden Pässe kraxelten, den Futa und den Raticosa, um die 107 km lange Etappe bis Bologna zurückzulegen, das langsamste und kurvenreichste Teilstück der Mille Miglia, passierte ihnen etwas Ähnliches wie uns bei der Rekordfahrt in Montlhéry: Der dritte Gang fraß sich fest. Man muss dabei bedenken, dass damals die Porsche-Wagen, obwohl sie schon Motoren bis 70 PS besaßen, noch immer mit dem alten VW-Standardgetriebe ausgerüstet waren, mit dem unsynchronisierten, das einst für eine Leistung von 25 PS entworfen worden war, das aber erstaunlicherweise auch bei der dreifachen Motorleistung und im Wettbewerb meistens hielt.

Mit Ausnahmen. Und so eine war auf dem Futa-Pass gerade wieder eingetreten. Die Spitzkehren hier alle im dritten Gang zu nehmen statt im zweiten, das bedeutete natürlich einen ganz erheblichen Zeitverlust, und auf dem letzten flachen Stück von Bologna nach Brescia im dritten Gang ständig mit fast 6000 Touren zu fahren – was bei der Mille Miglia-Übersetzung 140 bis 145 km/h entsprach –, das war eine gewaltige Strapaze für den Motor, aber die einzige Möglichkeit, wenigstens als Zweiter in der Klasse anzukommen. Den Cisitalia würden sie ja auf diese Weise sicher nicht mehr halten können.

Dieser Cisitalia hatte eine Startnummer weit vor dem Lurani/Berckheimschen Porsche, sodass ihn unsere beiden Fahrer, obwohl sie schon sieben oder acht Minuten gegen ihn bis Florenz aufgeholt hatten, niemals zu Gesicht bekamen. Der Motor des Cisitalia aber hielt nicht bis Brescia durch. In dem Bestreben, auf dem letzten schnellen Stück noch an die Zeit des Porsche heranzukommen, von der sie an einer Durchfahrtskontrolle gehört hatten, überforderte Musitelli die Maschine. Natürlich hatte er keine Ahnung davon, dass der Porsche kurz hinter Florenz krank geworden war – der Cisitalia hätte nun in aller Ruhe und mit Schonung der Maschine die letzten Kilometer bis Brescia zurücklegen können. So aber dachte der Italiener, die sieben Minuten hole ich vielleicht auf den letzten dreihundert Kilometern noch ein, ein Vorgang, wie er für die Mille Miglia ganz typisch ist, weil man auch bei gut eingespielter Nachrichtenorganisation nie ganz genau weiß, wo man eigentlich liegt.

Musitelli fuhr nicht seine erste Mille Miglia, und als der kleine Cisitalia 120 km vor Brescia »sauer« geworden am Straßenrand stand, schoben ihn Fahrer und Beifahrer, soweit es ging, in die Wiese hinein, dann stellten sich beide vor den Wagen, und zwar genauso, dass die Startnummer verdeckt war. Sie dachten sich, wenn jetzt der Porsche kommt, soll er nicht sehen, dass sein schärfster Konkurrent ausgefallen ist – vielleicht jagt er dann seinen eigenen Wagen auch noch ins Autojenseits. Aber der Porsche konnte seine volle Geschwindigkeit ja nicht mehr entwickeln und im dritten Gang fahrend hatten Lurani und Berckheim mehr Zeit, das Geschehen am Rande der Straße zu betrachten – so sahen sie das kleine rote Cisitalia-Coupé stehen. Auf den zweiten und dritten Platz in dieser Klasse kamen, mit ganz geringen Abständen nur, die sie dem Getriebeschaden des Werkswagens verdankten, die beiden italienischen Kunden auf ihrem normalen 1500er-Porsche.

Mir und Wieselmann war es so ähnlich ergangen wie Polensky: Wir kamen nicht einmal bis nach Rom, bis zum Wendepunkt der Mille Miglia-Strecke, von wo aus es wieder nach Norden geht. Unsere Startzeit hatte vier Minuten hinter dem Metternich/Einsiedelschen Wagen gelegen; wir befanden uns mitten in einem Feld von frisierten 1100er-Fiats, die aber alle nicht ganz so schnell waren wie unser Porsche. Den Metternich/Einsiedelschen Wagen hatten wir nach einiger Zeit eingeholt, aber diese Freude währte nicht sehr lange. Es kam eine Stadt mit zwei sehr scharfen und vorsorglich mit Strohballen ausstaffierten Kurven. Um die erste Kurve kam ich noch sehr gut herum, in der zweiten, einer Rechtskurve, einer an sich ganz lächerlichen Kurve, die man mit 50 bis 60 km/h nahm, war ich zu schnell und touchierte an der Außenseite einen Strohballen. Leider ließ sich dieser Strohballen durch den Wagen nicht wegschieben, weil hinter ihm ein massiver, großer

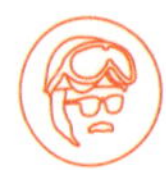

Begrenzungsstein stand. Infolgedessen gab es einen lauten Knall und der Wagen stand mit völlig eingebeultem hinteren Kotflügel da. Wir sprangen heraus: Das Blech des hinteren Radkastens war so weit eingedrückt, dass sich das Rad nicht mehr drehen konnte. Hunderte von Leuten standen um uns herum. Mit zwei Schnitten einer Blechschere hätten wir das Rad wieder frei gehabt, aber eine Blechschere führten wir nicht mit im Werkzeug. Also probierten wir mit Brachialgewalt, das Blech wieder herauszuziehen – ein völlig hoffnungsloses Unterfangen, denn eingeknicktes Blech benimmt sich sehr störrisch. Unsere Versuche sahen die Italiener rings herum und sofort waren zwanzig, dreißig Männer zur Stelle und zerrten mit uns an den eingebeulten Karosserieteilen, stemmten sich gegen das Rad, schrien, gestikulierten und nach einigen Sekunden war das Blech so weit herausgebogen, dass sich das Rad wieder drehte.

Wir wunderten uns sehr, denn in unserer Klasse waren wir die einzigen ausländischen Konkurrenten der einheimischen Fiats. Wir hätten nicht gedacht, dass die Italiener uns so spontan helfen, denn sie trugen ja dadurch dazu bei, dass wir die Fiats schlagen würden. Aber in solchen Fällen verdrängt hier die spontane Sportbegeisterung, die spielerische Freude an einer interessanten Sache fast alle anderen Gedanken.

Es gibt eine Reihe von Beispielen dafür. Eines ist dem Leser sicher schon bekannt. 1955 ist der deutsche Rundfunkreporter Rainer Günzler bei der Mille Miglia mitgefahren und hat mit einem 1500 Super-Porsche seine Klasse überlegen gewonnen. In einer Kurve kam er bei einem missglückten Überholungsmanöver so ins Schleudern, dass der Wagen von der Straße rutschte und in einem Sumpf landete, aus dem er mit eigener Kraft niemals wieder herausgekommen wäre. Es war eine Stelle, an der viele italienische Zuschauer standen (eine gefährliche Stelle: Da stehen bei der Mille Miglia immer Zuschauer …). Diese Italiener hatten ihren guten Sonntagsanzug an, allesamt, was sie aber nicht hinderte, unverzüglich in den Sumpf zu springen, ihre Kleider völlig zu verschmutzen, nur, um den verunfallten Porsche auf ihren Händen wieder aus dem Sumpf herauszutragen, damit er weiterfahren konnte. Man sagt immer, die Deutschen hätten »ach, zwei Seelen in ihrer Brust«, und man kreidet uns das im Ausland manchmal an als eine erstens typisch deutsche, zweitens unangenehm wirkende nationale Eigenart. Ich glaube, dieses Zwei-Seelen-in-der-Brust-Haben – das gibt es auch bei anderen Völkern ebenso stark, gerade bei den Italienern: Wenn in Monza beim Großen Preis ein ausländischer Fahrer und eine ausländische Marke in Führung liegen, wird das Rennen für das Gros des Publikums völlig uninteressant; man wendet sich von der Rennstrecke ab und trinkt Kaffee, redet und lacht. Wenn dann der Lautsprecher ansagt, dass sich ein Italiener wieder vorschiebt, rennt alles erneut zur Rennstrecke und jubelt – nach unseren Maßstäben ist das ein ganz unsportliches Verhalten. Wie verträgt sich das mit der spontanen Hilfeleistung für einen Ausländer?

Genauso kann man Mut und Feigheit der Italiener in ihrem Wechselspiel nie begreifen. Im Krieg hatten bekanntlich die italienischen Soldaten nicht eben den Ruf, sich besonders tapfer zu schlagen, aber im Sport findet man – besonders hier im Automobilsport – bei den italienischen Fahrern bewundernswerte Mutleistungen, die schon fast als Tollkühnheit zu bezeichnen sind. Ach, zwei Seelen …

Wieselmann und ich hatten durch unseren unfreiwilligen Strohballenaufenthalt insgesamt doch über 15 Minuten eingebüßt, bis wir uns wieder in einen einigermaßen intakten Wagen setzen konnten. Jetzt kam die Aufholjagd, die zunächst prachtvoll klappte. Ein Konkurrent nach dem anderen wurde wieder »verspeist«. Wir drehten uns noch einmal, blieben aber auf der Straße (wie, wussten wir selbst nicht) und fuhren munter weiter. Nach etwa 700 Kilometern hatten wir gerade wieder Metternich/Einsiedel eingeholt, die ein viel vernünftigeres, weil ausgeglicheneres Rennen fuhren als wir. Dann kam ein Bahnübergang, der sich in einer mittelschnellen Links-Rechts-Biegung befand. Für diese Biegung hatten wir in unserem Gebetbuch vermerkt: 90 km/h und Wieselmann las mir das rechtzeitig vor. Diese Eintragung stimmte genau, was die Kurve anging; sie stimmte nicht mehr genau, was den Bahnübergang betraf, denn dieser war eine ausgesprochene Sprungschanze. Aber auch diese Sprungschanze hätte uns nicht gestört und uns nicht geschadet, wenn wir nicht an unseren Wagen einen Zusatz-Ölkühler montiert hätten. Dieser Zusatz-Ölkühler, der aussah wie eine Tellermine, befand sich unterhalb des Motorgehäuses und verminderte die Bodenfreiheit des Porsche-Wagens erheblich. An der tiefsten Stelle hatte die Tellermine eine freistehende Ölablassschraube. Diese schlug nach dem Bahnübergang auf die Straße auf; die Schraube wurde in das Gewinde hineingedrückt, es gab einige Risse und das Öl begann auszufließen.

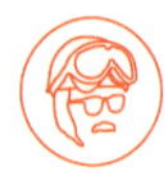

Wir fuhren noch etwa zwei Kilometer im Renntempo weiter, dann erschien plötzlich am Armaturenbrett das grüne Licht, und ehe wir uns recht versahen, gab der Motor seltsame Töne von sich. Ich kuppelte aus – da war ein Lager schon festgelaufen. Und der Traum von unserer Mille Miglia war ausgeträumt.

Wir liefen zunächst zurück, etwa drei Kilometer, bis ins nächste Dorf. Das war ein einsames Nest am Fuße der Abruzzen mit weit verstreut liegenden Häusern. Es hieß Manopello. In Manopello mischten wir uns unter die Bevölkerung, die selbstverständlich mit großer Spannung die Durchfahrt der Sportwagen verfolgte, und da wir als einer der Ersten gestartet waren, hatten wir immerhin noch das Vergnügen, die großen Sportwagen an uns vorüberziehen zu sehen, wobei man ja an jedem Punkt der Mille Miglia-Strecke mithilfe einer Taschenuhr und der Startnummer des Wagens sich ein genaues Bild machen kann, wer tatsächlich vorne liegt, denn stets entspricht die Startnummer der Uhrzeit des Startes, der in Minutenabstand erfolgt.

Nachdem dieser zweite Teil der Mille Miglia vorüber war, kam der wesentlich unangenehmere dritte. Wie sollten wir unser krankes Auto abtransportieren, wie es von diesem einsamen Abruzzendorf zurück nach Brescia bringen? Es gab ja damals noch nicht in ganz Italien Volkswagen- und Porsche-Vertretungen wie heute. Wir versuchten also, in Manopello Kontakte aufzunehmen. Sobald die Leute gemerkt hatten, dass wir »Corridori« seien, Rennfahrer der Mille Miglia, wurden wir bereits wie Helden gefeiert und sehr schnell war ein Mann zur Stelle, ein Arbeiter, der einmal einige Jahre in Deutschland gewesen war und von dieser Zeit her noch ganz ordentlich Deutsch radebrechen konnte. So gelang es uns, klarzumachen, was passiert war und wo unser Wagen stand. Natürlich wurden wir gleich zu einem Wein eingeladen und bekamen rührenderweise Käse und Brot vorgesetzt und alles, was es im Hause an guten Dingen gab. Wir überlegten uns, während wir schmausten und die Mille Miglia-Strecke wieder frei war für den normalen Straßenverkehr, was wir tun könnten. Die nächste größere Stadt war Pescara, knapp 40 Kilometer entfernt. Von dort würde es sicher eine annehmbare Bahnverbindung nach Brescia zurück geben und dort würde man auch das Auto verladen können. Es müsste nach Pescara geschleppt werden, aber wie sollte man das an einem Sonntagnachmittag bewerkstelligen?

Das mache ich schon, sagte unser Gastgeber und holte einen Mann herbei, der einen großen Lastwagen besaß, so ein Ungetüm von

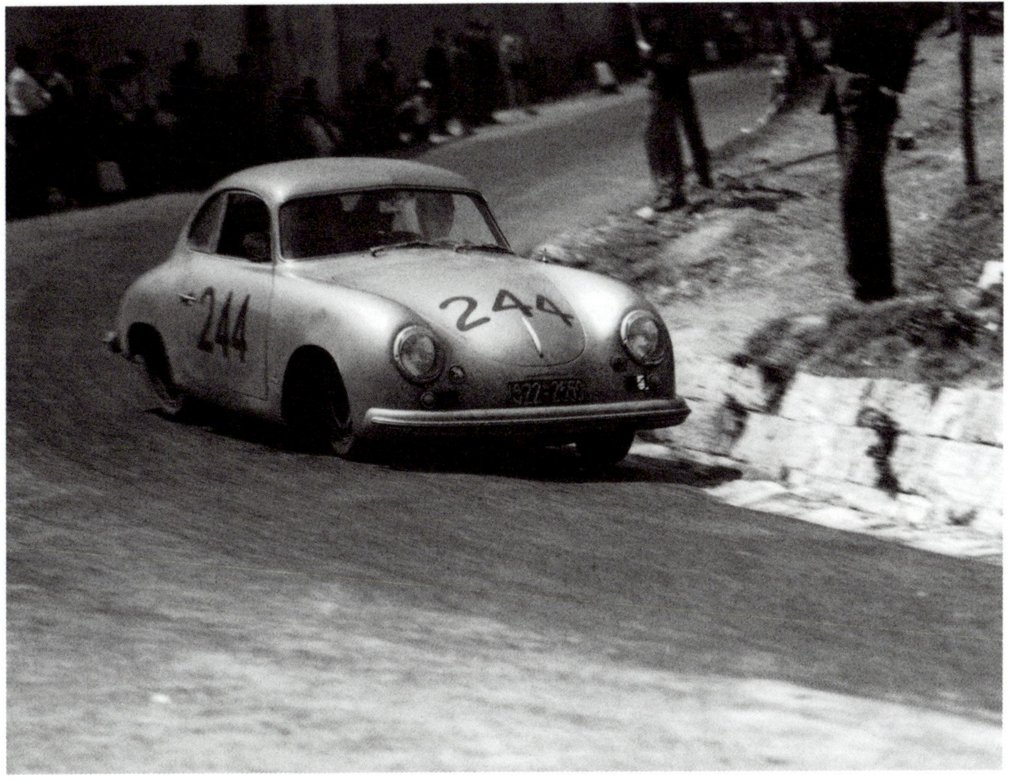

RvF am Steuer des Porsche Typ 356 bei der Mille Miglia 1955.

6,5 Tonnen. Der war auch echt freundlich zu uns, wie wir überhaupt den Eindruck hatten: Das ganze Dorf freut sich, weil endlich einmal ein Mille Miglia-Rennfahrer ausgerechnet hier einen Defekt erlitten hat, wovon man noch wochenlang wird reden können. Mit vielen Gesten, wie sie dem Südländer eigen sind, gab der Lastwagen-Chauffeur zu verstehen, dass er uns selbstverständlich mit seinem großen Auto nach Pescara schleppen würde. Mit dem größten Vergnügen. »Jetzt am Sonntagnachmittag?«, fragten wir vorsichtig. »Aber natürlich«, sagte er, für die schnellen Corridori tue er alles.

Wir gaben noch von der Hilfspoststelle des Dorfes ein Telegramm nach Brescia auf, damit man über unseren Verbleib Bescheid wisse. Die

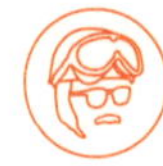

Frau, die die Poststelle leitete, war weniger rennsportbegeistert und gar nicht erbaut davon, am Sonntag ein Telegramm durchbuchstabieren zu müssen, auch noch in einer fremden Sprache. Sie gab uns sehr zu ihren Gunsten einen falschen Betrag heraus, so geschickt, dass wir es erst viel später merkten. Zwei Seelen …

Im Geiste überschlugen wir, was diese Fahrt nach Pescara und zurück (schließlich musste der Mann ja wieder in sein Dorf) mit einem so riesigen Lastwagen kosten würde. Hatten wir überhaupt so viel Geld bei uns? Für Überlegungen blieb allerdings wenig Raum, denn nachdem wir an einem Seil hingen, legte der Chauffeur aus Manopello mit

»Mit Schreckenstein durch die Abruzzen«. Schreckenstein – das war der von ihm für mich erfundene Spitzname anlässlich der Mille Miglia 1952.

seinem Sechseinhalbtonner ein so atemraubendes Tempo vor, dass ich wirklich alle Hände voll zu tun hatte. Auf den Bergabstrecken – und es ging meistens bergab nach Pescara – kamen wir auf über 90 km/h; dabei war das Schleppseil sehr kurz und durch die Höhe des Lastwagens hatten wir keine Ahnung, ob und wann eine Kurve kommt. Es war eine der aufregendsten Fahrten, die Wieselmann und ich jemals mitgemacht haben, und als wir in Pescara ankamen, schien uns das nervenaufreibender gewesen zu sein als die ganze Mille Miglia. Im Führerhaus des Lastwagens aber war unser Gastgeber mitgefahren, um uns bis zum letzten Augenblick zu betreuen und mit uns die Formalitäten des Wagenverladens auf dem Güterbahnhof zu klären – eine unschätzbare Hilfe, denn allein und ohne italienische Sprachkenntnisse wäre es uns kaum gelungen, in einer knappen Stunde einen passenden flachen Güterwagen aufzutreiben, der unseren Porsche aufnahm und mit einem Eilgüterzug nach Brescia zurückfuhr, während wir einen »Direttissimo«, einen Schnellzug, benutzten.

Nun wollten wir über den Preis mit dem Lastwagenchauffeur verhandeln. Wir saßen in der Bahnhofswirtschaft mit den beiden Italienern aus Manopello zusammen und luden sie zu einem Campari ein. »Geld?« Der Lastwagenchauffeur sprang empört auf. »Das war eine Selbstverständlichkeit, eine sportliche Geste. Von einem Rennfahrer nimmt man kein Geld. Es war mir eine Ehre, Sie nach Pescara zu bringen.« Wir dachten im ersten Augenblick, die beiden spielen Theater und natürlich wollen sie Geld haben und nicht wenig. Aber wir hatten uns getäuscht. Die Empörung war echt – der Mann wollte kein Geld. Wir dachten uns, wenn er kein Honorar für seinen Transport haben will, müssen wir ihm wenigstens eine Art Trinkgeld geben. Aber unser Gastgeber aus Manopello machte uns klar, dass dies für den Lastwagenchauffeur eine große Beleidigung sein würde. Wenn ein Italiener einem Freund – und wir waren im Augenblick die Freunde dieser Leute – einlädt, dann darf von Geld nicht gesprochen werden. Die beiden standen auf dem Bahnsteig, als wir Pescara verließen; wir winkten ihnen zu, bis der Zug außer Sicht des Bahnhofs war und die Tränen standen uns in den Augen …

14 Tage nach dieser Mille Miglia erschien in »Auto, Motor und Sport«, dessen Chefredakteur Wieselmann ist, ein Bericht von ihm über unser Mille Miglia-Abenteuer. Und als Titel hatte er geschrieben: »Mit Schreckenstein durch die Abruzzen«. Schreckenstein – das war der von ihm für mich erfundene Spitzname anlässlich der Mille Miglia 1952. Eigentlich ist es eine Burg bei Außig im Sudetenland, die der romantische Maler Ludwig Richter oft dargestellt hat und die deshalb eine gewisse Popularität besitzt. Das Wort gefiel dem guten Wieselmann so gut und mir im Anfang eigentlich auch, bis mich plötzlich alle Leute Schreckenstein nannten. Drei oder vier Jahre lang ist mir dieser Spitzname geblieben.

◆

PORSCHE

meldet weitere internationale Erfolge

Liège – Rom – Liège

Gesamtsieger: Storez / Buchet
auf Speedster-Carrera

Tour de France Automobile

Gesamtsieger nach Index: Storez / Buchet
auf Speedster-Carrera

Europa-Bergmeisterschaftslauf Mont Parnas, Griechenland

Gesamtsieger: 1. Graf Berghe von Trips auf Spyder RS
3. Edgar Barth
4. Richard von Frankenberg

Schnellster Gran Turismo-Wagen: Huschke von Hanstein
auf Carrera-Coupé

PRINTED IN GERMANY OFFSETDRUCK L. KAISER, STUTTGART

HANS-JOACHIM »STRIETZEL« STUCK

10 Helden der Strecke früher und heute

Die Zeit, in der Motorsport ein Abenteuer war, ist ganz und gar nicht vorbei. Aber es ist anders geworden: Zu meiner aktiven Zeit war der Rennsport aus Sicht des Fahrers wesentlich interessanter. Der Fahrer stand im Zentrum und war derjenige, der über Erfolg oder Niederlage entschied.

Heute sind wir auf einem hochtechnischen Weg, was sicher auch seine Vorteile hat. Aber dem Fahrer wird sehr viel Arbeit abgenommen. Warum haben wir in der DTM den Funkverkehr verboten? Die Steuerung von der Box und Ähnliches sind einschneidende Eingriffe, die den ganzen Sport verändern. Mark Webber erzählte mir mal, warum er aufgehört hat – weil er es einfach nicht mehr brauchen konnte, wenn ihm da ein anderer Mensch ständig im Ohr lag: Da überholt ihn jemand in Le Mans im Regen, dann heißt es gleich: Jetzt musst du direkt rekuperieren oder das oder jenes machen. Aber das wollte Mark Webber nicht mehr – und das bedeutete für ihn einen Endpunkt: Solche Momente haben ihm den Spaß am Rennen eingeschränkt, zuletzt hat ihm einfach der Reiz gefehlt.

Ich finde, aus solchen Geschichten sollten wir für den Motorsport der Zukunft lernen. Wir sollten nicht weiter nur auf High-Tech setzen, sondern schauen, dass der Fahrer wieder mehr in den Vordergrund rückt. Das wäre mir außerordentlich wichtig.

Aber wenn man mich fragt, welches Fahrgefühl das intensivere war, dann sag ich ganz klar: Das waren die Fahrzeuge von früher – weil du viel mehr gefordert warst: du und dein Auto gegen die Strecke.

Beide Seiten kenne ich gut und die Taxifahrten auf dem Nürburgring im Audi R8 NMS von Phoenix Racing liebe ich – das ist ein hochtechnisches Auto mit ABS, mit ASR und Telemetrie. Aber wenn man mich fragt, welches Fahrgefühl das intensivere war, dann sag ich ganz klar: Das waren die Fahrzeuge von früher – weil du viel mehr gefordert warst: du und dein Auto gegen die Strecke.

Früher hatte ich im Auto acht, neun, zehn Instrumente: Öldruck, Wasserdruck, Wassertemperatur und anderes. Und ich musste kontrollieren, ob das Auto heiß wurde, ob ich etwa noch Windschatten fahren konnte – und auf all das musste ich schnell reagieren.

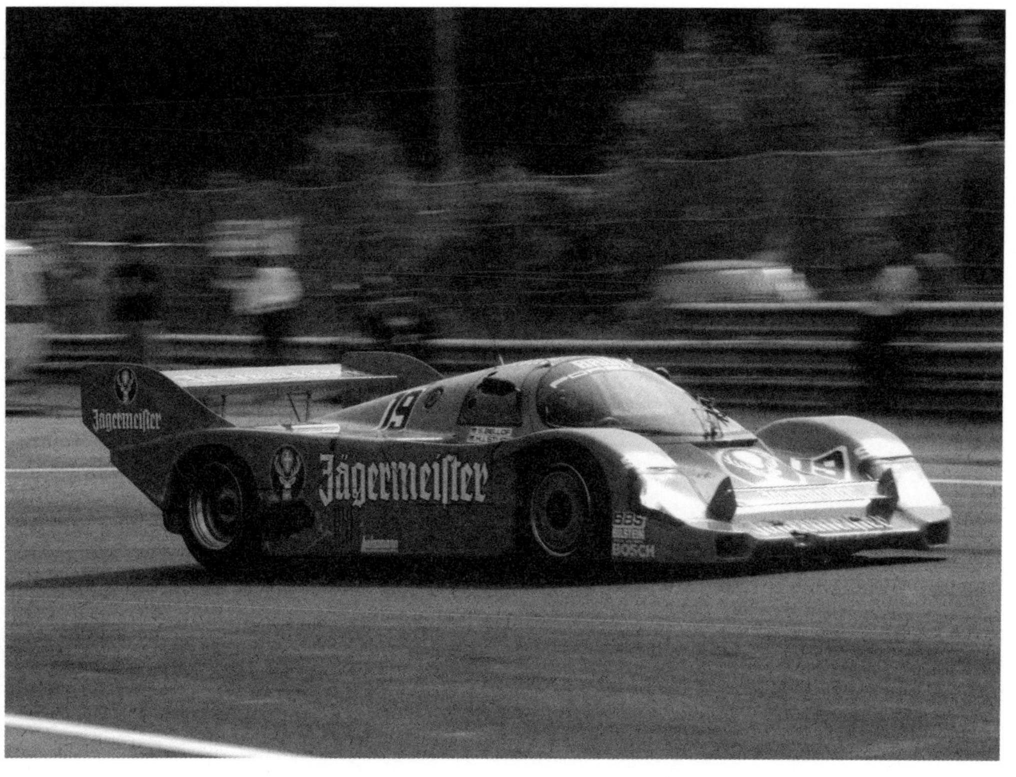

1000-km-Rennen von Imola, 1984. Hans-Joachim Stuck und Stefan Bellof auf Porsche 956 K.

Heute hast du deine Maximallevel, die eingeblendet werden. Da kommt es gar nicht mehr zu dem Fall, dass du abwägen musst. Plötzlich taucht Wasser auf und du weißt sofort – jetzt muss ich aufpassen. Früher hatte ich das komplett alleine unter einen Hut bringen müssen. Wenn mich jemand fragt, was anders geworden ist: Früher warst du komplett gefordert. Dazu kam noch – sagen wir mal in der Formel 1 in Monaco, wo du an die 1300-mal schalten musst –, dass du dich ohne elektronische Hilfen zehnmal verschaltet hast pro Rennen. Das war noch eine richtige Herausforderung.

Am Abend warst du fix und fertig, denn du musstest viel öfters Entscheider und immer überall gleichzeitig sein. Heute kannst du dich viel mehr auf den Asphalt konzentrieren. Deswegen sind die Abstandszeiten geringer und der Wettkampf härter geworden. Aber früher war es physisch viel, viel anstrengender. Wenn du nach dem Rennen ausgestiegen bist, hast du dich erst mal ein Viertelstündchen hinlegen müssen vor Anstrengung.

Eine Konstante zu früher ist sicher, dass jeder Fahrer möglichst viele Rennen und vor allem wichtige Rennen gewinnen will. Als ich angefangen habe, waren mir drei Siege besonders wichtig: Indy 500, der Grand Prix von Monaco oder Le Mans. Einen davon wollte ich holen. Le Mans habe ich gleich zweimal gewonnen – da kann ich also sehr zufrieden sein. Als ich damals nach 24 Stunden auf dem Podest stand, war das ein sehr erhabener Moment. Eigentlich ist jeder Sieg etwas Besonderes und hat eine Bedeutung in der eigenen Karriere. Es ist nicht so, dass man am Schluss zählt, ob man 30- oder 40-mal gewonnen hat, aber jeder Sieg ist eine Bestätigung, dass man in seinem Job etwas richtig gemacht hat. Du brauchst Glück, Können und ein gutes Team. Ohne das Auto unter deinem Hintern bist du nichts wert. Und ein Sieg bedeutet, dass dieses Gesamtpaket stimmt!

Ich habe vor Kurzem einen Vortrag gehalten, nach dem ich von einem Zuhörer gefragt wurde: »Mr. Stuck, what ist the biggest difference in Motorsport between your time and today.« Dann habe ich mit dem Satz geantwortet: »When I was in Formel 1, these were the days, when sex was safe and racing was dangerous.«

Es stimmt: Die Sicherheit hat ein ganz neues Level in den letzten zwei Jahrzehnten erreicht. Eigentlich ist mit dem Einkehr des Carbon in den Motorsport alles von den Fahrzeugen her viel sicherer geworden. Auch die Strecken sind andere: Wenn du früher in die Kurve gegangen bist – fünfter Gang voll –, hat das böse ausgehen können. Heute fährst du über die Begrenzung hinaus und hast noch 150 Meter geteerte Fahrbahn.

Wir haben an Wochenenden, wenn wir nach Übersee geflogen und nicht am Sonntagabend nach Hause gekommen sind, unser Zimmer so verlassen, dass sich niemand erschrickt, wenn er reinkommt. Warum? Weil du wirklich nicht wusstest, ob du überhaupt wieder nach Hause kommst.

Natürlich gibt es heute immer noch ein Restrisiko, das ist klar. Wenn etwas schiefläuft, dann sind Unfälle auch jetzt noch tödlich. Ich denke da an den schrecklichen Unfall von Anthoine Hubert 2019 in der Formel 2 in Spa: Die beteiligten Fahrzeuge hatte es ja förmlich zerrissen. Das Risiko ist aber gegenüber früheren Zeiten deutlich geschrumpft. Gerade bei den Strecken mit riesigen Auslaufzonen. Das ist ein Punkt, der von vielen Fahrern nicht nur positiv gesehen wird. Es fehlt ihnen manchmal der Reiz. Aber unterm Strich muss jeder sagen: Sicherheit ist oberstes Gebot!

Wenn ich an einige spektakuläre oder tragische Unfälle zurückdenke, kann es mir schon ganz anders werden. So war ich in die Massenkarambolage in Monza 1978 verwickelt, an deren Folgen Ronnie Petersen kurz danach starb. Natürlich gab es noch viel mehr knappe Situationen, die ich miterlebt habe. Und immer wieder wurde mir bewusst: Ohne Glück geht auch beim Motorsport nichts.

Vielen ist der schwere Unfall von Tom Pryce in Kyamlami, am 5. März 1977, in Erinnerung geblieben. Wir waren eine Dreiergruppe, Pryce, Jacques Laffitte und ich, wir lagen auf Platz 7, 8 und 9 und jede Runde hat einer den anderen überholt. Mal war ich vorne, mal Pryce, mal Laffitte. Ich war es, der in der Unfallrunde vorne lag, die anderen beiden fuhren in meinem Windschatten.

Ich sehe, wie bei Start und Ziel ein Streckenposten über die Fahrbahn rennt und ein Auto, das links stehen geblieben ist, löschen will. Ich kann noch ausweichen, Tom Pryce hinter mir aber kann nicht mehr reagieren. Er weiß nicht, was ich vorhabe, und außerdem geht alles viel zu schnell. Er überrollt den Streckenposten, das war der 19-jährige Frederick Jansen Van Vuurent. Dabei trifft der Feuerlöscher, den der Junge in der Hand hatte, Pryce voll am Kopf. Weil er noch auf dem Gas steht, fährt er an mir vorbei. Da war er wohl gar nicht mehr bei Bewusstsein oder am Leben. Eine Runde früher und ich wäre dran gewesen oder Laffitte. Mir geht es wie vielen Rennsportlern – wir können froh sein, dass wir heute noch hier sitzen und von alten Zeiten erzählen können.

Diese Rennen aus meiner aktiven Zeit sind aber nichts an Anstrengung, was die Generation vor mir geleistet hat: Ich selbst bin Jahrgang 1951 und habe zugeguckt, wie mein Vater, Hans Stuck, zu Hause in der Garage seinen AFM-Wagen gebaut hat. Da war ich als Kind immer dabei und hab so manchen Schraubenschlüssel im Auspuff versteckt. Für mich war das faszinierend, wie diese Autos gebaut – vor allem aber, wie sie gefahren wurden. Ohne jede Sicherheit, in schlechter Sitzposition, auf Strecken, an denen rechts und links Bäume standen. Ich könnte mir nicht vorstellen, in den Fahrzeugen von früher beim Grand-Prix auf dem Nürburgring 15 Runden zu fahren. Das ist für mich eine ganz große Leistung, da kann man kaum Bewunderung und Respekt genug aufbringen. Um ehrlich zu sein, ist mir erst hinterher bewusst geworden, als ich selbst die Chance hatte, mal so ein Auto zu fahren wie Vaters Auto Union 16 Zylinder, was das früher für Helden waren.

Als Bub durfte ich natürlich oft mit auf die Rennen. Unvergesslich sind mir die Bergrennen von Berchtesgaden. Wir standen am Roßfeld oben, weil ich mit dem Streckenfahrzeug schon vorausgefahren war, und dort habe ich auf meinen Vater gewartet. Er fuhr mit seinem BMW 700 gegen Sepp Greger, Toni Fischhaber und andere. Damals trug man die Zeiten noch mit Bleistift auf einer Tafel ein. Da standen wir also, und als mein Vater als Letzter in der Startreihenfolge drankam, fuhr er mit der schnellsten Zeit hoch. Da fluchte irgendwer: »Das ist doch zum Kotzen, wir können den alten Kacker nicht erwischen!« Wie stolz ich war! Das war sicher ein Erlebnis, das mir signalisiert hat: Diesen Job will ich auch mal machen!

Erlebnisse wie diese sind es, die Motorsport relevant machen. Wir sind im Moment an einem Wendepunkt in vielen Dingen. Ich wünsche mir für den Automobilsport, dass wir wegkommen von der Denke: immer höher, immer schneller, immer weiter. Wer will denn sehen, wie 20 Formel 1-Wagen um die Welt fahren, von denen aber nur vier gewinnen können? Was mich fasziniert, ist der starke Einsatz der Fahrer im Motogp oder in der Formel 2: Kürzlich sah ich mit offenem Mund, wie in Bahrein ein Zehnerpack Motorräder spektakulär in die Kurve fuhr – so etwas nenne ich Rennsport. Und das ist auch mein großer Wunsch für die Zukunft: dass die Fahrer wieder entscheidend werden – wieder zu wahren Helden der Strecke.

◆

Hans Stuck im BMW 700 am Start zum Großen Bergpreis am Schauinsland bei Freiburg 1960.

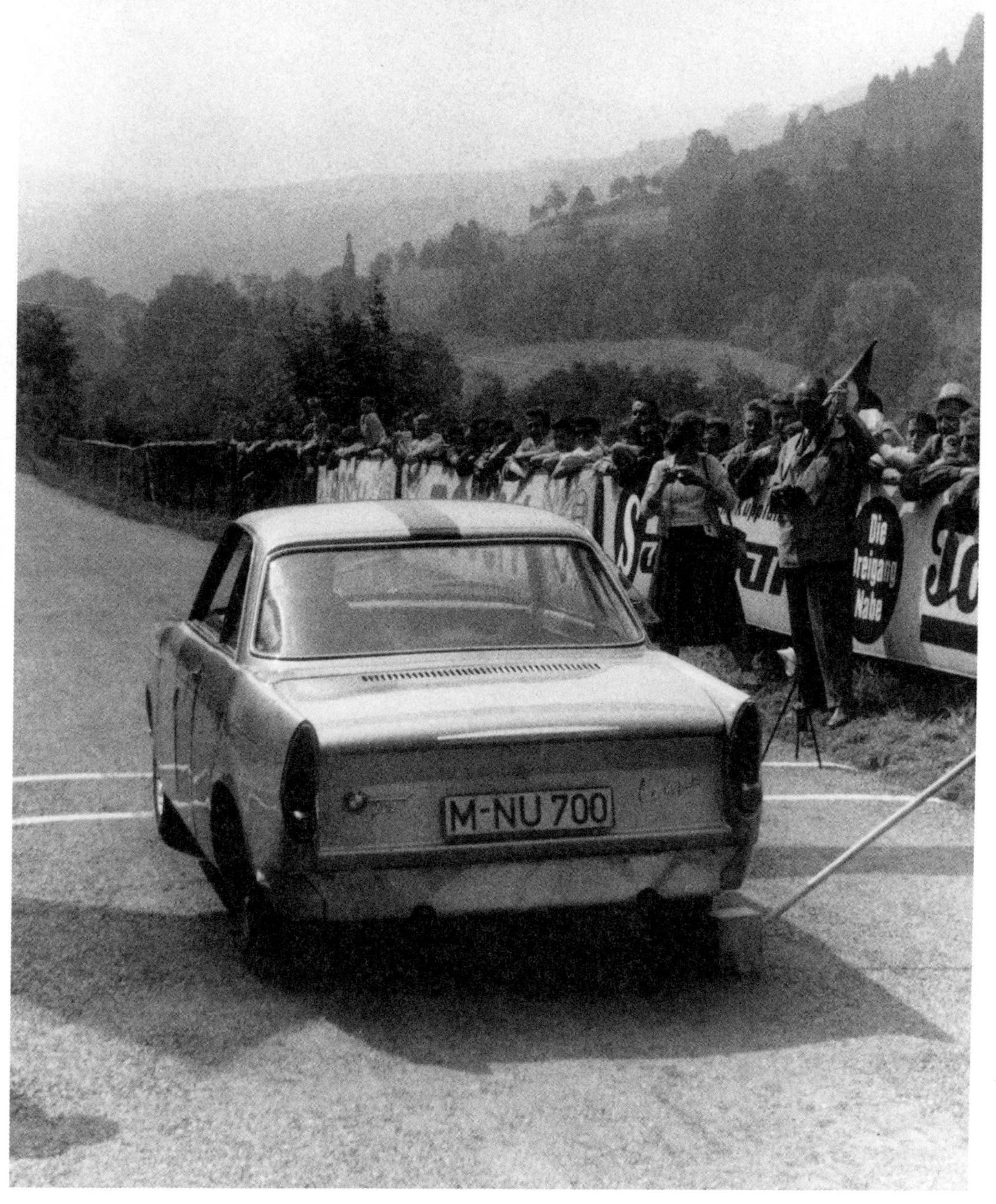
START
M-NU 700

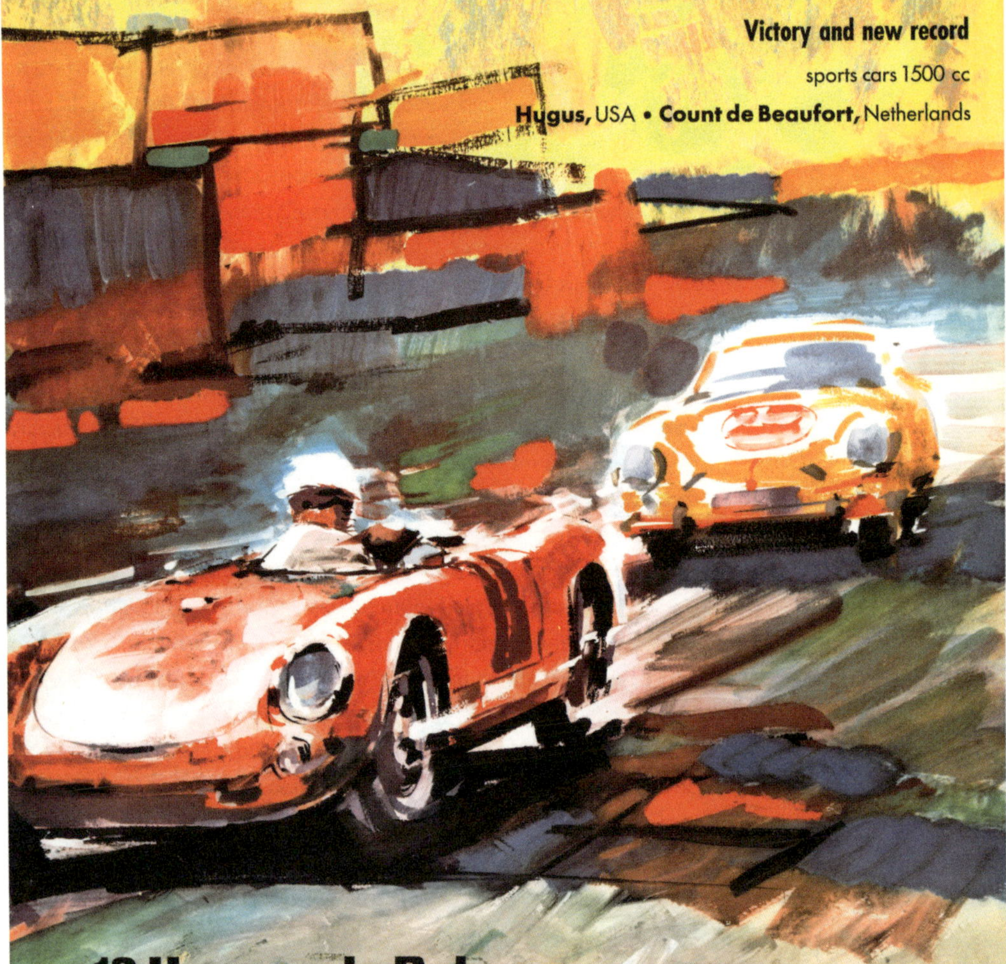
PORSCHE successes in the 2 longest
European road races
24 Heures du Mans
Victory and new record
sports cars 1500 cc
Hugus, USA • Count de Beaufort, Netherlands
12 Heures de Reims Victory and new record
Gran Turismo 1600 cc
Storez, France • Bonnier, Sweden
v. Frankenberg/Barth, Germany
ex aequo
PORSCHE

11 Abenteuer mit Anastas Mikojan und einem alten Ford

Es gibt Rennen, die haben von Anbeginn an den Hauch des Abenteuers um sich. Ich hätte zum Beispiel nie geglaubt, dass ich im Frühjahr 1957 mit dem stellvertretenden sowjetischen Ministerpräsidenten zusammen nach Wien fahren würde, weil es dort ein Rennen gab – ein Flugplatzrennen: Es war das erste dieser Art, das ich gefahren bin, und ich muss ganz ernsthaft fragen, warum es nicht mehr Flugplatzrennen in Mitteleuropa gibt, bei uns zum Beispiel. Unbenützte oder nur für Kurier- und Notlandungen zur Verfügung stehende Plätze gibt es nämlich eine ganze Menge. Oder Teile von großen Flugplätzen, die nicht gebraucht werden.

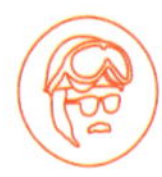

Einige der berühmtesten Rennen in der angelsächsischen Welt spielen sich auf Flugplätzen ab: Sebring in Florida, Silverstone in England. Bei uns ist es so schwierig, von der Polizei Straßen für Rennen freizubekommen. Bitte an die Clubs: Schaut euch doch etwas mehr nach solchen flugplatzähnlichen Gebilden um! Die Zuschauer können an einem Flugplatz unter Umständen die ganze Strecke übersehen, das ist auch nicht schlecht.

Aber lassen Sie mich jetzt der Reihe nach erzählen: Für dieses Flugplatzrennen bei Wien hatte ich mir, nachdem die Werkswagen noch lange nicht fertig waren, ein privates Auto geborgt, den nagelneuen Spyder RS des holländischen Grafen Beaufort. Beaufort fuhr das Rennen in der GT-Klasse mit seinem Carrera-Coupé. Der Transport des

Für dieses Flugplatzrennen bei Wien hatte ich mir, nachdem die Werkswagen noch lange nicht fertig waren, ein privates Auto geborgt, den nagelneuen Spyder RS des holländischen Grafen Beaufort. Beaufort fuhr das Rennen in der GT-Klasse mit seinem Carrera-Coupé.

Spyders war das erste Abenteuer, das wir zu bestehen hatten. Als Zugwagen diente der Beaufortsche Ford V 8 (aus dem Jahre 1948), der einen Vorzug hat: sehr geräumig! Man kann Ersatzteile, Benzinkanister und Essvorräte in fast beliebiger Menge hineinstopfen. Hintendran hing ein gut gebauter Tiefladeanhänger; auf den kam der Spyder drauf. Ich war noch nie so einen Ford gefahren, erst recht nicht mit Anhänger, aber es schien mir ein ganz braves Auto zu sein. So lange, bis ich das erste Mal auf die Benzinuhr schaute. Mich durchfuhr ein Schrecken und beim Nachrechnen fand ich, dass dieses Automobil plus Anhänger, wenn man es auf der Autobahn ständig mit 95 bis 100 fuhr (was gut zu machen war), fast 30 Liter Benzin verschlang und selbst bei vorsichtiger, behutsamer Fahrweise waren es immer noch 27. Dafür wusste man im

Leerlauf nie, ob der Motor ging, weil er so leise war. Alles hat eben seine zwei Seiten.

Die Hinreise über München und Salzburg ging glatt. Beim Zoll betrachtete man den Spyder RS voller Bewunderung; um den alten Ford kümmerte sich eigentlich niemand. Ich habe erst nachher erfahren, wie gut das war und was für ein schlechtes Gewissen ich eigentlich hätte haben müssen. Ich glaube, ich tauge nicht sehr gut zum Schmuggeln; ich wäre sehr nervös, wenn ich verbotene Waren mitführen und nicht anmelden würde. In dem großen Ford befand sich ein ganzes Kistchen mit holländischem Genever und Gin – das hätte man sicher deklarieren müssen. Aber ich wusste nicht, dass der gute Beaufort diesen Alkohol in seinem Wagen drin hatte, infolgedessen war mir in meiner Haut um diese Zeit noch sehr wohl.

Die Straße von Salzburg nach Linz ist ja nicht immer die beste und breiteste und an den Frostaufbrüchen, wenn die Anhängerkupplung, die sehr tief lag, auf der Straße entlangknirschte, war mir nicht sehr wohl zumute. Doch ereignete sich bis Linz nichts Aufregendes. Dort kommt man in einer Vorstadt im spitzen Winkel auf die Ausfallstraße nach Wien. Und an dieser Straße stand ein Polizist und sperrte den gesamten Verkehr ab. Warum eigentlich? Ich drängelte mich etwas vor – vor dem dicken Ford mit dem Anhänger hatte man viel Respekt – und sah eine lange Kolonne von großen, schwarzen Limousinen mit ziemlichem Tempo aus Linz herausfahren. Die kleinsten Autos der Kolonne waren französische Ford Versailles (2,2 Liter); vorne bewegten sich ganz dicke Amerikaner, alle schwarz lackiert. Zwischen hinein Polizeimaschinen, 250er-Puch Solo und 1000er-Harley Davidson mit Beiwagen, diese dicken Brummer, die es bei der österreichischen Polizei noch gibt.

Ich erkundigte mich und hörte, dass in dieser Kolonne der stellvertretende sowjetische Ministerpräsident Mikojan von Linz nach Wien fuhr. Er machte in diesen Tagen gerade einen Staatsbesuch in Österreich und bekam dort alle Sehens- und Denkwürdigkeiten gezeigt. Als die letzten Polizeimaschinen vorbei waren, gab unser Polizist die Straße wieder frei und ich erkannte meine Chance – ich fuhr mit Vollgas hinter der Kolonne her, bis ich den Schwanz erreicht hatte, und von nun an erlebten wir die eleganteste und störungsfreieste Fahrt, die man sich vorstellen kann. Weil so dicht hinter der Polizei herfahrend, wurden wir noch für Mitglieder der Staatskolonne gehalten, überall durchgelassen

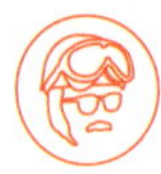

und von allen Polizisten gegrüßt. Unsere holländische Nummer mag dazu beigetragen haben. Der Spyder auf dem Anhänger war von einer Zeltplane zugedeckt, sodass man im Fahren nicht genau erkennen konnte, was auf dem Anhänger stand, und vielleicht haben die Leute am Wegrand gedacht, es ist Mikojans Geheimwaffe.

Die Straßenabsperrung war mustergültig. Nicht nur, dass an jeder Kreuzung ein Polizist stand, der jeden anderen Verkehr lahmlegte, nicht nur, dass in allen Orten die Signalampeln auf Grün standen, auch der gesamte Gegenverkehr war von vorausfahrenden Polizeiautos zum Halten gebracht worden und ganz scheu standen die Autos, die von Wien nach Linz wollten, an den Rändern der Straße, zum Teil sogar auf den Wiesen. Zweimal hielt die Kolonne an – dann scherte sofort eine der schwarzen Limousinen heraus und stellte sich quer auf die Straße. Der eine Stopp geschah kurz vor dem Kloster Melk, das sich Mikojan von außen genau erklären ließ.

Kurz vor Wien wurden wir von Mitgliedern des dortigen Porsche-Clubs empfangen und in unser Hotel gebracht, wo wir Zimmer bestellt hatten: Das war das Ambassador und wir wohnten im vierten Stock. Wer beschreibt unser Erstaunen, als vor dem Hotel zwei Wachtposten unter Gewehr standen, und wir erfuhren, dass Herr Mikojan auch in diesem Hotel wohnt. Der erste und zweite Stock waren für ihn reserviert – für ihn und sein Gefolge. Wenn man mit dem Fahrstuhl hinauffuhr, sah man im ersten Stock lauter breitschultrige Männer an den Türen sitzen und Zeitungen lesen: eigentlich genauso, wie sich der kleine Moritz die Geheimpolizei vorstellt.

Das Rennen war nicht weniger aufregend. Wider Erwarten fuhr ich auch in der Gran Turismo-Klasse über 2,6 Liter mit. Ein österreichischer Sportkollege, Fritz Hatschek (im »Nebenberuf« Besitzer der Eternit-Werke), fragte mich, ob ich sein 3 Liter Aston Martin-Coupé fahren wolle? Das Auto war nicht besonders schnell (in der Leistung zwischen einem Super und einem Carrera liegend), aber ging sehr brav und ich kam gegen die 300 SL auf einen dritten Platz.

In der Sportwagenklasse starteten die 1500er und die Großen zusammen. Mein Freund Daetwyler, der Schweizer Meister, fuhr bereits 2 Sekunden vor dem Fallen der Startflagge los, die Karl Kling korrekt handhabte, und die übrigen Ferrari schlossen sich Daetwyler an. (Er fuhr einen 3 Liter 4 Zylinder Typ Monza vom Werk, außerdem gab es noch zwei Werks-Testa Rossa und einen privaten 2 Liter.) Ich kam mit

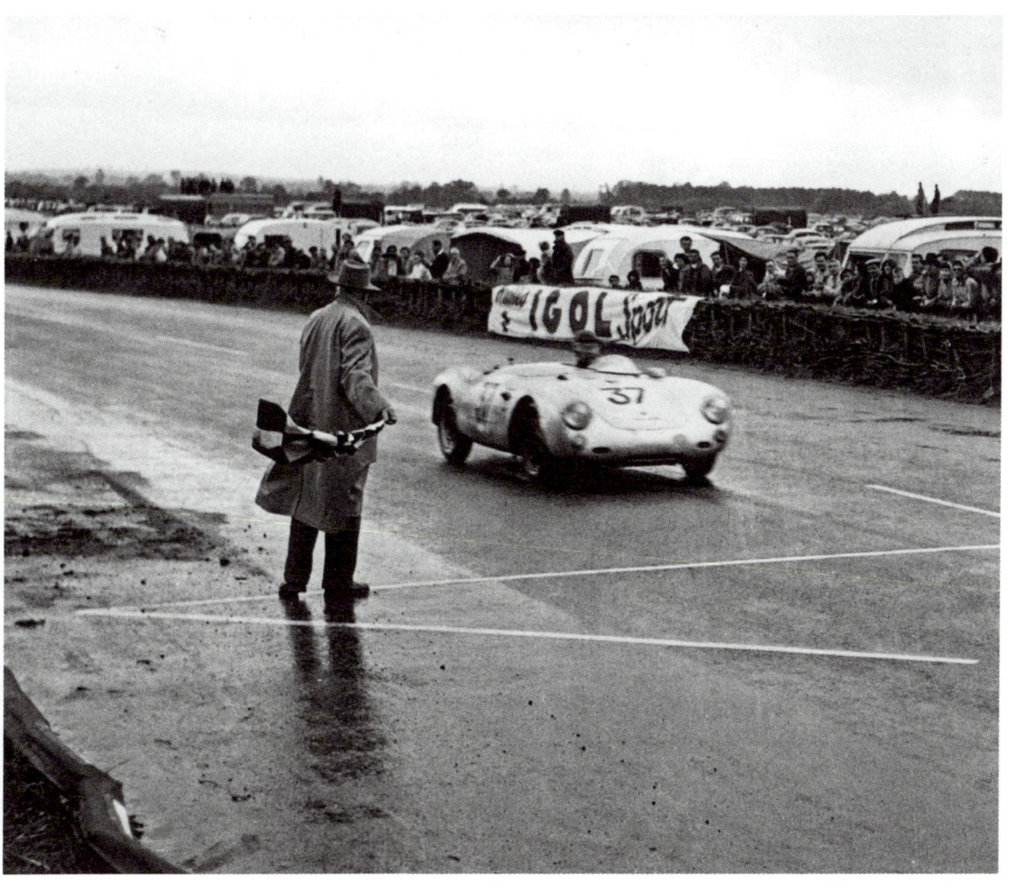

550 Spyder mit RvF in Le Mans 1955.

Abstand als Letzter weg, auch Vogel, der österreichische Staatsmeister, hatte mich mit seinem Spyder am Start überholt. Es begann nun eine für die Zuschauer recht aufregende Verfolgungsjagd und ich schnabulierte in den ersten neun Runden der Reihe nach den anderen Spyder und die drei Testa Rossa-Ferrari. Nur Daetwyler lag noch vor mir, mit seinem 3 Liter-Wagen unerreichbar, war aber nervös geworden, als er mich im Rückspiegel sah, und drehte sich an einer Spitzkehre. Nun fuhr ich vor dem ganzen Ferrari-Feld her, Daetwyler gab sich große Mühe, mich wieder einzuholen, und in der 19. Runde war er nur noch 30 Meter hinter mir – da wurde dann ich nervös und drehte mich an genau der

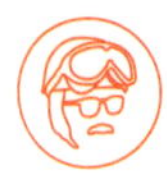

gleichen Stelle wie vorher Daetwyler und jetzt musste ich ihn endgültig ziehen lassen und konnte nur noch darauf bedacht sein, meine 1500er-Klasse zu gewinnen.

Die Wiener waren alle sehr nett, das Publikum machte einen sehr begeisterten und enthusiastischen Eindruck, wie man das in Deutschland so im Jahre 1948 gehabt hat, aber heute kaum noch kennt. Die Rennsportbegeisterung bei unserem Publikum hat aber nicht etwa deshalb nachgelassen, weil der Rennsport uninteressant geworden wäre oder weil man heute die Rennen für gefährlicher halten würde – ganz im Gegenteil. Kurz nach dem Krieg gab es noch kaum die Sicherheitsvorkehrungen wie heute; die Leute standen oft gefährlich nahe an der Straße, auf der Straße manchmal. Das genierte sie nicht. Und die Wagen, die damals fuhren – ach, du liebe Zeit! Vom Standpunkt der heutigen Werkswagen aus waren diese Eigenbaukonstruktionen völlig undiskutabel. Außerdem: Heute fährt man mit einem serienmäßigen Tourenwagen so schnell wie damals mit Autos, die sich Sportwagen und Rennwagen nannten. Dass es trotzdem in dieser ersten Zeit des Nachkriegsmotorsports bei Rennen mit schwacher Besetzung mehr Zuschauer gegeben hat, als wenn heute Maserati, Borgward und Porsche fahren, liegt an zwei Dingen: Erstens, der Rennsport war etwas Neues, man war noch nicht daran gewöhnt und es herrschte Nachkriegsnachholbedarf. Und dann: Unser Wirtschaftswunder hat ein gewisses Gefühl der Sattheit mit sich gebracht und eine Menge Zerstreuungen, denen wir nachgehen können, angefangen vom Motorboot bis zum Fernsehschirm. Kurz nach dem Krieg gab es weder solche Zerstreuungen noch fühlten sich die Leute satt. Sie waren hungrig, nicht nur im wörtlichen Sinne hungrig auf Fleisch und Kartoffeln, sondern auch hungrig auf sportliche Ereignisse. In der Ostzone, wo die Leute ja noch viel eher hungrig zu nennen sind als bei uns, findet darum auch – zu unserer Beschämung muss das gesagt werden – der Motorsport mit seinen (im Vergleich mit den unsrigen) zweit- und drittklassigen Veranstaltungen mehr Publikumsresonanz.

Doch ich schweife ab. Unsere Rückfahrt war ein Kapitel für sich. Kurz vor Salzburg, die Dunkelheit brach gerade herein, hörten wir ein merkwürdig blubberndes Geräusch. Will uns etwa ein Traktor überholen?, fragte meine Frau. Aber der Traktor waren wir selbst. Zunächst wussten wir allerdings nicht, wieso, bis es einen ziemlich starken Knall gab, worauf ich vorsichtig bremste: Am rechten Hinterreifen hatte sich

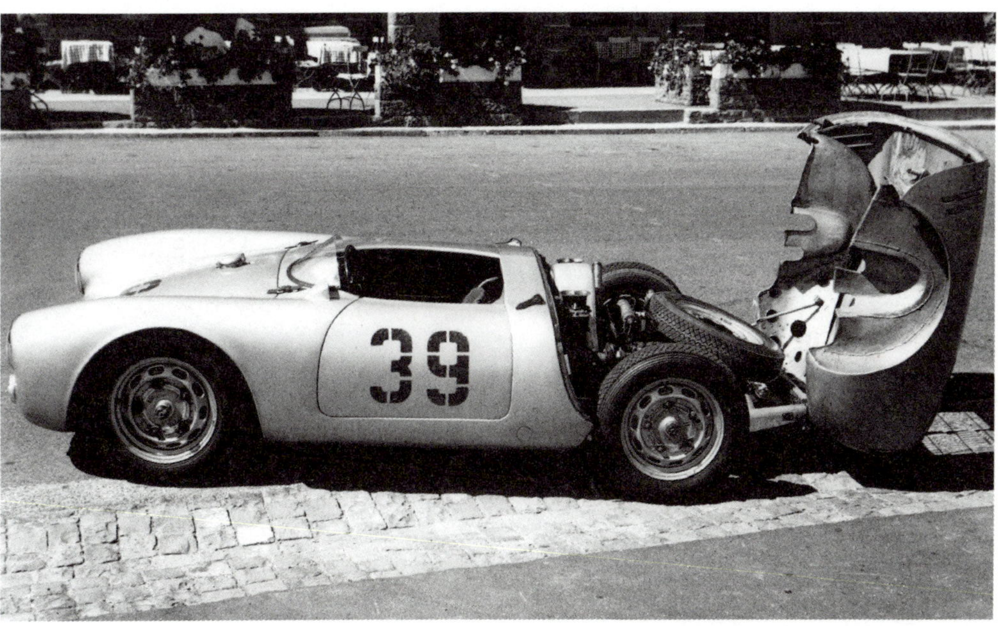

1955, Wendler-Karosserie.

der Protektor gelöst, das Traktorgeräusch kam von den an die Innenseite des Kotflügels schlagenden Gummifetzen, der Knall entstand, als der Protektor endgültig das Weite suchte.

Natürlich hatten wir ein Ersatzrad dabei, aber da ich nicht genau wusste, wie es mit unserem Wagenheber stand und das Abkuppeln des Anhängers mit dem Spyder mir auch nicht sehr vergnüglich erschien, fuhr ich noch drei Kilometer im Kriechtempo, bis eine Tankstelle mit Werkstatt auftauchte, die noch einen Abenddienst hatte. Vergnügt fuhren wir trotz dieser Panne an jenem Abend bis Salzburg und dort hätte ich gerne einen neuen Ersatzreifen gekauft, aber die Größe 6.00–16, die für mitteleuropäische Verhältnisse ungewöhnlich ist, war nicht vorrätig. Ich dachte: Auf der Autobahn bis Stuttgart, das wird auch ohne Ersatzrad gehen.

Ich hatte mich sehr getäuscht. Wir kamen genau bis 300 Meter vor das Rasthaus Chiemsee. Dort gab es wieder einen Knall, aber einen viel stärkeren als am vorigen Abend, denn nun war der ehemals als Ersatzrad fungierende rechte Hinterreifen gleich völlig auseinandergeplatzt.

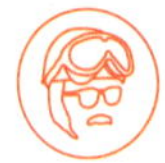

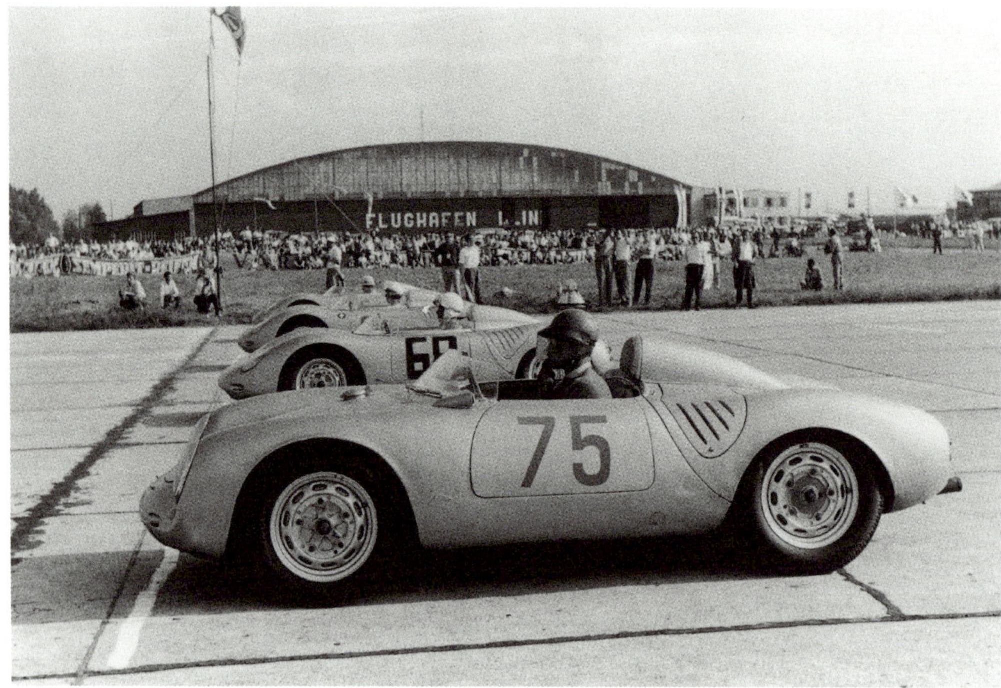

Flughafenrennen in Linz 1959, vorne RvF in einem 550 A Spyder, dahinter verschiedene 718 RSK.

Aber die Autobahn ist breit, ich konnte unser Gespann aussteuern und brachte es genau vor dem amerikanisch verwalteten Rasthaus zum Stehen, marschierte hinein, fand, dass die Telefonzentrale von Deutschen besetzt war, was die Sache erleichterte, und telefonierte nun in allen Werkstätten von Prien herum, aber nirgends gab es einen 6.00–16er-Reifen – oder doch, bei der letzten, die ich anrief. Da war gerade noch ein solcher Reifen übrig geblieben. Der Werkstattinhaber, sehr nett, kam trotz Mittagspause gleich herausgefahren. Mit dem Reifen, einem Schlauch und einem Wagenheber.

Aber weder seiner noch der im Ford befindliche vermochte unsere Arche Noah genügend hochzuheben. Wir behalfen uns also mit Brettern und herbeigeholten Ziegelsteinen. Dann fing es an zu regnen, was mich sehr beruhigte, denn bei Regen halten die Reifen ja länger. Wir fuhren nach München.

Mir fällt gerade ein: Kurze Zeit nach unserer Wiener Expedition hatte Beaufort einen ähnlichen Reifenschaden. Und zwar mitten auf einem einseitig gesperrten Autobahnstück, das wiederum nur einseitig befahren werden konnte, zwischen Drakensteinerhang und Gruibingen. Infolgedessen stauten sich hinter dem Anhänger mit dem Spyder sämtliche Automobile, die an diesem Tag von Ulm nach Stuttgart wollten. Mithilfe der Bauarbeiter wurden Ford, Anhänger und Spyder dann mühsam auf die gerade aufgerissene Autobahnseite gebracht, sodass wenigstens der Verkehr wieder fließen konnte. Dann marschierte Carel zur Gruibinger Tankstelle, trieb dort wunderbarerweise noch einen 6.00–16er-Reifen auf und mithilfe der Bauarbeiter dort wurde der schlechtgehende Wagenheber durch Menschenkraft ersetzt und das neumontierte Rad auf die Achse geschoben. Die Bauarbeiter meinten, nicht ganz zu Unrecht, dafür müssten sie einen separaten Lohn bekommen und der gute Beaufort wollte jedem eine Zigarette geben. Nein, nein, grollten sie, das sei zu wenig. Dort drinnen im Wagen befinde sich doch Genever und Rum. Ist in Ordnung, sagte Graf Beaufort, nahm einen riesigen Cellophanbecher und goss ihn bis an den obersten Rand voll mit Rum. Wenn Ihr wollt, kann jeder ein ganzes Glas trinken, sagte er mehr zum Spaß.

Die Arbeiter wollten alle und an diesem Tag ist an der Autobahnbaustelle kein Stein mehr bewegt worden.

Von meiner eigenen Rückfahrt muss ich noch berichten, dass sie nur bis zehn Kilometer hinter München gut verlief. Dann platzte zur Abwechslung etwas anderes, nicht ein Reifen, sondern der Wasserschlauch zwischen Motorblock und Kühler. Aber Wasserschläuche kann man flicken, mit Isolierband, Leukoplast und Leim. Ich wurde lebhaft an die Tage vor der Währungsreform erinnert. Dieses Flugplatzrennen in Wien war wirklich ein Abenteuer.

Und doch: Wenn ich davon erzähle, denke ich schmunzelnd und vergnügt daran zurück. Das Drum und Dran eines Rennens kann manchmal spannender und aufregender sein als der Wettbewerb selbst. Und je mehr wir saturiert sind, desto sehnsüchtiger schielen wir ja zuweilen nach dem, was man ein Abenteuer nennt. Das ist wohl unsere Natur.

◆

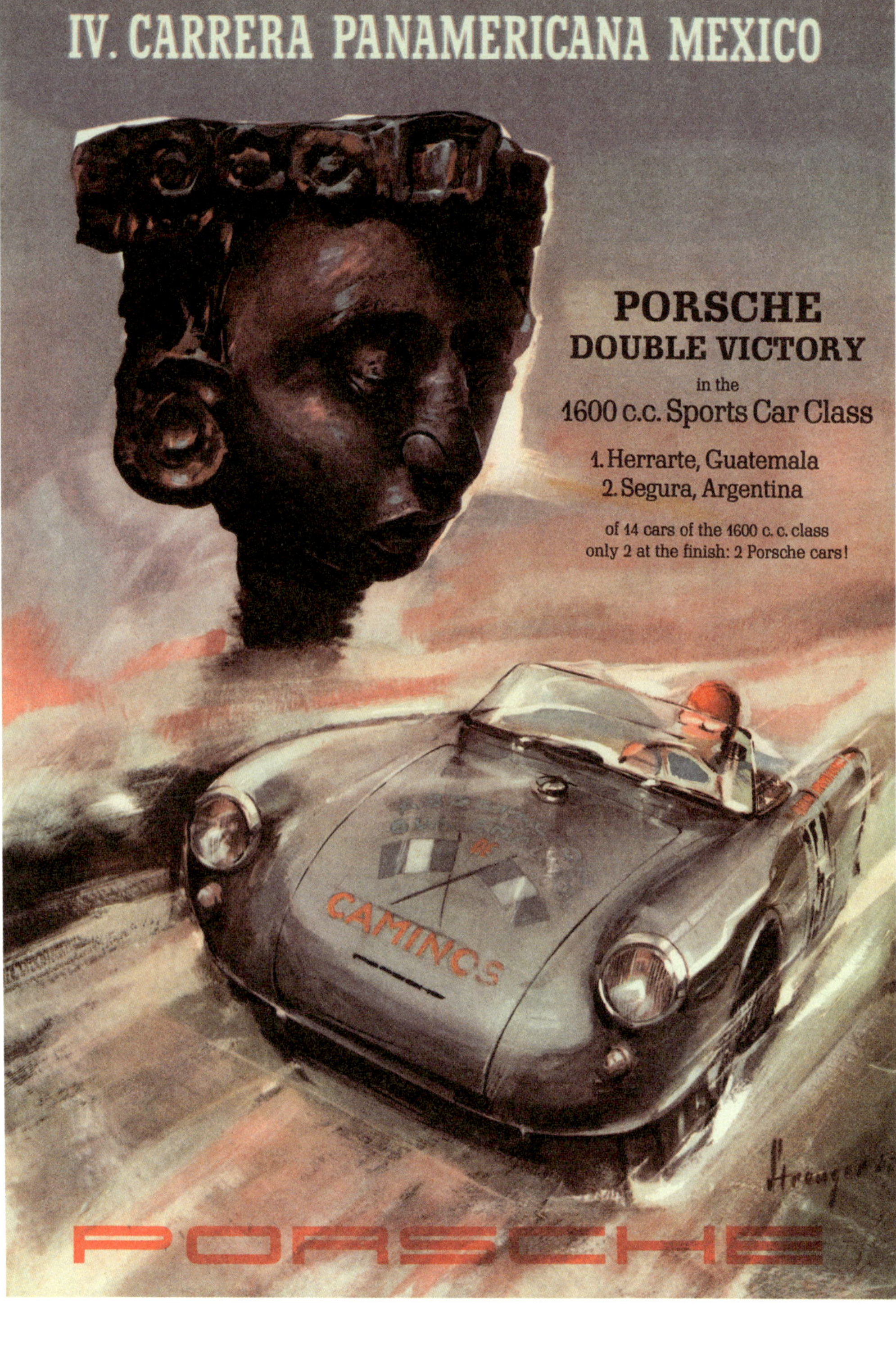
IV. CARRERA PANAMERICANA MEXICO
PORSCHE
DOUBLE VICTORY
in the
1600 c.c. Sports Car Class
1. Herrarte, Guatemala
2. Segura, Argentina
of 14 cars of the 1600 c. c. class
only 2 at the finish: 2 Porsche cars!
CAMINOS
PORSCHE

12 Frauen am Steuer

Darf sich die Frau an allen sportlichen Wettkämpfen beteiligen, darf sie in den gleichen Sportdisziplinen an den Start gehen wie der Mann? Diese Frage ist mindestens ebenso alt wie die Frage nach der Gleichberechtigung der Geschlechter.

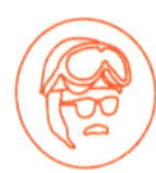

Als vor etwa 50 Jahren die Frauen eigene Sportclubs zu gründen begannen und im Rudern, im Tennis, im Schwimmen und im Hockey sich öffentlich hervortaten, gab es in allen europäischen Ländern Proteststimmen: Der Sport, so konnte man damals lesen, sei ausschließlich Sache des Mannes; der Frau sei ein ganz anderes Aufgabengebiet von Natur aus zugewiesen, bei den Olympiaden im alten Griechenland hätten auch nur die Männer um die Siegespalme gerungen; der Sport sei für die Frauen unästhetisch und führe zu einer unzüchtigen Entblößung des Körpers.

Nach dem Ersten Weltkrieg hatten sich diese Ansichten weitgehend gewandelt und es wurden die Wettkämpfe der Frauen zu einer in Europa und den USA allgemein respektierten »normalen« Einrichtung. Allerdings einige Sportarten blieben weiterhin den Männern vorbehalten, und zwar diejenigen, die körperlich besonders hart oder vom Ästhetischen her für die Frau besonders fragwürdig erschienen: Boxen, Ringen, Gewichtheben gehörten dazu, Fußball, Rugby und Radrennfahren. Gelegentlich tauchten diese Sportarten auch bei Frauenwettkämpfen auf, aber dann nur als »Show«, als schnell wieder verebbender Varieté-Rummel.

Man hatte also für die Frau gewisse Grenzen gefunden, innerhalb derer man sie im Sport voll anerkannte, wobei jedes Mal eigene Frauenklassen ausgeschrieben wurden. Niemand käme ja bei einer Olympiade auf die Idee, beim 100 m-Lauf die Frauen und die Männer zusammen starten lassen zu wollen.

Wo es Grenzen gibt, gibt es Grenzfälle, über die man diskutieren und sich gelegentlich vielleicht streiten kann. So ist zum Beispiel der 800 m-Lauf für Frauen lange Zeit ein solcher Grenz- und Streitfall gewesen. Zu Ende der Zwanzigerjahre hatte man ihn sogar auf dem olympischen Programm für Frauen. Später wurde er gestrichen, weil, wie man sagte, die Frau bei einer so langen, kraftraubenden Strecke zu sehr beansprucht würde; inzwischen hat man ihn wieder eingeführt. Längere Laufdistanzen existieren für die Frauen jedoch nicht, dagegen findet man beim Schwimmen weniger Bedenken, die Frauen auch über zeitlich längere Distanzen zu schicken, und in einigen Sonderfällen, zum Beispiel beim Kanalschwimmen, konkurrieren Männer und Frauen praktisch schon in der gleichen Wettbewerbsklasse. Das rührt daher, dass bei reinen Dauerleistungen die Frau dem Mann zumindest gleichwertig sein dürfte.

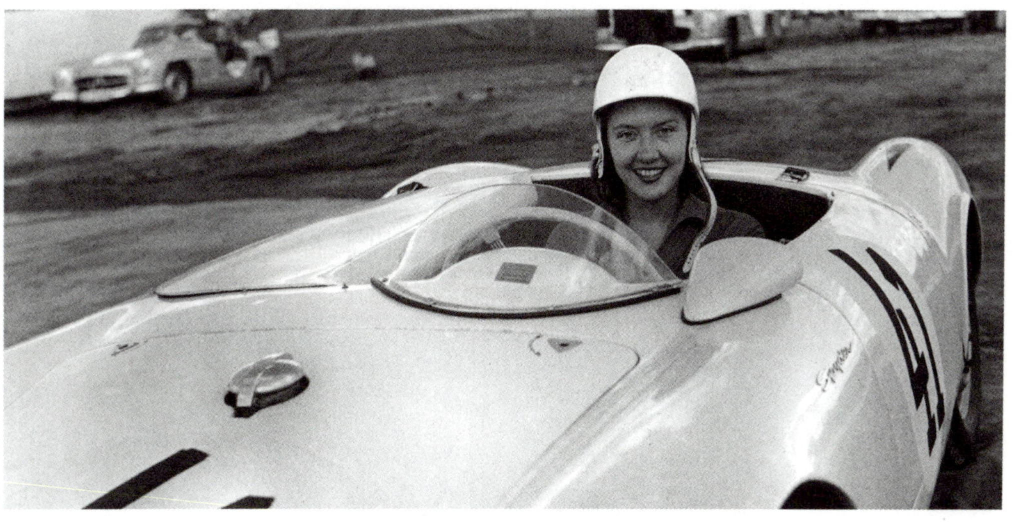

GP von Schweden 1956, Porscherennfahrerin Gilberte Thirion – 4. Platz Seriensportwagen bis 2000 ccm.

Diese kurze Übersicht, die ich hier zu geben versuchte, ist notwendig, um die Besonderheiten zu sehen, die bei dem Thema »Die Frau im Automobilsport« auftreten. Vor 50 Jahren war das Automobil viel weniger als heute ein Mittel zur Fortbewegung und viel mehr ein Mittel zur gesellschaftlichen Repräsentation. Logischerweise waren an dieser Repräsentation von Anfang an die Frauen mitbeteiligt, wenn auch vielleicht in passiverer Form als die Männer, aber immerhin war das Automobil für die Frauen einer gewissen Gesellschaftsschicht etwas zum täglichen Leben Gehöriges.

Dass Frauen sich aktiv am Automobilsport beteiligten, blieb vor dem Ersten Weltkrieg ganz vereinzelt, vor allem deshalb, weil die herrschende Gesellschaftsordnung viel mehr als heute dem Mann in der Familie das patriarchalische Primat gab. Da aber viele Wettbewerbe damals nicht nur mit einem »Copiloten« gefahren wurden, sondern mit vier Personen im Wagen, fand man sehr häufig Frauen als Beifahrerinnen bei den großen tourensportlichen Veranstaltungen. Der alte Professor Porsche zum Beispiel hatte, als er 1910 mit seinem Austro-Daimler-Tulpenformwagen die Prinz-Heinrich-Fahrt gewann, seine Frau als Beifahrerin und Kartenleserin mit im Wagen.

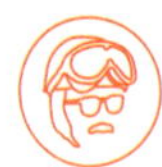

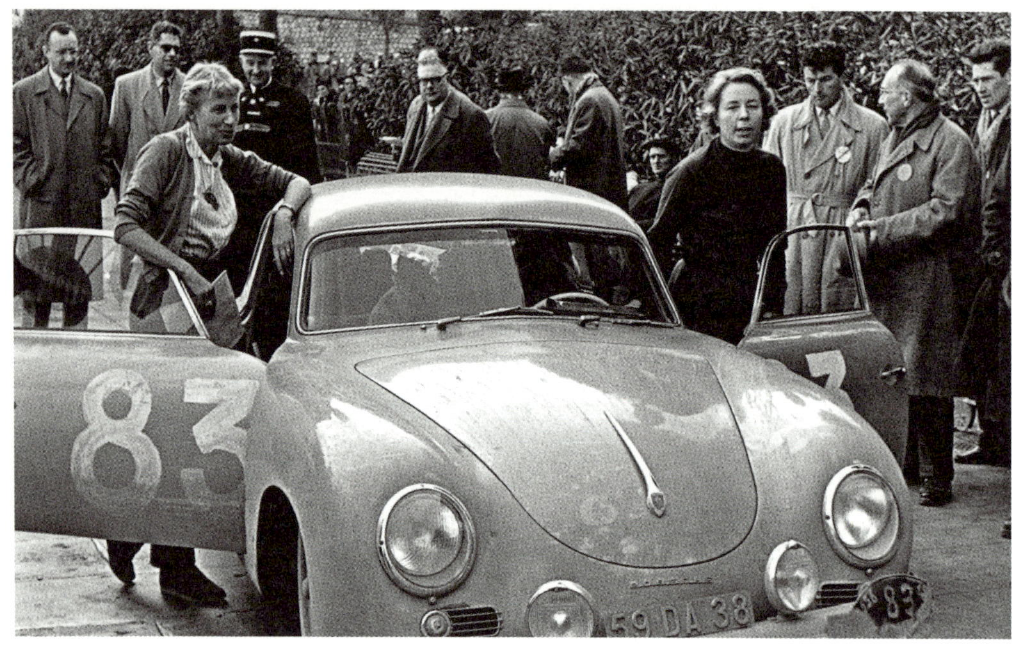

356 Coupé bei der Rallye Monte Carlo 1956, links Madeleine Blanchoud, rechts Alziary de Roquefort, 1. Platz Damenpreis.

Die zunehmende Emanzipation der Frau nach dem Ersten Weltkrieg brachte dann auch im Automobilsport ein Vordringen des weiblichen Geschlechts mit sich. Und nun zeichnet sich eine sehr merkwürdige, für ganz Europa gültige Entwicklung ab: Während man bei Rallyes und ähnlichen tourensportlichen Wettbewerben fast stets eine »Damenwertung« einrichtet, um dem weiblichen Geschlecht sozusagen entgegenzukommen und gleichzeitig einen Anreiz zur Teilnahme zu bieten, wird das in Europa bei Rennen nicht durchgeführt (in den USA existieren bei Sportwagenrennen neuerdings Damenklassen). Wenn eine Dame bei einem Sportwagenrennen auf dem Nürburgring mitzufahren gedenkt, dann fährt sie »als Mann« mit! Eine Ausnahme war nur in Italien zu finden: das Damenbergrennen von Como. Es gibt freilich noch heute Verfechter der Theorie, dass Frauen überhaupt nicht auf die Rennbahn gehören. Zu diesen Verfechtern gehört zum Beispiel seit einigen Jahren der Veranstalter des 24 Stunden-Rennens von Le Mans. Dort ist für das weibliche Geschlecht der Start nicht erlaubt.

Präzisieren wir den Antifrauenstandpunkt etwas näher. Dass Damen mit eigener Wertung (Coupe des Dames) bei Rallyes mitfahren, wird von den Gegnern der Frau im Automobilsport gerade noch erlaubt. Obwohl ich auch hier schon das Argument gehört habe: Eine Rallye dauert gewöhnlich 60–70 Stunden, Lüttich–Rom–Lüttich, wo auch Frauen mitfahren dürfen, dauert 90 Stunden. Nicht, dass die Frauen nicht die Ausdauer hätten für solche langen Strecken, ganz im Gegenteil. Aber wir wissen, wie erschöpft und schlecht und abgekämpft oft die Männer nach einer solchen Langstreckenfahrt aussehen – wird eine Frau, in deren Zügen sich die Erschöpfung von 90 Stunden Fahrt abzeichnet, etwa hübsch und fraulich aussehen, wie es ihrer Natur entspräche?

Das wäre also der sogenannte ästhetische Gesichtspunkt. Ich möchte dazu nur sagen, was ich selbst beobachten konnte. Natürlich gehen 90 Stunden Fahrt an einem Menschen nicht spurlos vorüber. Aber wenn jemand nach solchen Fahrten noch halbwegs »annehmbar« ausgesehen hat, dann waren es meistens die Frauen, die sich unterwegs bei jeder sich bietenden Gelegenheit schön machten, gerade um zu beweisen, dass sie keine »Mannweiber« sind.

Ein Einwurf sei mir hier erlaubt, wenn wir gerade von persönlichen Beobachtungen sprechen. Das Einzige, was ich vielleicht gegen die Frauen in diesem Zusammenhang vorbringen könnte, wäre die Tatsache, dass eine Frau in neun von zehn Fällen bei solchen Wettbewerben ehrgeiziger ist als der Mann. Der Ehrgeiz ist sicherlich ein essenzieller Bestandteil des Sportes; ohne ihn ist keine wirkliche Leistung möglich. Aber auch ihm müssen Grenzen gesetzt werden, einfach deshalb, weil schließlich der Sport um des Sports willen wichtiger ist als der Sport um des Gewinnens willen. Und weil ein übertriebener Ehrgeiz zu gewissen Verkrampfungen psychischer und physischer Natur führt, die wiederum den Leistungen abträglich sind – von der Frage der Fairness ganz abgesehen.

Kommen wir aber jetzt zu den »richtigen« Rennen, wo die Frauen zusammen mit den Männern gewertet werden. Die Verfechter der Antifrauentheorie sagen, dass dieser Sport zu hart für die Frau sei, sie nervlich überbeanspruche und die Frauen auch gar nicht gut genug fahren könnten; sie würden also die großen Asse, die in dem gleichen

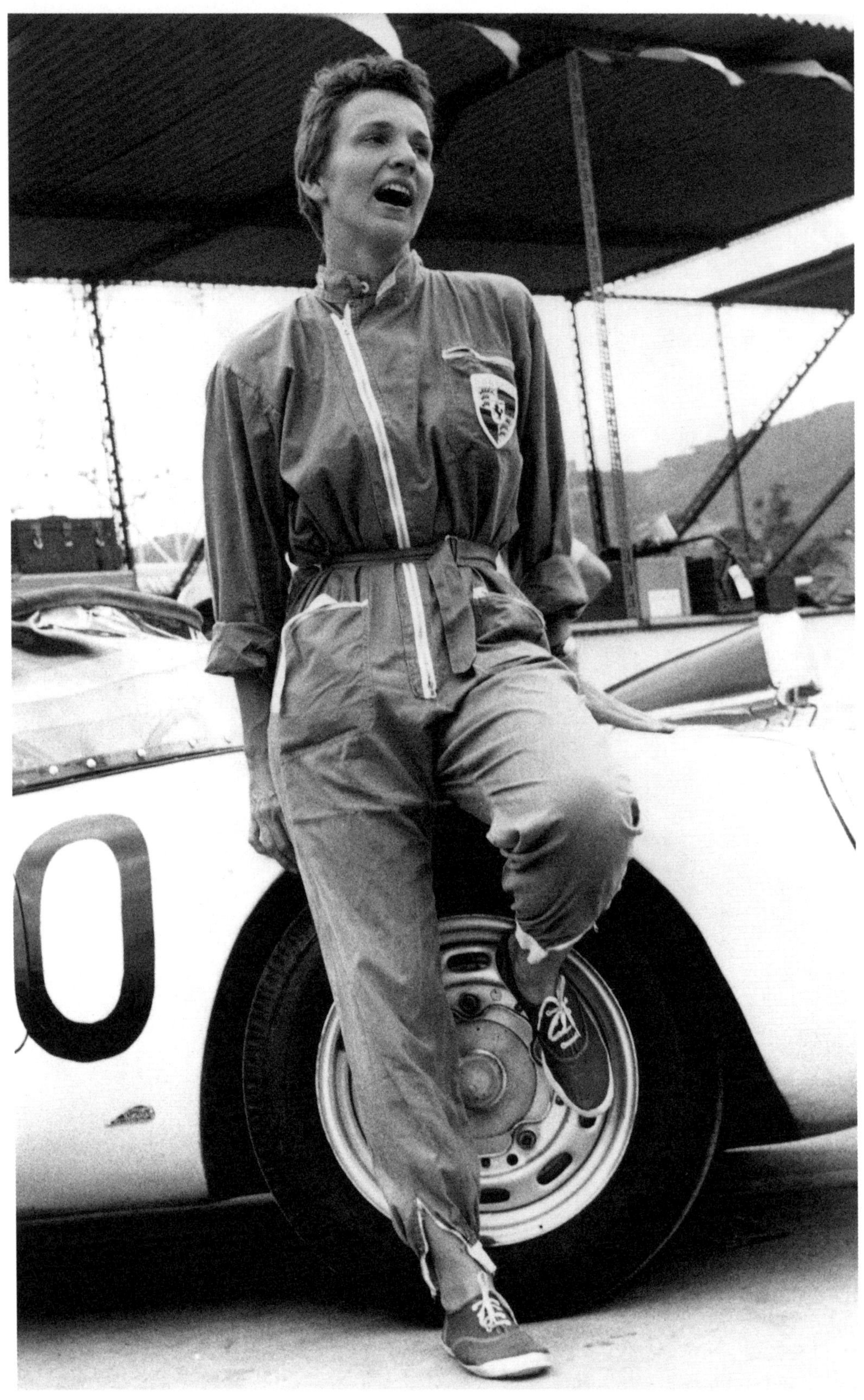

Rennen mitfahren, in gefährlicher Weise behindern. Als Beweis wird da oft ein Sturz von Ascari (nicht sein Todessturz) in Monza angeführt: Bei diesem Sportwagenrennen fuhr eine italienische Dame mit einem 3 Liter Ferrari 12 Zylinder mit und justament, als Ascari vor einer Kurve die Dame noch überholen wollte, geriet er aus der Bahn – angeblich wegen einer falschen Fahrweise von ihr – und brach jene berühmte Schneise in den Wald des Parkes von Monza, die man heute noch sehen kann, eine Schneise, aus der er wie durch ein Wunder unversehrt zu Fuß zurückkam.

Es ist längst geklärt, dass Ascari damals durch ein hängen gebliebenes Gaspedal herausgeflogen ist und die Dame mit ihrem 3 Liter Ferrari eben nur zufällig gerade an dieser Stelle fuhr, wo Ascari das passierte. Sie fuhr zwar im Vergleich zu Ascari recht langsam, aber sie behinderte ihn nicht mehr, als jedes andere langsame Fahrzeug an ähnlicher Stelle ihn behindert hätte.

Eines muss man allerdings zugeben: In Grand Prix-Rennen ist fast nie eine Dame aufgetaucht, auch in Sportwagenrennen finden wir nur selten einen weiblichen Teilnehmer mitten im männlichen Feld. Erwähnen möchte ich die Italienerin Maria Teresa de Fillippis, die 1956 und 1957 mit einem 2 Liter Maserati-Sportwagen ausgezeichnete Leistungen in italienischen Rennen zeigte und 1958 sogar dreimal (mit einem Formel 1-Maserati) bei Grand Prix-Rennen startete: in Belgien, in Portugal und in Monza. In Belgien wurde sie Zehnte, in Monza schied sie kurz vor Schluss, an fünfter Stelle liegend, aus. Erwähnen möchte ich auch die Amerikanerin Isabel Haskell, die inzwischen den argentinischen Fahrer de Tomaso geheiratet hat und die 1959 beim Sportwagenrennen in Spa (Belgien) mit einem Osca auf einen hervorragenden 2. Platz hinter Graf Beaufort auf Porsche RSK kam.

Was die Erfolge und damit das Fahrenkönnen der Damen angeht, so liegt das leuchtendste Beispiel schon fast 80 Jahre zurück. Damals war Madame Junek aus Prag mit ihrem Bugatti (sie fuhr teilweise den 1,5 Liter und teilweise den 2,3 Liter Kompressor) auf allen europäischen Pisten zu Hause. Es gelang ihr im Jahre 1927 beim Großen Preis von

Caracas 1957, Denise McCluggage neben ihrem Porsche Typ 550 A Spyder.

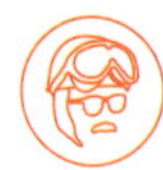

Deutschland auf dem Nürburgring, bei dem die große Klasse (über 3000 ccm) von den drei Mercedes-Werksfahrern Merz, Werner und Walb gewonnen wurde, in der Klasse bis 3 Liter auf dem 2,3 Liter Bugatti den Klassensieg zu erringen, und sie spielte sogar bei der Targa Florio eine sehr ernsthafte Rolle im Feld der großen Fahrer von damals: Campari, Divo, Minoia, Borzacchini, Varzi usw.

Wie gut Frauen mit GT-Wagen umgehen können, habe ich 1953 beim Eifelrennen auf dem Nürburgring selbst erleben können. Da fuhr nämlich Gilberte Thirion mit einem Porsche 1500 Super in der Gran Turismo-Klasse bis 1600 ccm mit und ich hatte in diesem Rennen einen Wagen gleichen Typs, übrigens auch Hans Herrmann. Gilberte stand den Trainingszeiten nach neben Herrmann und mir in der ersten

Im Zuge der allgemeinen Frauenemanzipation ist die Frau über den Weg des »normalen« täglichen Chauffierens auch zum Sport gekommen – niemand kann diese Entwicklung wieder zurückdrehen und ich halte sie im Prinzip für eine natürliche.

Startreihe, was uns schon sehr überraschte. Im Rennen regnete es in Strömen. Sie erwischte den besten Start und zwei Runden lang gelang es mir mit dem besten Willen nicht, an ihr vorbeizugehen. Ich musste erst ihre Fahrweise genau studieren, um ihre schwachen Punkte zu finden, und dann konnten wir schließlich vorgehen. Unser Respekt vor dem »schwachen Geschlecht« war danach merklich gewachsen.

Einen ebensolchen Respekt hatte ich zum Beispiel vor den Leistungen von Mme. Bousquet mit ihrem Porsche Spyder auf der Montlhéry-Bahn (Rekorde über 50 km und 50 Meilen), weil ich genau weiß, dass es bei Geschwindigkeiten über 220 km/h in Montlhéry ziemlich unangenehm wird. In den USA machten Denise McCluggage, eine Sportjournalistin, und Ruth Levy viel von sich reden. Beim 1000 km-Rennen von Caracas 1957 belegten sie mit einem Porsche Spyder RS den 4. Platz in der 1500er-Rennsportklasse. Ich würde zum Beispiel keine Bedenken haben, sie in Le Mans zuzulassen.

Um nun aber auf die Frage »Sollen wir den Damen bestimmte Sektoren des Automobilsports generell verbieten?« eine etwas präzise Antwort zu geben, möchte ich Folgendes konstatieren:

1. Im Zuge der allgemeinen Frauenemanzipation ist die Frau über den Weg des »normalen« täglichen Chauffierens auch zum Sport gekommen – niemand kann diese Entwicklung wieder zurückdrehen und ich halte sie im Prinzip für eine natürliche.

2. Immer mehr Frauen machen ihren Führerschein und sitzen selbstständig und verantwortungsbewusst am Lenkrad eines Wagens. Die Basis für den Automobilsport sind zweifellos die »Normalfahrer« – aus diesen rekrutiert sich die Sportelite. Ich vertrete die Theorie, dass der Automobilsport auf möglichst breiter Basis ausgeübt werden soll, weil das sportliche Fahren einen erzieherischen Wert für den allgemeinen Verkehr besitzt. Dies gilt für Männer ebenso wie für Frauen.

3. Vom Ästhetischen her sehe ich keinen Hinderungsgrund, der Frauen vom sportlichen Wettbewerb mit dem Automobil ausschließen könnte.

4. Wo die Grenzen »nach oben hin« liegen (mit »oben« meine ich den Grand Prix-Sport und die Rennen mit mittleren und großen Sportwagen, die über 200 km/h gehen), das ist nicht eine Frage des Geschlechts, sondern der persönlichen Leistungsfähigkeit. Man sollte zum Beispiel verbieten, dass jemand, der noch nie in einem sportlichen Wettbewerb mitgemacht hat, gleich mit einem Ferrari 3 Liter erscheint, ohne Rücksicht auf das Geschlecht. Wenn sich dann im Laufe eines stufenweisen Aufbaus herausstellt, dass eine Frau nur bis zu einer bestimmten Grenze gut genug ist, um mitzufahren, dann soll man ihr an dieser Grenze ebenso Halt gebieten wie ihren männlichen Kollegen, die sich berufen fühlen, Fangios zu sein, aber noch nicht einmal einen kleinen Sportwagen ausfahren können. Das alles muss im Einzelfall entschieden werden …

Verallgemeinerungen sind gefährlich, überall, im Sport, in der Politik – und erst recht bei der Frau.

◆

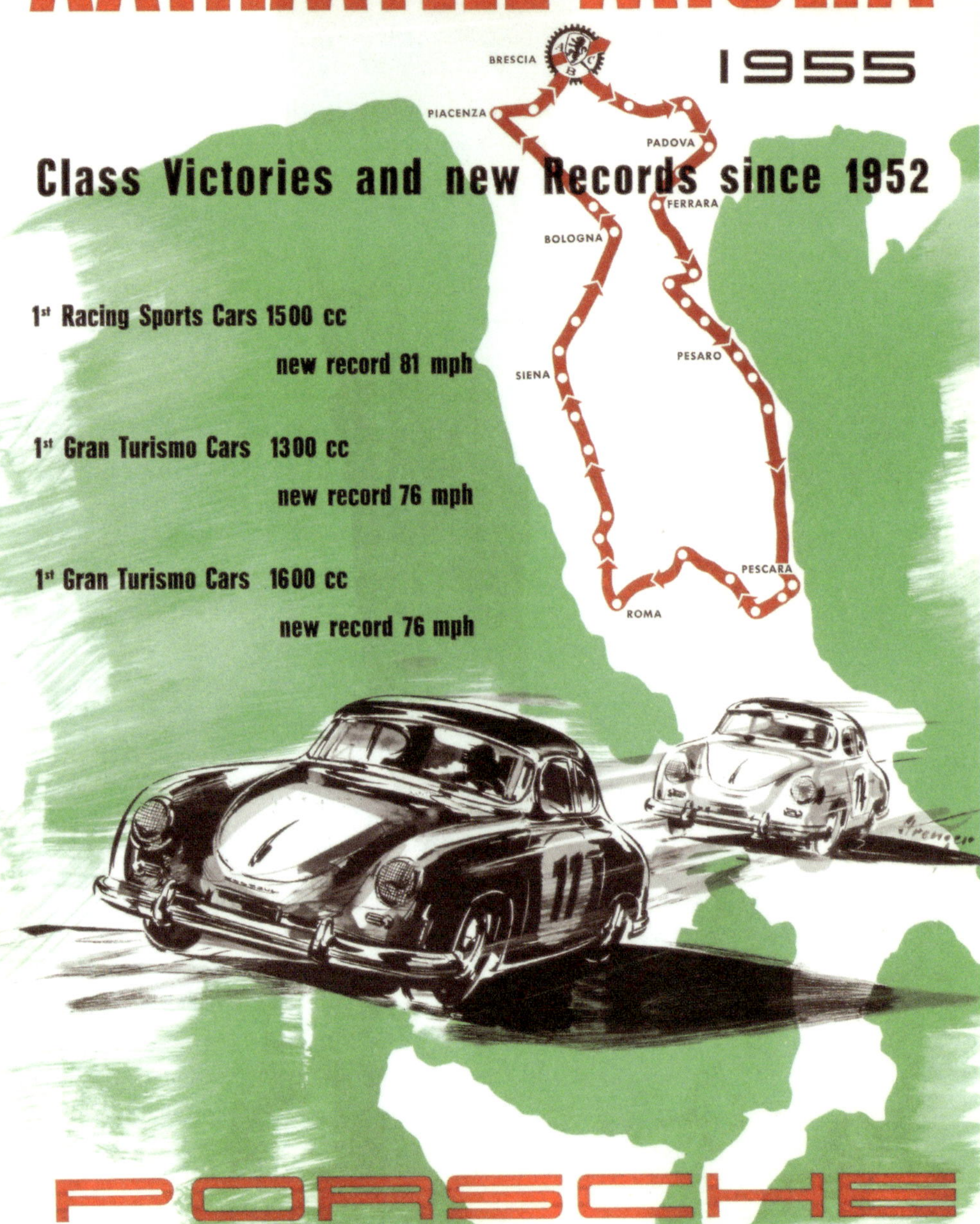
XXII. MILLE MIGLIA
1955
BRESCIA
PIACENZA
PADOVA
FERRARA
BOLOGNA
SIENA
PESARO
PESCARA
ROMA
Class Victories and new Records since 1952
1st Racing Sports Cars 1500 cc
new record 81 mph
1st Gran Turismo Cars 1300 cc
new record 76 mph
1st Gran Turismo Cars 1600 cc
new record 76 mph
PORSCHE
Printed in Germany

PHILIPP FÜRST ZU HOHENLOHE-LANGENBURG

13 Das erste Automuseum und ein später Kaffee für Niki Lauda

1978, Hockenheimring. Der Präsident des Automobilclubs von Deutschland, Fürst Paul von Metternich, hatte meinen Vater, Fürst Kraft zu Hohenlohe-Langenburg, eingeladen – und der nahm seinen Sohn mit. Das war ich und der Große Preis von Deutschland war mein erstes großes Autorennen. Damals handhabte man alles etwas lockerer als heute. So war es für Ehrengäste noch leicht, kurz vor Start in die Boxengasse zu kommen. Mir stand an diesem Tag ein unglaublicher Moment bevor: Der dunkelrot-blaue Brabham von Niki Lauda stand bereits auf der Startaufstellung und ich, ein kleiner Bub von acht Jahren, durfte mich in dieses legendäre Formel-1-Auto kurz vor dem Start setzen. Wenn ich daran denke, spüre ich noch die Aufregung!

Weil ich also wusste, dass dies etwas ganz Besonderes war, wollte ich mich, wie ich es gelernt hatte, bei meinem Rennhelden mit einer Gegenleistung bedanken. Tapfer fragte ich: »Was kann ich denn Ihnen Gutes tun, Herr Lauda?« Darauf sagte er in seinem österreichischen Schmähton: »Das nächste Mal, wenn wir uns sehen, zahlst du mir einen großen brauen Kaffee.« Eigentlich kein schlechter Deal – für eine Tasse Kaffee in einen Formel 1-Brabham sitzen zu dürfen. Aber eben nicht für einen kleinen Bub, der nur 20 Pfennig Taschengeld im Monat bekam. So dachte ich mein ganzes erstes Rennen darüber nach, wie ich denn nun diesen Kaffee finanzieren sollte. Es sollte Jahre dauern, bis ich meine Schulden beglichen hatte. Aber das erzähle ich später.

Mir wurde also die Rennsportbegeisterung vom Vater vererbt. Er kannte sich natürlich viel besser aus, wenn es um Technik und Geschichte der Hersteller ging. Später wurde mein Vater, Fürst Kraft, Vorsitzender des Allgemeinen Schauferl-Clubs und der Fiva, des Weltverbands der Oldtimer. Somit war das Thema Oldtimer und historische Rennen bei uns immer allgegenwärtig. Mich fesselt bis heute vielmehr das einzigartige Design von vielen klassisch gewordenen Fahrzeugtypen. Mächtig beeindruckt war und bin ich etwa vom Produkt- und Autodesigner Albrecht Graf von Goertz. Ein gern gesehener und willkommener Hausgast in Langenburg und ein Freund meiner Eltern. Zu seinen Werken veranstalteten wir auch eine Ausstellung im Automuseum und zeigten seine Skizzen von Haushaltsgeräten oder Konzertflügeln ebenso wie das, wofür er berühmt wurde: die Designentwürfe und den legendären BMW 507er, einem von ihm designten Datsun 240 Z sowie seinen für Porsche gebauten Prototypen 914/6. Dieser 914/6 Prototyp ist heute in unserem Familienbesitz und wir zeigen ihn häufig im Automuseum.

Graf Goertz war ein brillanter Designer und ein Schöngeist. Ich erinnere mich, wie er mit den Händen in der Luft gestikulierte und uns seine Designsprache nahebrachte: das Verhältnis von Länge und geschwungener Form. Die lang gezogene Motorhaube und die Haifischkiemen des 507er, die Klapplampen und geschwungenen Flügeltüren am Prototypen des 914/6 – daraus hatte er Zeitloses geschaffen, speziell für BMW.

Für mich bedeutet Auto nicht Status. Es ist vielmehr ein starkes Zeichen für den Wohlstand, die Leistung und Innovationskraft, die die deutsche und europäische Industrie geleistet haben. Auch wenn man darüber heute nur noch selten spricht. Gerade in diesem Jahr, in dem

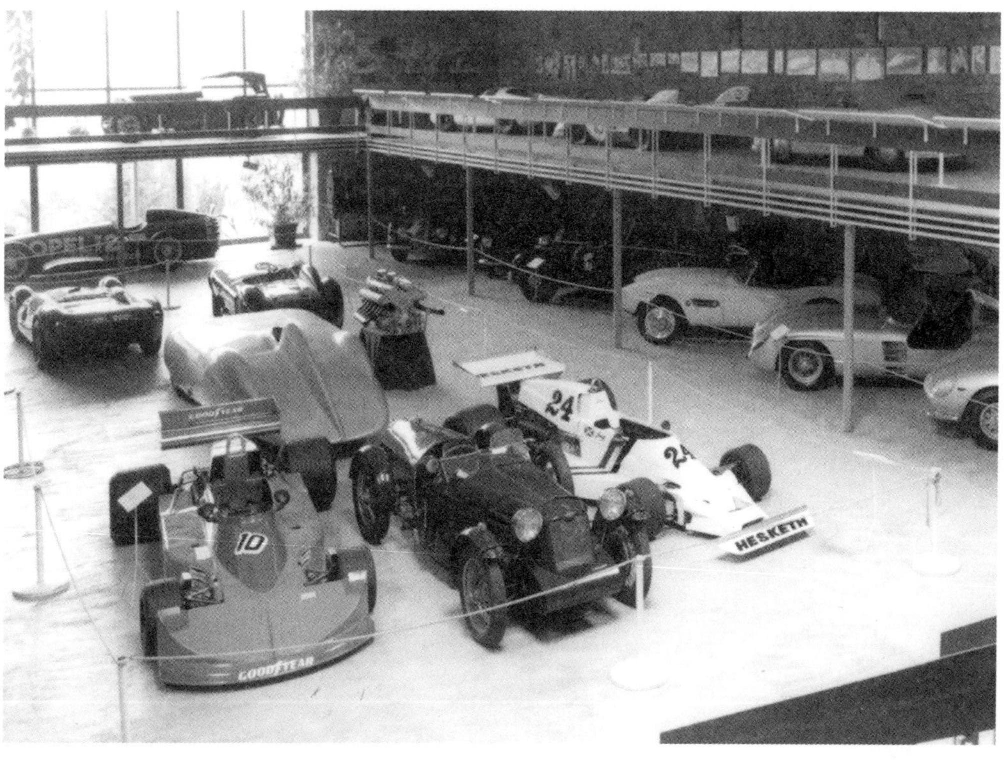

Imposante Ausstellung in der Richard von Frankenberg-Halle des Deutschen Automuseums Schloss Langenburg. Im Vordergrund die F1-Boliden von Ronnie Peterson und James Hunt.

sich das Kriegsende zum 75. Mal jährt, was wäre Deutschland heute ohne das Wirtschaftswunder Auto? Auch die Zukunft wird hoffentlich noch stark von der Innovationskraft der Automobilingenieure und der modernen Mobilität geprägt werden.

Die Begeisterung für klassische Fahrzeuge aus Europa teile ich mit vielen anderen Automobilisten. Gerne denke ich daran, wie unglaublich es war, als ich mein persönliches Lieblingsauto, einen Jaguar E-Type, um das Pariser Stadion »Parc des Princes« erstmalig probegefahren bin: ein deutscher Automobilliebhaber, der sein englisches Traumauto in Frankreich kauft und nach Hause steuert! Ich kann durchaus behaupten, dass ich mich selten mehr als moderner Europäer gefühlt habe.

Eine weitere Prägung durch Automobile hat Langenburg selbst erfahren. Das Deutsche Automuseum, das erste markenunabhängige überhaupt, hat die Bekanntheit unseres »Städtle« maßgeblich geprägt. Dabei sollte das Museum ursprünglich in Heidelberg eingerichtet werden. Der Verein des Deutschen Automuseums war bereits gegründet, doch es gab Probleme mit passenden Räumlichkeiten am schönen Neckar. Irgendjemand empfahl Richard von Frankenberg, dem Treiber hinter diesem Projekt »erstes Automuseum«, meinen Vater und Langenburg zu besuchen, hier würde es gute Räumlichkeiten geben. Die Entscheidung war bald getroffen und bis heute zeigen wir seit nunmehr 50 Jahren im Deutschen Automuseum Schloss Langenburg die Meilensteine des Automobils. Aber die Geschichte hört eben nicht in den faszinierenden Jahren der Fünfziger bis Siebziger auf. Inzwischen gibt es Sportwagen, die für eine jüngere Generation mindestens genauso schnell Kult geworden sind wie damals der Porsche Spyder oder ein italienischer Vorkriegler. Aber nicht nur Langenburg selbst hat vom Deutschen Automuseum profitiert, genauso kann man sich keinen schöneren Ort für Oldtimerfans wünschen als das Hohenloher Land. Das sind die perfekten Ausfahrten: ein schönes Auto, ein ungestörtes Landschaftserlebnis und kaum befahrene Landstraßen.

Für das Automuseum spielte Richard von Frankenberg eine herausragende Rolle. Mein Vater und er waren so gut vernetzt, dass viele Top-Modelle ihren Weg in die alte Remise des Schlosses gefunden haben. Ich erinnere mich, wie Richard von Frankenberg mit seinen Porsches vorfuhr – das laute Röhren im Schlosshof klingt noch in meinen Ohren nach. Dieser Mann mit Schnauzbart und großer Brille war für mich ein Faszinosum und irgendwie sah man ihm als Kind an, dass er eine gewisse Bedeutung hatte. Schaut man sich heute seine Wirkungsgeschichte an, dann wird man mir recht geben: Neben seiner Rennfahrerkarriere haben wir mitunter ihm 50 Jahre Deutsches Automuseum Schloss Langenburg zu verdanken und das weltweit gefragte Kundenmagazin der Porsche AG – Christophorus.

Mein Vater Fürst Kraft kaufte Anfang der Siebzigerjahre seinen ersten Oldtimer, einen Lancia Lambda, in dem ich auch des Öfteren mitfahren durfte. Aber mein absolutes Highlight war eine Spritztour im Vauxhall 20/60 von 1929, natürlich auf dem Schwiegermuttersitz. Damit nahm die Sammlung des Museums Gestalt an. 1974 wurde die Frankenberghalle im Museum eröffnet. Ich war damals gerade mal

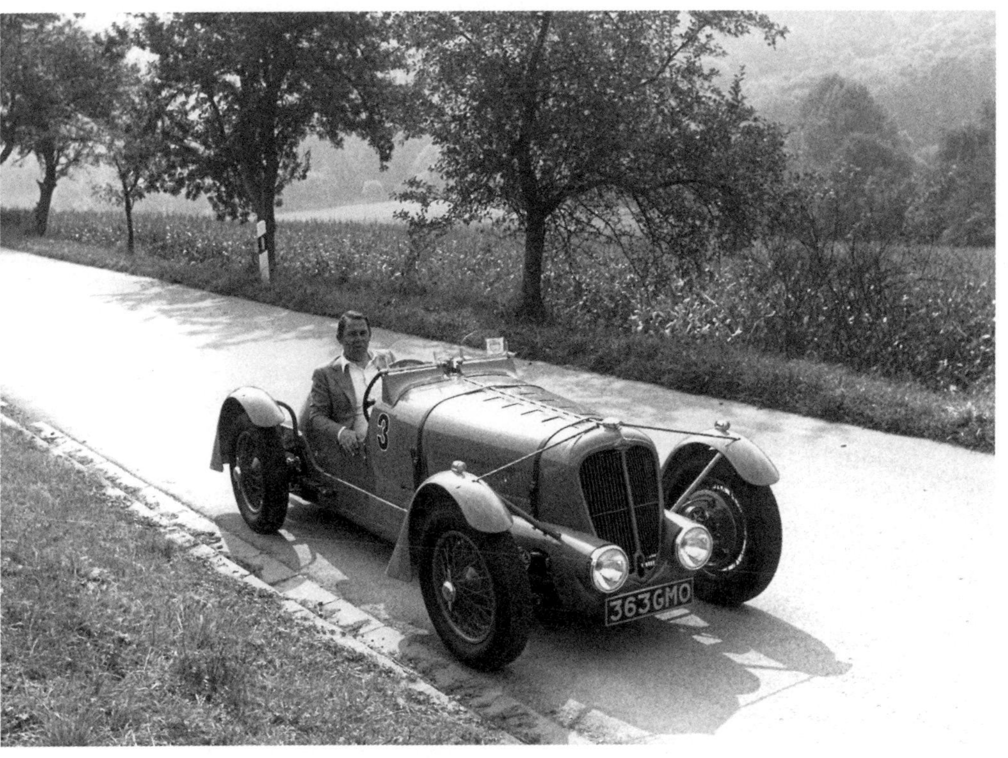

Fürst Kraft zu Hohenlohe-Langenburg, Mitbegründer des Deutschen Automuseums, im Delahaye 135 MS auf dem Weg zum Schloss.

vier Jahre alt, aber ich erinnere mich noch an Hans Hermann und sein Siegesauto von Le Mans, das bei der Einweihung zu sehen war. Das war kurz vor Frankenbergs Tod. Die Trauer meiner Eltern damals hat auch mich sehr bewegt.

Man zeigte in den ersten Jahren des Museums u. a. die Rennsportsammlung von Hubertus Graf von Dönhoff mit Highlights wie dem Lotus Lola und dem Le Mans-Porsche 917. Bald war an den Wochenenden alles rund um Schloss Langenburg voller Autofans. Jedes Jahr hatten wir bis zu 100.000 Besucher und Langenburg war bald ein Ausflugsort mit Kultfaktor geworden.

Das habe ich in den letzten Jahren erfahren dürfen: Spannender als alle Autos sind die Menschen, die in ihnen saßen, und natürlich ihre

Geschichten. Ich besuchte vor wenigen Jahren meinen Freund Sir Jackie Stewart in England und fuhr mit ihm nach Goodwood zum Revival. Mark Webber kam auch mit. Jackie erzählte uns von früher, dabei

Eigentlich ist das ja meine Hausstrecke und ich behauptete zu wissen, an welchen Stellen man vor Haarnadelkurven bremsen muss. Aber Walter Röhrl fuhr schneller aus den Kurven raus als ich je rein … Diese 1,16 Minuten waren eine unglaubliche Demonstration an Fahrkunst, die ich nie vergessen werde!

unter anderem auch von seinem schweren Unfall in Spa 1966. Rennkollegen schleppten ihn in eine Scheune und rissen ihm die verbrannte Kleidung vom Körper. Es brach ein wahnsinniges Gewitter los, wie es in den Ardennen üblich ist. Da liegt dieser Rennfahrer völlig nackt in einer Scheune, wartete auf den Krankenwagen – und dann kommen wie aus heiterem Himmel drei Nonnen vorbei, um sich unterzustellen … Ohne diese Anekdoten von Fahrern wäre der Rennsport nur halb so interessant.

Jackie Stewart hat ein sehr schönes Anwesen in England, eigentlich ein Pferdeanwesen, aber er hat alle Pferde abgeschafft, weil er panische Angst vor ihnen hat. Sir Jackie sagt dann gerne »Everything with less than 240 horsepower is incredible dangerous.«

Dort im weitläufigen Anwesen stehen viele Bänke. Ich meine, es waren um die 70. Und auf jeder Bank ist der Name eines Rennsportlers eingraviert, gegen den Jackie Stewart einmal gefahren ist und der damals im Rennwagen tödlich verunglückte. Rennsport war eben brandgefährlich, das zeigt Jackies Garten wohl auf andenkliche Weise. Wir haben uns damals gemeinsam auf die Ronnie Peterson-Gedenkbank gesetzt. Petersen starb 1978 in Mailand nach dem Unfall beim GP in Monza und ist einer der ersten Rennfahrer, an die ich mich bewusst erinnere, auch durch seinen gelb-blauen March, der mal im Automuseum ausgestellt wurde.

Vielleicht habe ich übertrieben, als ich oben geschrieben habe, dass die Menschen in den Autos am spannendsten sind. Denn noch spannender ist es, mit ihnen gemeinsam im Auto zu sitzen. Ab 2001 gab es für einige Jahre vor unserer Haustür das Langenburger Bergrennen. Hier startete man im Tal in Bächlingen und fuhr sogenannte Gleichmäßigkeitsprüfung hoch zum Schloss und dem Fahrerlager am Automuseum. 2008 war auch Walter Röhrl in einem Porsche 953 Paris–Dakar dabei und ich durfte sein Beifahrer sein. Eigentlich ist das ja meine Hausstrecke und ich behauptete zu wissen, an welchen Stellen man vor Haarnadelkurven bremsen muss. Aber Walter Röhrl fuhr schneller aus den Kurven raus als ich je rein … Diese 1,16 Minuten waren eine unglaubliche Demonstration an Fahrkunst, die ich nie vergessen werde!

Motorsport ist eben dann am intensivsten, wenn er zum Anfassen ist. Das wurde für das Deutsche Automuseum Schloss Langenburg zum Prinzip. Die eindrücklichsten Ausstellungsstücke der vergangenen 50 Jahre waren die beiden Formel 1-Boliden, der 1974er-Hesketh 308 von James Hunt oder der March aus dem Jahr 1976 von Ronnie Peterson. Der 1978 bei meinem ersten Formel-1-Live-Erlebnis Teamkollege bei Lotus von Mario Andretti, dem Sieger des Deutschland Grand Prix, war. Meine Leidenschaft zu Nicki Lauda hatte ich zu diesem Zeitpunkt sehr kurzfristig wieder beendet und war aufs Siegerpferd, den schwarz-goldenen Lotus John Player Special, umgestiegen.

Das änderte aber nichts daran, dass ich nicht meine Schulden bei dem dreifachen Weltmeister Nicki Lauda begleichen sollte. Vor Jahren traf ich Niki Lauda im Münchner Nachtleben. Er stand im P1 am Tresen, ich bestellte ihm einen »großen Braunen«, den er dankbar getrunken hat. Wir sprachen über die alten, wilden Zeiten des Rennsports. Wir waren uns einig: Damals ging es viel mehr um das fahrerische Können, vor allem aber auch um extreme Risikobereitschaft. Deswegen kommen mir diese Fahrer vor wie wahre Helden.

◆

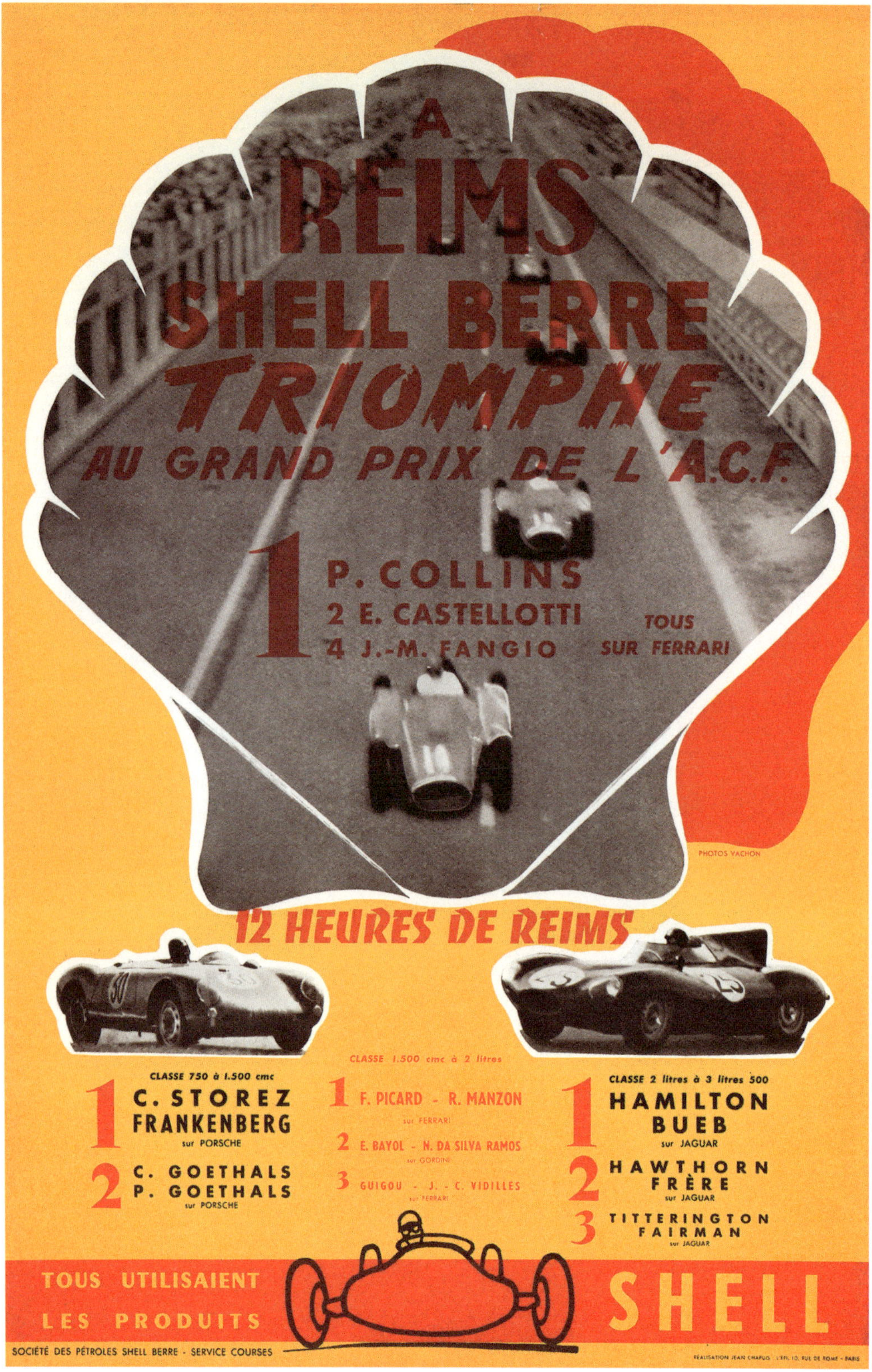

A

REIMS
SHELL BERRE
TRIOMPHE
AU GRAND PRIX DE L'A.C.F.

1 P. COLLINS
2 E. CASTELLOTTI
4 J.-M. FANGIO

TOUS
SUR FERRARI

PHOTOS YACHON

12 HEURES DE REIMS

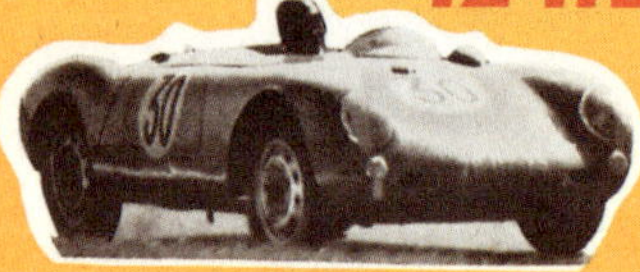

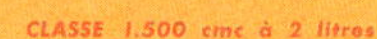

CLASSE 750 à 1.500 cmc

1 C. STOREZ
FRANKENBERG
sur PORSCHE

2 C. GOETHALS
P. GOETHALS
sur PORSCHE

CLASSE 1.500 cmc à 2 litres

1 F. PICARD - R. MANZON
sur FERRARI

2 E. BAYOL - N. DA SILVA RAMOS
sur GORDINI

3 GUIGOU - J.-C. VIDILLES
sur FERRARI

CLASSE 2 litres à 3 litres 500

1 HAMILTON
BUEB
sur JAGUAR

2 HAWTHORN
FRÈRE
sur JAGUAR

3 TITTERINGTON
FAIRMAN
sur JAGUAR

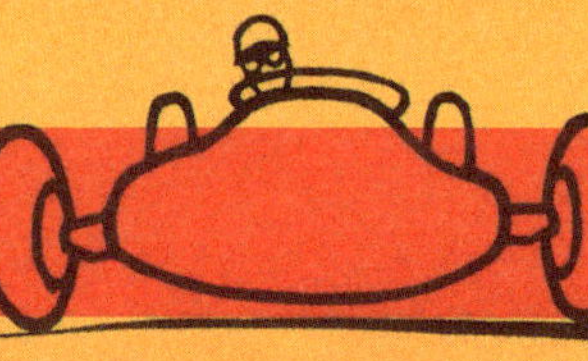

TOUS UTILISAIENT
LES PRODUITS
SHELL

SOCIÉTÉ DES PÉTROLES SHELL BERRE · SERVICE COURSES

RÉALISATION JEAN CHAPUIS · L'EPI, 10, RUE DE ROME - PARIS

14 In Frankreich fing der Automobilsport an

Die ersten Wagen, die den Namen Automobil verdienten, waren bekanntlich von den Herren Daimler und Benz gebaut worden, in Deutschland also, jedoch stieg die Popularität dieser neuen Vehikel in Frankreich in den ersten 15 Jahren sehr viel schneller und stärker an, und so waren die sportliebenden Franzosen auch die Ersten, die Rennen veranstalteten: Paris–Rouen 1894, Paris–Bordeaux–Paris 1895 und Paris–Marseille–Paris (über 1728 km Distanz!) im Jahre 1896.

Mit diesen Namen ist schon gesagt, was für eine Art Automobilsport am Anfang der Entwicklung stand: Rennen auf normalen Landstraßen (Landstraßen wohlgemerkt, die allesamt staubig, löcherig und schmal waren, eben noch für Pferdezug gebaut ...) zwischen großen Städten. Bei diesen ersten Rennen wurde auch nicht etwa die Straße polizeilich abgesperrt – wozu? Die Durchschnittsgeschwindigkeiten lagen noch in der Größenordnung von 20 bis höchstens 35 km/h und der Straßenverkehr war im Vergleich zu heute ein minimaler. Ich erinnere mich an den Bericht eines reichen deutschen Reisenden, der im Jahre 1904 unter großen Schwierigkeiten eine Fahrt von Berlin nach Nizza unternahm und darüber ein Tagebuch schrieb. Eine der aufregendsten Eintragungen darin lautete: Heute sind wir sogar zwei Automobilen begegnet!

Kurz nach der Jahrhundertwende sah man ein: Rennen im normalen Straßenverkehr sind sinnlos, man braucht eigene, abgesperrte Wege, am besten Rundstrecken, denn dann haben die Zuschauer einen Genuss davon: Sie sehen die Wagen öfters vorbeikommen.

Rennen dieser Art waren bereits vor dem Ersten Weltkrieg nicht mehr möglich, weil sie zu gefährlich wurden. Die letzte große Veranstaltung dieses Stils, bei der es auf normalen Landstraßen um nichts anderes ging als um die Frage: Wer kommt zuerst an, wer ist der Schnellste, war die große Weltfahrt des Jahres 1908: Start im Februar in New York, Durchquerung des amerikanischen Kontinents bei Schnee und Regen, Schiffspassage über den Stillen Ozean hinüber nach Wladiwostok und dann sommerliche Durchquerung von Sibirien und von Russland, wo natürlich damals Straßen so gut wie unbekannt waren und Autos angestaunt wurden wie Weltwunder. Ziel in Paris – als erster Wagen fuhr ein deutscher, ein Protos, mit dem Oberleutnant Koeppen am

Steuer und den Mechanikern Fuchs und Neuberger dabei, in Paris ein; vier Tage später gefolgt von einem amerikanischen 60 PS »Thomas«-Wagen: Das waren die beiden einzigen Überlebenden dieser Fernfahrt.

Kurz nach der Jahrhundertwende sah man ein: Rennen im normalen Straßenverkehr sind sinnlos, man braucht eigene, abgesperrte Wege, am besten Rundstrecken, denn dann haben die Zuschauer einen Genuss davon: Sie sehen die Wagen öfters vorbeikommen. So kam es zwischen 1900 und 1906 zu jener Spaltung, die heute noch besteht – es wurden einerseits Rundstrecken- und Bergrennen ausgeschrieben, bei denen nur die Geschwindigkeit entscheidend war und bei denen speziell für das Rennen entwickelte Wagen auftraten; und auf der anderen Seite gab es Fernfahrten für serienmäßige Tourenwagen, die über längere Strecken gingen und nicht nur die Leistung prüften, sondern auch die Zuverlässigkeit.

Übrigens: Es gibt drei berühmte Rennen, die fast ununterbrochen seit dieser Zeit ausgetragen worden sind und die kürzlich jeweils ihr 50-jähriges Bestehen feiern konnten – das sind: der Große Preis von Frankreich, die Tourist Trophy in England und die Targa Florio in Sizilien. Den Großen Preis von Frankreich konnte zweimal vor dem Ersten Weltkrieg, 1908 und 1914 nämlich, ein deutscher Fahrer gewinnen: der Stuttgarter Lautenschlager auf einem Mercedes-Rennwagen.

Die Zuverlässigkeitsfahrten waren damals in Deutschland und Österreich auch schon recht populär. Es gab drei, die einen besonders guten Ruf hatten, das war die »Herkomer-Fahrt« (benannt nach einem Maler namens Herkomer, der dafür einen wertvollen Preis gestiftet hatte), die »Prinz-Heinrich-Fahrt« (nach Prinz Heinrich von Preußen benannt, der den Motorsport sehr förderte) und die Alpenfahrt. Bei der Prinz-Heinrich-Fahrt 1910 gewann ein gewisser Ferdinand Porsche am Steuer des von ihm konstruierten Austro Daimler-Wagens. Dieses Fahrzeug, mit einer Art Stromlinienkarosserie, ging damals, 1910, bereits als Viersitzer rund 140 km/h in der Spitze! Für die Tourenwagen gab es zu jener Zeit in fast allen großen Wettbewerben eine Vorschrift: Sie mussten mit 4 Personen auch tatsächlich besetzt sein, damit man sah, dass

Eine legendäre Aufnahme des frühen Rennsports, Fahrer im rechten Auto ist Ferdinand Porsche.

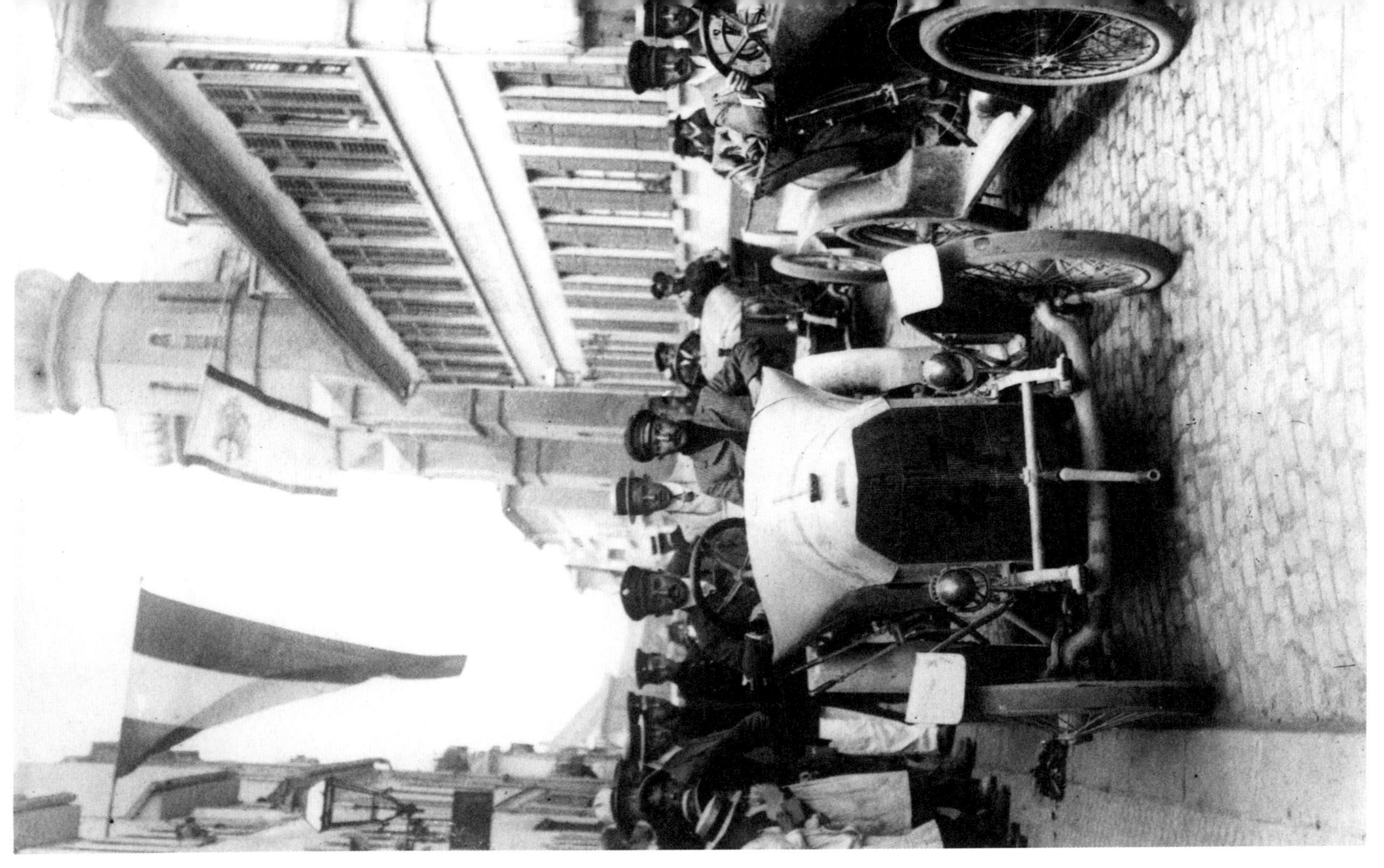

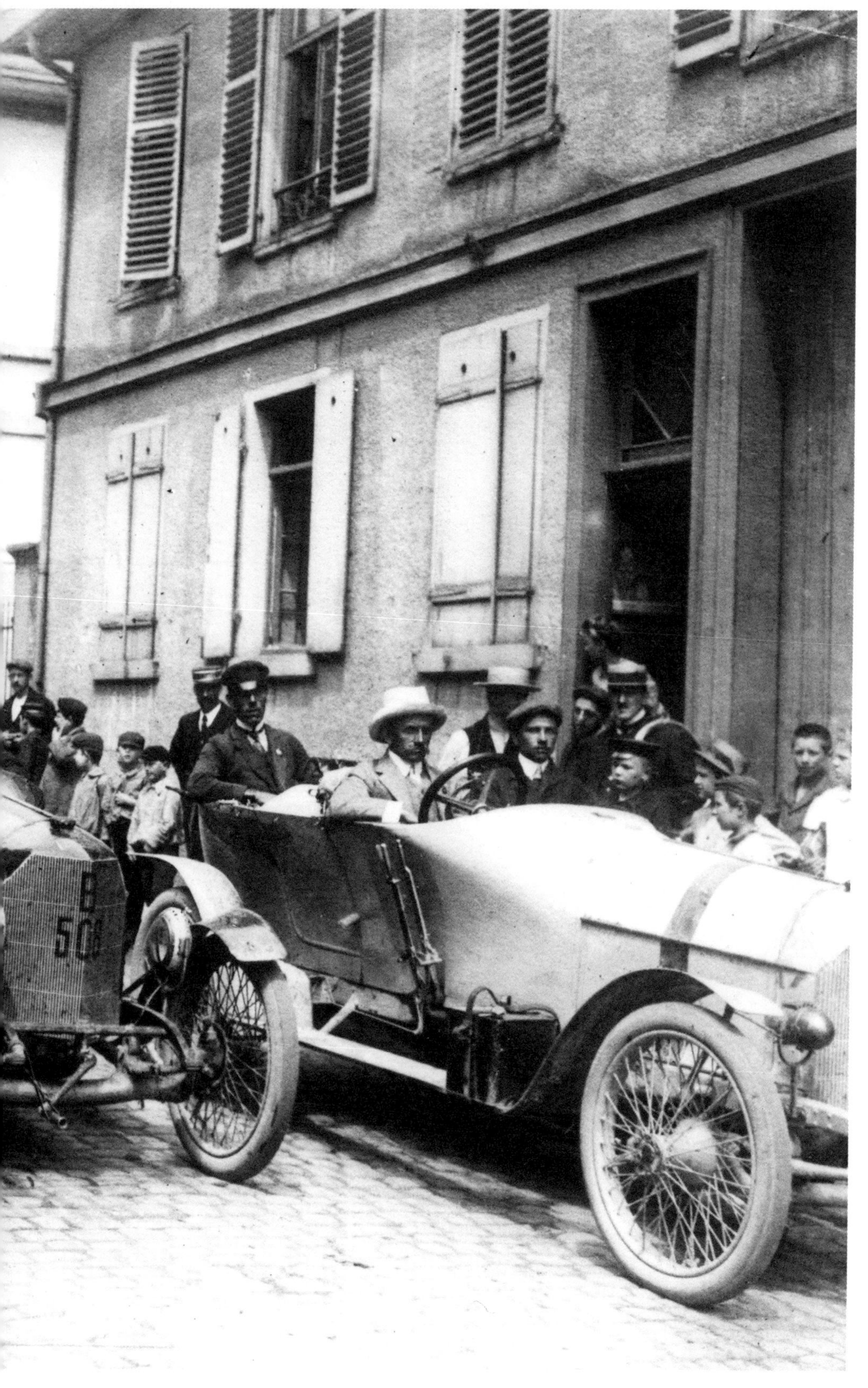

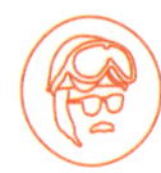

es sich um echte Viersitzer handelt! Nach dem Weltkrieg kam man von dieser Bestimmung allmählich wieder ab – schlecht war sie nicht.

Es gab also in jener Zeit Rennwagen und Tourenwagen. Das, was wir heute »Sportwagen« nennen, entwickelte sich erst in den Jahren nach dem Ersten Weltkrieg. Damals entstanden als bedeutendste Sportwagenrennen die 24 Stunden von Le Mans und die 1000 Meilen, die Mille Miglia, in Italien: Diese Rennen wurden zum ersten Mal 1923 bzw. 1927 ausgetragen. Der Sportwagen der Zwanzigerjahre, als der offene, schnittige Zweisitzer mit leichtem Verdeck und hochgezüchtetem Motor, eroberte sich beide Bereiche: Man fand ihn bei Rennen – in eigenen Sportwagen-Kategorien – und man fand ihn mehr und mehr bei den großen Zuverlässigkeitsfahrten, zum Beispiel bei der klassischen, schon damals bestehenden Rallye Monte Carlo.

Ein neues Wort tritt auf: die Rallye (die Schweizer sagen übrigens das Rallye). Es stammt aus dem Französischen und heißt, wörtlich übersetzt, das »Sich-Versammeln«; die Pfadfinder haben es früher gebraucht für ihre Treffen. Die großen internationalen Zuverlässigkeitsfahrten, die über lange Distanzen gingen, nannten sich von den Zwanzigerjahren an allesamt Rallye (im Englischen Rally geschrieben).

Bei diesen Rallyes hatte man die Möglichkeit, von verschiedenen Orten aus starten zu können; jedoch vereinigten sich die Strecken an einem gewissen Punkt und das Ziel war ein gemeinsames. Die Fahrzeit betrug gewöhnlich 2 bis 3 Tage, nonstop natürlich, sodass stets zwei Fahrer im Wagen sein mussten, die sich gegenseitig ablösen konnten. Nicht müde werden, gut Karten lesen, mit Uhren umgehen und gut rechnen ist dabei neben dem Fahrenkönnen die Hauptsache. Die internationalen Rallyes führen auch heute noch durch ganz Europa; man durchmisst Distanzen, die zwischen 1500 und 5000 km liegen.

Ende der Zwanziger- und noch in den Dreißigerjahren waren das Entfernungen, die keineswegs alle beteiligten Automobile ohne Pannen oder Störungen schaffen konnten, zumal man keine Extrazeit für Reparaturen hatte und der Durchschnitt – er lag gewöhnlich zwischen 50 und 60 km/h – speziell in gebirgigen Gegenden und bei Nacht nicht leicht zu halten war, einschließlich Tanken, einschließlich Futtern, einschließlich Reifenwechsel.

Heute sind die Automobile – nicht zuletzt durch den Einfluss des Sportes – so leistungsfähig und zuverlässig geworden, dass auch eine Nonstop-Distanz von 4000 oder gar 5000 km kaum noch zu Ausfällen

Heute sind die Automobile – nicht zuletzt durch den Einfluss des Sportes – so leistungsfähig und zuverlässig geworden, dass auch eine Nonstop-Distanz von 4000 oder gar 5000 km kaum noch zu Ausfällen und Schäden führt.

und Schäden führt. Deshalb hat man begonnen, in die Rallyes gewisse Sonderprüfungen einzustreuen, bei denen die Fahrzeuge ihre äußerste Leistung hergeben müssen: Bergrennen oder Beschleunigungsprüfungen, Gebirgsetappen mit sehr schwierig zu erreichenden Durchschnitten, Bremsprüfungen, Auto-Slaloms.

In Deutschland gab es in den Dreißigerjahren nur verhältnismäßig kurze Zuverlässigkeitsfahrten in sehr schwierigem Gelände, die deshalb mehr oder minder Wehrsportcharakter hatten. Erst einige Zeit nach dem Zweiten Weltkrieg ist auch bei uns als nationale Veranstaltung die »Rallye« aufgekommen, nach internationalem Vorbild: Die Rallye Solitude 1953, die der Verfasser leitete, war die erste Veranstaltung dieser Art. Unsere Spitzenfahrer beteiligten sich laufend an den großen internationalen Rallyes und mit nicht geringem Erfolg. Seit 1953 wird bekanntlich eine »Rallye-Europameisterschaft« ausgeschrieben, für die die Ergebnisse von etwa 12 großen Rallyes in allen Ländern zählen – und immer wieder haben deutsche Mannschaften diese Wertung gewonnen.

Jedes Land hat inzwischen für den Automobilsport eine oberste Sportbehörde, die verantwortlich ist nicht nur für alle »Spielregeln«, die auf unserem Gebiet gelten, sondern auch für die Fahrerauswahl und den Terminkalender. Unsere Behörde heißt ONS (Oberste Nationale Sportbehörde) und sitzt in Frankfurt; sie wird von unseren beiden großen Clubs, dem AvD und dem ADAC, gemeinsam gebildet. Über allen nationalen Behörden steht die FIA in Paris, die »Federation Internationale« für den Automobilismus. Sie koordiniert die nationalen Belange der einzelnen Länder und jedes Land hat seine Vertreter bei der FIA, wo man häufig zu Sitzungen zusammenkommt.

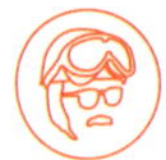

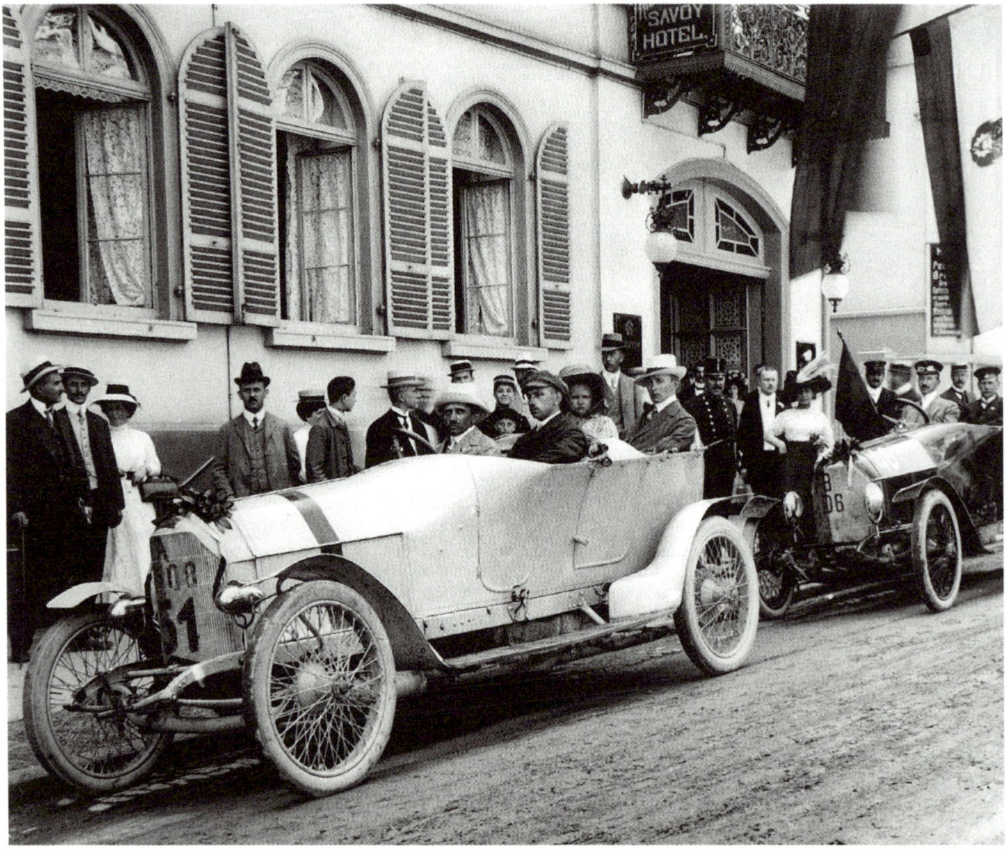

Ferdinand Porsche im Austro-Daimler Typ 22/80 HP Prinz-Heinrich bei der Prinz-Heinrich-Fahrt im Zielort Bad Homburg 1910.

Der gesamte Automobilsport heute spielt sich nach FIA-Richtlinien, Reglements und Formeln, ab. Wir werden die interessanten Neuerungen noch besprechen. Grundsätzlich gibt es zwei Arten von Wettbewerben, nationale und internationale. Logischerweise darf man als Anfänger nicht gleich international starten, sondern muss mit Wettbewerben anfangen, die national ausgeschrieben sind, also nur für deutsche Fahrer innerhalb Deutschlands. Diese sind entsprechend etwas kürzer und leichter zu bewältigen als die internationalen. Und man braucht dazu nur einen sogenannten nationalen Fahrerausweis, den man durch die Sportabteilung seines Automobilclubs bekommt. Der Führerschein und die Befürwortung des zuständigen Sportleiters genügt, um ihn zu erlangen. (Jedes Land hat seine eigenen Regeln dafür – diese gilt nur für uns.)

Dann geht es also in solch einen nationalen Wettbewerb – ich möchte gleich sagen, dass es sowohl nationale Rennen für Anfänger in Deutschland gibt als auch nationale Zuverlässigkeitsfahrten, also Rallyes, die normalerweise etwa 500–600 km lang sind. Erst wenn man bei solchen Rallyes 3 Goldmedaillen errungen hat (bei Rennen drei Siege) oder fünfmal sich platzieren konnte – erst dann kann man die nächste Stufe erklimmen, kann man die »internationale Lizenz« bekommen. Mit der hat man die Möglichkeit, überall mitzufahren. Für Auslandsstarts braucht man allerdings jedes Mal einen Stempel der ONS zur Genehmigung.

Wer einen Ausweis oder eine Lizenz erhält, anerkennt damit die Motorsportgesetze; wer sie übertritt oder missachtet – darum heißen sie Gesetze – hat mit einer Bestrafung zu rechnen. Die ONS übt in Deutschland für den Automobilsport das aus, was man die Sporthoheit nennt; sie kann empfindliche Strafen verhängen, Strafen, die von der FIA in Paris genau festgelegt wurden …

Frankreich hat zwar noch einige gute Fahrer, aber keine Renn- und Sportwagen mehr von internationalem Format, wie sie beispielsweise in England, Italien oder Deutschland hergestellt werden. Trotzdem ist und bleibt vorläufig der Sitz die FIA in Paris. Denn in Frankreich fing es an mit dem Automobilsport …

◆

PORSCHE
GAGNE

en FRANCE: LE RALLYE DU SOLEIL DE CANNES
1er prix – catégorie jusqu'à 1100 ccm
Janne d'Othée/Rebetez, Porsche 356

en ITALIE: RALLYE SESTRIÈRE
Catégorie 1100 ccm meilleur temps
dans l'épreuve de vitesse: ISLINGER, Porsche 356

en ALLEMAGNE: RALLYE INTERNATIONAL DE WIESBADEN
1er au classement général
et gagnant de la classe B: R. v. FRANKENBERG, Porsche 1,5 l.

au PORTUGAL: RALLYE INTERNATIONAL LISBONNE
catégorie jusqu'à 1100 ccm terminent:
1. MARTORELL (Portugal)
2. VEQUAND (Allemagne)
} tous les deux sur coupés 356 de série

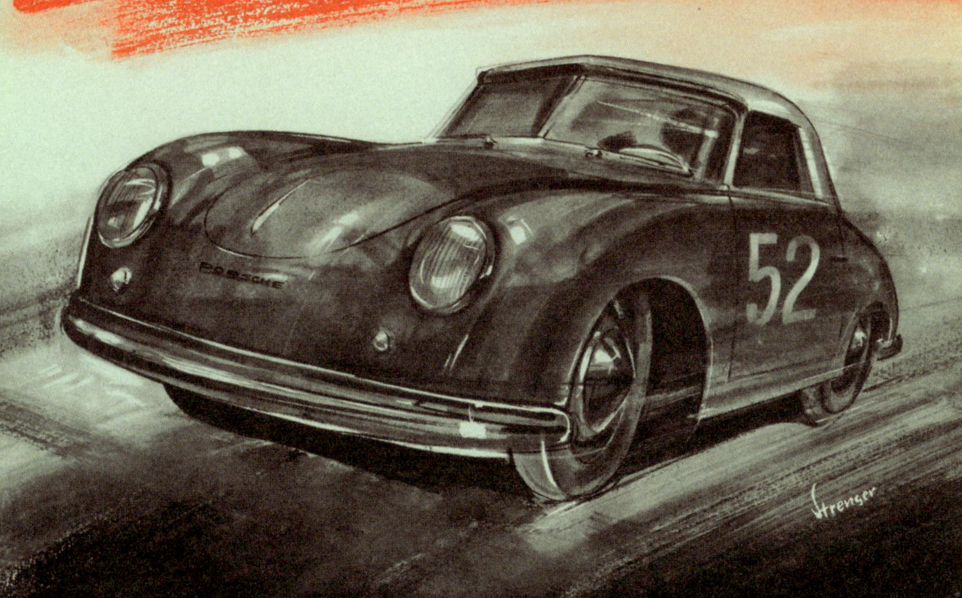

PORSCHE STUTTGART–ZUFFENHAUSEN

15 Die deutschen Talente aus der Vergangenheit

In Deutschland gab es zwischen 1925 und 1939 eine Reihe großer Fahrer, die man zur Weltelite zählen konnte. Im Vergleich dazu hat es nach 1945 nur noch ganz wenige Weltklasseleute gegeben; unter die obersten zwölf konnte man ohne Einschränkung nur einen zählen: den unvergessenen Wolfgang Graf Berghe von Trips.

Deutschland ist, von der Bevölkerungszahl aus gesehen, das größte Land in Europa, wenn wir Russland ausnehmen. Deutschland ist das Land, in dem die ersten Motorwagen fuhren, das Pionierland. Deutschland hat viele berühmte Konstrukteure hervorgebracht und die deutschen Autofirmen haben sich in der ganzen Welt das Vertrauen ihrer Kunden erobert und gehalten.

Dass wir zwischen den beiden Weltkriegen eine Reihe von großen Fahrern hatten, muss also fast als eine Selbstverständlichkeit angesehen werden. Umso trauriger stimmt uns die Feststellung, dass wir heute zwar immer noch sehr gute Fahrer in den Gran Turismo-Klassen auf die Pisten bringen und ausgezeichnete Tourenwagenpiloten – ich erinnere nur daran, dass wir in den letzten Jahren fast immer den Rallye-Europameister stellen konnten –, dass aber nach »ganz oben« aus Deutschland keine Asse mehr kommen.

Vielfach höre ich: Ja, damals, in der Zeit von 1933 an, da hat eben die Regierung den Automobilsport sehr stark gefördert, hat die Firmen angespornt, Wagen zu bauen und Fahrer auszubilden, wenn man das heute auch täte ... Das ist ein Argument, das an den Tatsachen einfach vorbeigeht. Denn als im Dritten Reich die Grand Prix-Wagen von Daimler-Benz und der Auto Union kamen, waren ja schon die deutschen Spitzenfahrer da! Da war ein Rudolf Caracciola schon auf der Höhe seines Ruhmes, da hatte ein Manfred von Brauchitsch schon große Siege errungen, da galt Hans Stuck schon als der Bergkönig und als Mann von Weltklasse.

Abgesehen davon: Die Zuschüsse, die damals die Regierung den rennwagenbauenden Firmen gab, waren relativ gering. Es erhielten die Auto Union und Daimler-Benz vom Staat jährlich ca. 400.000 Mark: mehr eine Geste als ein Fundament für die Entwicklung von Grand Prix-Wagen nach einer neuen Formel. Und als Hitler an die Macht kam und von der Förderung der Automobilindustrie sprach, hatte Porsche den Auto Union Grand Prix-Wagen bereits fix und fertig auf dem Reißbrett stehen und bei Daimler-Benz hatte man unter der technischen Regie von Nibel den ersten 750 Kilo Kompressor-Rennwagen längst konzipiert: in einer Zeit, in der es uns wirtschaftlich noch keineswegs gut ging.

Ich habe überhaupt manchmal den Eindruck, dieses Gefühl des Sattseins, das uns das »Wirtschaftswunder« der Fünfzigerjahre brachte, hat viele Impulse, die man kurz nach dem Krieg noch registrierte, einfach erstickt. Es geht uns so gut, dass wir zu keiner Pionierleistung mehr fähig sind. Und das Rennwagenbauen plus Rennwagenfahren gehört nun einmal in die Kategorie Pioniertaten.

Wenn wir von den »Vorkriegsfahrern« sprechen, müssen wir als Ersten Rudolf Caracciola nennen. Er ist auch heute noch so bekannt, als wäre er noch unter uns, und er ist nicht nur in Motorsportkreisen ein Begriff. Es gibt überhaupt nur drei deutsche Sportler, die weit über Deutschlands Grenzen und weit über ihr Fachgebiet hinaus in der Erinnerung des großen Publikums leben: das sind Max Schmeling, Rudolf Caracciola und Gottfried von Cramm. Dabei ist es bei Schmeling und Cramm viel eher verständlich, weil diese beiden die einzigen Deutschen waren, die jemals auf ihrem Gebiet, beim Boxen und beim Tennis, in die absolute Weltklasse aufgestiegen sind. Niemals war ein anderer deutscher Boxer Weltmeister oder stand in einem Kampf, bei dem es um die Weltmeisterschaft im Schwergewicht ging, niemals stand ein anderer deutscher Tennisspieler im Einzelendspiel in Wimbledon. Dagegen gibt es einige deutsche Rennfahrer, die schon den Großen Preis von Deutschland gewonnen haben, es gibt Rennfahrer, die ganz große Erfolge im Grand Prix-Sport hatten, ich erinnere da nur an Stuck, an Rosemeyer und an Hermann Lang, aber was Caracciola über diese drei noch hinaushebt, ist die Stetigkeit und die Dauer seiner Erfolge.

Ich habe überhaupt manchmal den Eindruck, dieses Gefühl des Sattseins, das uns das »Wirtschaftswunder« der Fünfzigerjahre brachte, hat viele Impulse, die man kurz nach dem Krieg noch registrierte, einfach erstickt. Es geht uns so gut, dass wir zu keiner Pionierleistung mehr fähig sind. Und das Rennwagenbauen plus Rennwagenfahren gehört nun einmal in die Kategorie Pioniertaten.

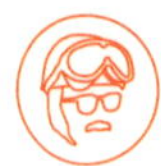

Caracciola wurde ein Begriff, als er im Juli 1926 den Großen Preis von Deutschland gewann, der damals auf der Avus ausgetragen wurde. Das war sein erstes Jahr, in welchem er in großen Rennen für Mercedes fuhr. Der gleiche Caracciola hat auch im Juli 1939 noch beim Großen Preis von Deutschland gesiegt, mit dem 3 Liter Mercedes Kompressor-Wagen auf dem Nürburgring. Das muss erst einmal einer nachmachen, vierzehn Jahre lang (man muss ja 1926 und 1939 mitzählen) mit an der Spitze zu stehen und dauernd zu großen und größten Erfolgen zu kommen. Vor allen Dingen hat Caracciola auch einige »legendäre« Rennen gewonnen, die zu seiner Popularität besonders viel beigetragen haben:

Im Jahr 1927 gewann er mit einem Mercedes Typ S (6,8 Liter Kompressor, 180 PS) das Eröffnungsrennen auf dem Nürburgring.

Im Jahr 1929 gewann er in Irland mit dem Mercedes Typ SSK (7,1 Liter Kompressor), zum Teil bei strömendem Regen, die Tourist Trophy.

Im Jahr 1931 gewann er mit dem Mercedes SSK das Gesamtklassement der Mille Miglia in Italien – sich hier mit dem 1800 Kilo schweren Riesen gegen die Konkurrenz der leichten italienischen Sportwagen durchzusetzen, war eine Tat für sich. Im Jahr 1932 gewann er den Großen Preis von Deutschland auf dem Nürburgring, Distanz 570 Kilometer, mit einem Alfa Romeo (er fuhr 1932 und 1933, als sich Daimler-Benz nicht mehr werksseitig an Rennen beteiligte, für Alfa). Im Jahr 1935 gewann er: das Eifelrennen, den Großen Preis der Schweiz, den Großen Preis von Frankreich, den Großen Preis von Belgien und den Großen Preis von Spanien, er wurde deutscher Straßenmeister und Europameister.

Im Jahr 1938 fuhr er mit einem stromlinienverkleideten 5,6 Liter 646 PS Mercedes Kompressor-Rennwagen bei Rekordversuchen die höchste Geschwindigkeit, die je auf einer Straße erzielt wurde: 432 km/h.

Caracciola wurde am 30. Januar 1901 in Remagen am Rhein geboren; sein Vater war der Besitzer vom Hotel Fürstenberg (noch heute steht auf der Rheinseite des Hotels in großen Buchstaben »vormals Caracciola«). Er begann im Jahr 1922 Wettbewerbe zu fahren, zuerst mit einem Ego, dann mit einem Fafnir, dann mit einem Mercedes. Dreimal in seiner Laufbahn hatte er schwere Stürze zu überstehen: Im Frühjahr 1933 verunglückte er mit dem Alfa Romeo beim Training in Monte Carlo, was zur Folge hatte, dass (aufgrund eines sehr komplizierten Oberschenkelbruches) ein Bein etwas kürzer blieb; 1946 wurde er nach Amerika eingeladen und sollte in Indianapolis fahren: Mit einem amerikanischen Wagen verunglückte er im Training so schwer, dass er zehn Tage lang ohne Bewusstsein lag und auch in den folgenden Jahren noch durch diesen Unfall gehandicapt war; schließlich versuchte er 1952 – als 51-Jähriger also! – noch einmal ein »Comeback« im Sportwagen bei Mercedes; nachdem er in der Mille Miglia auf einen vierten Platz in der Gesamtwertung gekommen war, rutschte er beim Rennen in Bern aus einer Kurve, rammte einen Baum und wurde wiederum an den Beinen schwer verletzt. Nun erst gab er seine Rennkarriere auf.

Er ist im Jahre 1959 gestorben; Alice Caracciola, seine Frau, ohne deren Aktivität als private Zeitnehmerin in den Boxen man sich vor dem Krieg kaum ein Rennen vorstellen konnte, wohnt heute noch in jener traumhaft schön gelegenen Caracciola-Villa in Lugano, wohin der deutsche Fahrer schon lange vor dem Krieg gezogen war, um zwischen den Rennen in völliger Ruhe leben zu können. Und sowohl beim 1000 Kilometer-Rennen des ADAC wie beim Großen Preis des AvD gibt es heute einen Rudolf Caracciola-Wanderpreis zur Erinnerung an diesen populären deutschen Rennfahrer.

Wir wollen uns hier nicht streiten, wer von den anderen Grand Prix-Assen der Vorkriegszeit nach Caracciola der bekannteste war. In der Mercedes-Mannschaft fuhr von 1934 ab Manfred von Brauchitsch. Ein Schatten fällt heute über diesen Namen: Er lebt in der Ostzone, ist dort Sportpräsident der dortigen Motorsportorganisation, tritt allerdings nicht sehr stark hervor. Manfred von Brauchitsch, Jahrgang 1905, sollte zunächst – in dieser Familie war das fast eine Selbstverständlichkeit, der frühere Oberbefehlshaber des deutschen Heeres war sein Onkel – in der Reichswehr aktiver Offizier werden. Aber als Oberfähnrich hatte er einen sehr schweren Motorradunfall, der zu einem Schädelbruch führte; danach hielt man ihn nicht mehr für die Offizierskarriere tauglich. Einige Zeit später hatte er einen (wie man heute sagen würde) »Sponsor« gefunden, mit dessen Hilfe er sich privat einen Mercedes SSK kaufen konnte. Mit diesem Sportwagen errang er 1931 einige sehr beachtliche Erfolge; 1932 ließ er sich für den Mercedes eine Stromlinienkarosserie bauen und gewann damit das Avus-Rennen gegen Caracciola auf Alfa Romeo. In der Zeit von 1934 bis 1939 glänzte er mehr durch schnelle Runden als durch Rennsiege; immerhin gewann er 1937 den Großen Preis von Monaco und 1938 den Großen Preis von Frankreich.

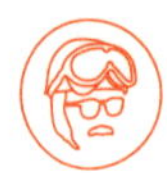

Nach dem Krieg kam er nicht mehr mit Mercedes in Kontakt. Eine kurze Zeit lang war er Sportpräsident bei einem unserer Automobilclubs, wollte dann in Argentinien zwei Rennen fahren, wo man ihm aber nur einen älteren, nicht mehr konkurrenzfähigen Maserati zur Verfügung stellte, und danach schien er sich in keiner sehr günstigen Finanzlage mehr zu befinden. Ich glaube nicht, dass er aus politischen Gründen nach drüben ging, sondern einfach deshalb, weil man ihm dort ein verlockendes Angebot für eine neue Existenz machte. Es kam dann in der Bundesrepublik zu einem Verfahren gegen ihn und seine junge Frau, am Starnberger See wohnend, beging aus Kummer Selbstmord.

In der Mercedes-Mannschaft von 1934 fuhr außer Caracciola und von Brauchitsch noch der hervorragende Italiener Luigi Fagioli. Als Nachwuchsfahrer hatte man eine kurze Zeit Ernst Henne im Rennstall, den Motorradweltrekordler, der aber doch nicht schnell genug für den Grand Prix-Wagen war. 1935 zog man den früheren Rennmonteur von Fagioli, den Cannstatter Hermann Lang, früher ein erfolgreicher Motorradrennfahrer, zu Nachwuchsprüfungen heran. Lang, am 6. April 1909 geboren, war 1936 noch der »junge Mann« im Mercedes-Stall, aber schon 1937 ein Fahrer, den man unbestritten zur Weltklasse zählen musste. Er galt in den letzten beiden Jahren vor dem Krieg als der schnellste deutsche Fahrer; sein dreifacher Sieg im Großen Preis von Tripolis (1937 mit einem 5,6 Liter Mercedes Kompressor, 1938 mit einem 3 Liter und 1939 mit dem neu entwickelten 1,5 Liter) und seine Rundenrekorde auf dem Nürburgring (die 9:52, die er beim Eifelrennen 1939 fuhr, wurden erst im Jahr 1956 von Fangio unterboten) machten den aufrichtigen Schwaben sehr populär.

Auch Hermann Lang hat nach dem Krieg ein Comeback versucht, was seinem Alter nach vielleicht möglich gewesen wäre. Er fuhr 1952 mit dem 300 SL die großen Sportwagenrennen mit, gewann mit Rieß zusammen das Gesamtklassement der 24 Stunden von Le Mans und ein Rennen am Nürburgring; in der Carrera Panamericana in Mexiko und in Bern wurde er von Karl Kling geschlagen. Man gab ihm nun 1954 bei einzelnen Rennen noch eine Chance mit dem Grand Prix-Wagen, aber die Kondition des 45-Jährigen schien doch nicht mehr auszureichen; er zog sich dann vom Sport ganz zurück, blieb aber bei Daimler-Benz.

Bei den Nachwuchsprüfungen von 1936/37 brachte Daimler-Benz 26 Fahrer auf den Nürburgring, alles Leute, die mit Sportwagen und mit Motorrädern schon beachtliche Erfolge geerntet hatten. Es war ein

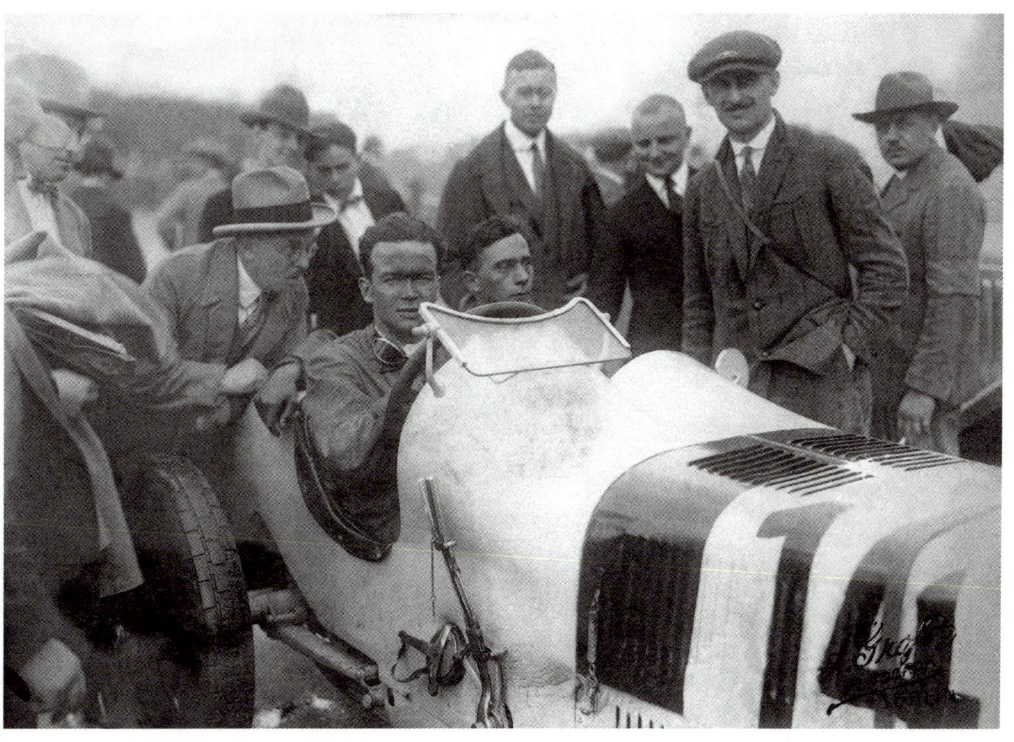

Großer Preis von Deutschland für Sportwagen auf der Avus, 11. Juli 1926. Sieger Rudolf Caracciola mit Beifahrer Eugen Salzer auf Mercedes 2 Liter-8 Zylinder mit Kompressor.

groß angelegter, systematischer Schulungsversuch. Unter diesen 26 eingeladenen Fahrern befanden sich zwei Ausländer. Die beiden Ausländer waren mit Abstand die schnellsten: der Engländer Seaman und der Schweizer Christian Kautz – man sollte das allen denen sagen, die meinen: Wenn die großen Firmen uns nur einmal die Gelegenheit geben zu fahren, werden wir schon zeigen, dass es in Deutschland Grand Prix-Nachwuchs gibt. Erst zwei Jahre später kamen wieder zwei deutsche Fahrer als Nachwuchsleute bei Daimler-Benz in den Grand Prix-Wagen: Hans Hugo Hartmann und Heinz Brendel, die kurz vor dem Krieg bei einzelnen Formel 1-Rennen eingesetzt wurden und gute Leistungen zeigten. Beide waren nach dem Krieg noch für kurze Zeit auf Sportwagen zu sehen: Brendel, der Frankfurter, wurde mit einem Glöckler-Porsche 1952 deutscher Meister der 1100er-Klasse, Hartmann kam im

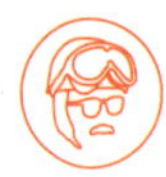

gleichen Jahr in der 1500er-Klasse auf den zweiten Meisterschaftsrang; er fuhr einen Borgward des Bremer Werkes.

Kommen wir nun zum Auto Union-Stall! Als 1934 jene 750 Kilo-Formel begann, die den beiden deutschen Firmen Mercedes und Auto Union so große Erfolge brachte, war Hans Stuck bei der Auto Union Fahrer Nummer eins. Stuck ist am 27. Dezember des Jahres 1900 in Warschau geboren – in Warschau deshalb, weil seine Eltern, die in der Nähe von Freiburg im Breisgau ein Gut besaßen, damals gerade auf einer längeren Geschäftsreise in Polen waren. Stuck sollte Landwirt werden; 1925 fing er auf einem Dürkopp an, Rennen zu fahren, stieg dann 1927 auf Austro Daimler um und hatte mit einem nur für ihn gebauten Spezialrennwagen von Austro Daimler in ganz Europa große Erfolge in Bergrennen. Stuck galt mit der Zeit als der Bergspezialist schlechthin; als einer der wenigen Mitteleuropäer kam er auch zu dem englischen Bergrennen von Shelsley Walsh und fuhr dort neuen Rekord.

1931 bis 1933 sehen wir ihn mit einem Mercedes SSK bzw. SSKL auf den Rennpisten; er fuhr sogar eine Reihe von Rennen in Brasilien und Argentinien mit. Bei den Großen Preisen 1934 zeigte sich, dass die Auto Union mit Stuck einen großen Fahrer auch für schnelle Rundstreckenrennen engagiert hatte. Er gewann damals den Großen Preis von Deutschland, den Großen Preis der Schweiz, das Masarykrennen in der Tschechoslowakei und »natürlich« den Freiburger Bergrekord am Schauinsland; er wurde Deutscher Straßenmeister und Deutscher Bergmeister. In Bergrennen blieb er in allen Vorkriegsjahren der Fahrer Nummer eins, während bei Rundstreckenrennen Bernd Rosemeyer vom Jahr 1936 an zweifellos der schnellere Mann im Auto Union-Team war. Wie viele Grand Prix-Fahrer der damaligen Zeit versuchte auch Stuck nach dem Krieg, noch einmal zu Erfolgen zu kommen, was ihm auf der Ebene der Bergrennen auch gelang: Mit einem AFM 2 Liter Rennwagen konnte er noch zahlreiche Siege nach Hause bringen. Er wohnte in Grainau bei Garmisch, kam dann Mitte der Fünfzigerjahre mit BMW in Kontakt und fuhr mit dem Typ 507, später mit dem 700er-Coupé noch bei vielen Bergrennen mit. Er ist, diesen kleinen BMW noch immer meisterlich fahrend, 1961 Deutscher Bergmeister geworden, als er schon die 60 überschritten hatte: Rennfahrer, die im Training bleiben, erhalten ihre Reflexe und ihr fahrtechnisches Können eine erstaunlich lange Zeit, vorausgesetzt, dass sie sehr streng auf ihre Gesundheit achten und ein ständiges Konditionstraining betreiben.

Neben Stuck fuhren 1934 zwei Leute im Auto Union-Stall, die man zu den guten und zuverlässigen Privatfahrern zählen musste, die aber in den PS-starken Grand Prix-Wagen der damaligen Zeit keine Weltklassezeiten erreichten: August Momberger, beim Avusrennen 1934 Dritter, beim Großen Preis der Schweiz Zweiter, 1935 aber schon nicht mehr in der Mannschaft, und Prinz Hermann zu Leiningen, der in den Jahren vorher Bugatti gefahren war. Mit Stuck sich abwechselnd, wurde er im Großen Preis von Italien 1934 Zweiter, konnte sich aber mit dem großen Heckmotorwagen nie richtig anfreunden. Prinz Leiningen zog sich 1935 vom Sport zurück, er hat sich dann 1951, mit seinem Stiefsohn, dem Grafen Berckheim, zusammen, noch an zwei großen Rallyes beteiligt, auf einem Porsche 1300, bei denen er jedes Mal auf den ersten Platz kommen konnte. Prinz Leiningen, seit dem Krieg durch eine Kehlkopfoperation gehandicapt, lebt in Amorbach im Odenwald.

1935 gab es im Auto Union-Stall wieder einen Nachwuchsfahrer, der aus der Bugatti-Privatfahrerebene aufgestiegen war: den Schwarzwälder Paul Pietsch. Auch er fuhr nur ein Jahr in der deutschen Werksmannschaft, gab aber dann nicht auf, sondern besorgte sich einen 1,5 Liter Maserati Kompressor, kam in die Maserati-Mannschaft und erreichte 1939 beim Großen Preis von Deutschland mit dem 3 Liter Maserati, mit dem er zeitweilig sogar das ganze Grand Prix-Feld anführte, einen ausgezeichneten dritten Platz. Pietsch wurde 1950 und 1951 auf Veritas zweimal deutscher Meister (Sportwagen 1500 ccm und Formel 2) und wurde 1951 von Alfa Romeo zum Großen Preis von Deutschland in die Formel 1-Werksmannschaft geholt. Ein gefährlich aussehender Sturz mit der Alfetta, in der Kurve am Ende der Gegengeraden, bei dem aber Pietsch ohne Verletzungen davonkam, beendete dieses Nachkriegsdebüt des ersten Deutschen, der nach dem Krieg wieder in eine ausländische Rennmannschaft kam. Pietsch hat sich dann 1952 vom Sport zurückgezogen, um sich nur noch seiner verlegerischen Arbeit zu widmen.

Der Stern Rosemeyer ging 1935 auf. Mir scheint fast, niemals vorher und nie wieder nachher hat es im Grand Prix-Sport einen solchen meteorhaften Aufstieg gegeben. Die Rosemeyers hatten in Lingen eine große Motorradwerkstatt. Bernd lernte sehr früh Motorradfahren. 1931, als er knapp 22 Jahre alt war, begann er seine Sportkarriere mit lokalen Grasbahnrennen. 1932 brachte er auf einer NSU schon Siege in größeren Rennen nach Hause, darunter in einem deutschen Meisterschafts-

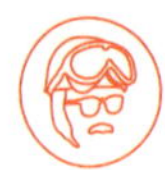

lauf. Im Jahr 1934 war er Werksfahrer bei der Auto Union und fuhr auf der 500er (wassergekühlten) Zweitakt-Zweizylinder DKW große Siege heraus. Als er den Auto Union Grand Prix-Wagen sah, wollte er nicht mehr beim Motorrad bleiben. Mit dem ganzen Elan seiner Jugend setzte er sich dafür ein, dass man ihn einmal den Rennwagen probieren ließ. Auf Anhieb wurde er mit dem 295 PS 16 Zylinder, dessen Heck so gerne ausbrach, fertig; man ließ ihn am 16. Juni 1935 beim Eifelrennen starten – und zwei Sekunden hinter Caracciola ging er als Zweiter durchs Ziel! Am Ende dieses ersten Rennjahres gewann er bereits ein Formel 1-Rennen auf dem Masarykring. 1936 wurde förmlich ein »Rosemeyer-Jahr«; er war auch der erste Fahrer, der am Nürburgring auf eine Rundenzeit von unter 10 Minuten kam, in der dritten Runde des Großen Preises von Deutschland 1936, den er vor Hans Stuck gewann.

Der jeweils schnellste Mann im Stall wurde damals zu den Rekordfahrten eingesetzt, die sowohl Daimler-Benz (immer mit Caracciola) als auch die Auto Union (1934 bis Anfang 1936 mit Stuck, dann mit Rosemeyer) alljährlich auf der Autobahn bei Darmstadt veranstalteten, mit dem Ziel, die Klassenrekorde über kurze Distanzen höher zu schrauben. Im Herbst fuhr Rosemeyer mit dem unverkleideten 545 PS Auto Union-Rennwagen (Motor 6,33 Liter Hubraum) über den stehenden Kilometer und die Meile mit stehendem Start absolute Weltrekorde, die mehr als 20 Jahre lang Gültigkeit hatten. Den Kilometer fuhr er in 19,08 Sekunden, was 188,7 km/h entspricht; am Ende der Messstrecke hatte der Wagen etwa 300 km/h erreicht. Mit einer Stromlinienkarosserie versehen, erreichte der Auto Union-Wagen damals, mit Rosemeyer am Lenkrad, 404 km/h: Zum ersten Mal wurde damit auf einer Straße die 400 km/h-Grenze überschritten.

Das war Ende Oktober 1937. Drei Monate später ging Daimler-Benz mit einem weiterentwickelten Rekordwagen auf das Autobahnstück Frankfurt–Darmstadt, das für diese Rekordversuche stets abgesperrt wurde, und auch die Auto Union meldete daraufhin Rekordversuche an. Man hatte dem Auto Union-Wagen inzwischen eine veränderte Karosserie geschneidert. Bisher waren (wie man das auch auf unserem Bild sieht) die Räder einzeln verkleidet; die Verbindungslinie zwischen Vorder- und Hinterrad bildete eine Mulde. Beim neuen Wagen zog sich zwischen den beiden Rädern eine glatte, horizontale Verkleidungslinie herüber, was wahrscheinlich den Wagen etwas stärker gegen Seitenwind empfindlich machte, ihm aber auch eine etwas höhere Spitzengeschwindigkeit verlieh. Rudolf Caracciola fuhr am frühen Morgen des 28. Januar mit dem Mercedes ein Mittel von 432 km/h – es müssen Kurzstreckenrekorde ja immer in zwei Richtungen und innerhalb von einer Stunde gefahren werden und die Rekordzahl, die nachher in die offiziellen Listen eingetragen wird, ist das Zeitmittel aus den beiden Fahrten.

Am späten Vormittag erschienen die Auto Union-Leute; Rosemeyer machte zunächst eine Probefahrt, fand, dass der Wagen ausgezeichnet lief und wahrscheinlich auf 440 km/h kommen werde. Dann startete er zum Rekordversuch. Als er, schon bei voller Geschwindigkeit und nach Passieren der ersten Messstelle, wo der »fliegende Kilometer« begann, unter einer Autobahnbrücke durchfuhr, erfasste ihn unmittelbar nach der Brücke ein starker Seitenwind, der den Wagen wie ein Stück Papier aus der Bahn hob. Das Fahrzeug war völlig zertrümmert, Rosemeyer sofort tot.

Er hatte im Juli 1936 geheiratet: die bekannte Fliegerin Elly Beinhorn und das junge Paar hatte 1937 einen Sohn bekommen, der ebenfalls Bernd genannt wurde. Frau Rosemeyer-Beinhorn lebt heute in Freiburg im Breisgau, Sohn Bernd hat Medizin studiert. Er fährt leidenschaftlich gerne Auto, man fand ihn bei Ausbildungskursen der Scuderia Hanseat am Nürburgring, er freundete sich mit dem Grafen Trips an, hat aber nie Wettbewerbe gefahren. Eine Zeit lang war er Mitarbeiter an den Testberichten der Bild-Zeitung.

Neben Rosemeyer wuchsen zwei weitere Nachwuchsfahrer zu »vollen« Grand Prix-Fahrern des Auto Union-Stalles heran: Ernst von Delius und Rudolf Hasse. Delius begann als 19-Jähriger mit einem kleinen BMW Typ Wartburg Rennen zu fahren. Vom Jahr 1933 an war er bei Bergrennen mit dem frisierten 750 ccm BMW einer der Schnellsten, 1935 gewann er dann mit einem 2 Liter BMW die Sportwagenwertung beim Eifelrennen. Nun holte man ihn für das Jahr 1936 zur Auto Union-Rennmannschaft, wo er gleich im ersten Jahr schöne Erfolge hatte: Mit nur zwei Sekunden Abstand wurde er beim Freiburger Bergrekord hinter Rosemeyer Zweiter, auch bei der Coppa Acerbo kam er auf einen zweiten Platz. Im Januar 1937 war die Auto Union-Mannschaft in Südafrika und Delius siegte im »Grosvenor Grand Prix« bei Kapstadt. Dann kam ein sehr guter zweiter Platz auf der Avus, anderthalb Sekunden hinter Hermann Lang, in jenem schnellsten Rennen, das je auf einer Straße gefahren wurde: 261,6 und 261,5 km/h Durchschnitt! (Damals

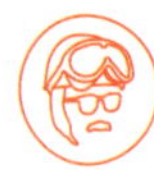

war die Avus noch 20 km lang, die steil überhöhte Nordkurve war gerade neu eröffnet worden.)

Und zwei Monate später berührten sich Seaman und Ernst von Delius bei einem Überholvorgang auf dem Nürburgring. Beide Wagen wurden aus der Bahn geschleudert, Seaman kam mit einem Nasenbeinbruch davon, Ernst von Delius erlag in der folgenden Nacht seinen Verletzungen. Rudolf Hasse kam nicht vom Rennfahren, sondern von den Langstreckenfahrten. Er war Mitglied der Adler-Werksmannschaft für Geländefahrten und Rallyes, wurde dann von Adler auch zu Langstreckenrennen im Sportwagen eingesetzt, war dabei schnell und kam ebenfalls 1936 zur Auto Union. Nachdem er 1937 auf der Avus Dritter geworden war, siegte er im Großen Preis von Belgien vor Stuck und Hermann Lang, der einen zusätzlichen Boxenstop einlegen musste. Rudolf Hasse kehrte aus dem Krieg nicht mehr zurück.

1939 war die Situation für die Auto Union schwierig. Rosemeyer und Delius waren tot, Stuck schien nicht mehr ganz schnell zu sein, auch Hasse war eher ein »Steher« als ein Sprintertyp. Man hatte aber noch H. P. (was Hermann Paul heißt, aber niemand sprach die Vornamen aus, alle sagten H. P.) Müller in Reserve, der 1936 deutscher Motorradmeister der 500er-Klasse auf DKW gewesen war und den man 1937 schon zum Grand Prix-Sport geführt hatte. Er machte dort keine schlechte Figur und wurde zum Beispiel bei der Coppa Acerbo in Pescara Dritter. Aber 1938 stürzte er im Großen Preis von Frankreich schwer. Dafür gewann er 1939 den (allerdings schwach besetzten) Großen Preis von Frankreich in Reims und kam auf dem Nürburgring hinter Caracciola zu einem viel beachteten zweiten Platz.

H. P. Müller ging nach dem Krieg wieder zum Motorrad über. Meist fuhr er eine 250 ccm Ladepumpen-DKW. Er wurde 1947 und 1948 deutscher Meister, ging dann auf die 125er-Klasse über und war 1950 und 1951 auch der Meister dieser Klasse. 1953 fuhr er ein Jahr lang die 350er-Horex, dann kam er 1954 zu NSU und konnte in der 350er-Klasse noch einmal einen deutschen Meistertitel nach Hause bringen. Im folgenden Jahr gelang es ihm, mit der 250er-NSU sogar Weltmeister zu werden, im Alter von fast 46 Jahren (er ist am 21.11.1909 geboren) – das ist für einen Motorradfahrer eine großartige Energieleistung.

Vom Motorrad kam auch – und zum Motorrad ging nachher auch wieder, es ist eine verblüffende Parallele – Georg (»Schorsch«) Meier, Jahrgang 1910, Europameister bei den 500 ccm Solomaschinen (auf

BMW) 1938, TT-Sieger 1939. In diesem letzten Vorkriegsjahr probierte ihn die Auto Union auch als Grand Prix-Fahrer aus und er wurde in jenem Großen Preis von Frankreich Zweiter. Er war indessen auf dem Rennwagen vergleichsweise nicht so schnell wie auf dem Motorrad, er gibt ganz offen zu, dass Nürburgringrunden unter 10:10 ihm eher unheimlich waren. Nach dem Krieg sah man ihn gelegentlich auf einem 2 Liter Veritas bei deutschen Rennen, aber das war nur ein Intermezzo: Er blieb mehr auf dem Motorrad zuhause und fuhr die berühmte Kompressor-BMW vier Jahre hintereinander (1947 bis 1950) zur Deutschen Meisterschaft. Georg Meier besitzt heute in München eine große BMW-Vertretung.

Kurz vor dem Krieg kam auch Ulli Bigalke bei der Auto Union zu Grand Prix-Einsätzen. Beim Eifelrennen wurde dieser Nachwuchsfahrer, der 1934 mit einem kleinen Fiat-Sportwagen bei der »2000 km-Fahrt durch Deutschland« eine hervorragende Leistung gezeigt hatte, Sechster. Daimler-Benz war um diese Zeit – von 1938 an – dem Auto Union-Stall fahrerisch eindeutig überlegen: Caracciola, Lang und von Brauchitsch hätten sicherlich alle Rennen gewonnen, wenn nicht bei der Auto Union der unverwüstliche und unerhört schnelle Tazio Nuvolari aus Mantua gefahren wäre, der zum Beispiel 1938 den Großen Preis von Italien und das Doningtonparkrennen mit dem 3 Liter Auto Union gewinnen konnte. Nuvolari war damals schon 46 Jahre alt und er ist der einzige Fahrer, der noch als 54-Jähriger in Formel 1-Rennen siegte (1946 auf Maserati im Großen Preis von Albi, 1947 mit einem Ferrari in Parma) – eine ganz singuläre Erscheinung!

Und nach dem Krieg? Da hat es in Deutschland nur drei Fahrer gegeben, die im Formel 1-Sport wenigstens eine Zeit lang eine Rolle spielten: Karl Kling, Hans Herrmann und Graf Trips. Jeder auf ganz andere Weise. Karl Kling, Jahrgang 1910, fuhr vor dem Krieg schon bei Daimler-Benz. Aber nicht im Grand Prix-Wagen, sondern in der Sportwagen-Mannschaft, die zu den großen, damals viel beachteten Geländefahrten geschickt wurde, zur Ostpreußenfahrt, zur Brandenburgischen Geländefahrt, zur Winterfahrt, zur Dreitage-Harzfahrt. Schon 1946 begann er indessen, Rundstreckenrennen zu fahren. Er bekam für das erste Hockenheim-Rennen 1947 die BMW Stromlinienlimousine in die Hand, mit der das Münchener Werk 1940 die Mille Miglia gewinnen konnte. Dieser erste Sieg in Hockenheim, mit dem ungewöhnlichen Auto, machte ihn schnell bekannt. In den folgenden Jahren fuhr er mit

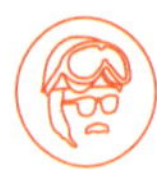

einem 2 Liter Veritas bei fast allen deutschen Sportwagenrennen mit. 1948 und 1949 war er Meister der 2 Liter-Klasse.

Als nun Daimler-Benz seine ersten Nachkriegsschritte im Autosport unternahm und drei Wagen zu den argentinischen Rennen im Januar 1951 schickte, bekam Karl Kling neben Fangio und Lang einen davon zugeteilt. Damals war allerdings Gonzalez auf Ferrari auch von den Mercedes Kompressor-Wagen nicht zu schlagen, immerhin kam Kling beim zweiten Rennen auf den zweiten Platz. Als 1952 das Untertürkheimer Werk mit dem 300 SL Rennen bestritt, erwies sich Kling als der schnellste Mann. In der Mille Miglia konnte er zwar Bracco mit dem 3 Liter Ferrari den ersten Platz nicht abnehmen, aber er siegte im Preis von Bern und in der Carrera Panamericana in Mexiko. Dieser mexikanische Sieg brachte ihm viel Popularität. 1953 wurde er von Daimler-Benz freigegeben und fuhr einige Rennen mit einem 3,5 Liter Alfa-Sportwagen, kam allerdings nicht zu zählbaren Erfolgen. Als Daimler-Benz 1954 sein neues Grand Prix-Team zusammenstellte, wurde er Nummer zwei hinter Fangio. Beim ersten Start in Reims ging er auch unmittelbar hinter Fangio durchs Ziel, am Nürburgring wurde er, mit einer schnellsten Runde, aber auch mit einem Boxenstop wegen defekter Hinterachse, Vierter hinter Fangio, Gonzalez und Trintignant. In der Schweiz fiel er mit einem Maschinenschaden aus, in Monza durch Sturz, in Spanien wurde er Fünfter (da wurde auch Fangio nur Dritter, weil die Mercedes nicht optimal liefen). Am Ende vom Jahr hatte er 12 Punkte in der Weltmeisterschaft und lag damit an fünfter Stelle. Endlich wieder ein Deutscher mit dabei, sagte man.

Das folgende Jahr freilich ließ sich nicht mehr so gut für ihn an. Er kam bei der Mille Miglia und in Zandvoort von der Bahn ab, erreichte aber dann beim Großen Preis von England einen guten dritten Platz. Gegen die ganz großen Asse, gegen einen Fangio und einen Moss, die ja damals beide im Mercedes-Stall fuhren, kam er natürlich nicht auf: Es ist ja ohnehin eine ganz erstaunliche Sache, dass dieser Karl Kling so spät noch eine Formel 1-Karriere durchsetzte. Als er sich vor dem argentinischen Rennen zum ersten Mal in einen wirklich schnellen Wagen setzte, in den Mercedes Kompressor, war er nämlich schon 40 Jahre alt! Die Zähigkeit, mit der er es geschafft hat, das, was ihm vor dem Krieg schon als Ziel vor Augen stand, doch noch zu erreichen, ist bewundernswert.

Karl Kling leitete dann die Sportabteilung von Daimler-Benz. Für dieses erste Grand Prix-Jahr von Daimler-Benz hatte Mercedes-Rennleiter Alfred Neubauer nach einer sorgfältigen Nachwuchssiebung den jungen Stuttgarter Konditormeister Hans Herrmann als Nachwuchsfahrer in die Rennabteilung genommen, jenen Hans Herrmann, der in den Jahren 1952 und 1953 auf 1500 ccm Porsche einige schöne Erfolge erzielt hatte, darunter den Klassensieg in Le Mans. Herrmann fuhr beim Großen Preis von Frankreich (bei dem er dann wegen Maschinenschaden ausfiel) die schnellste Runde, wurde in der Schweiz hinter Fangio und Gonzalez Dritter, in Monza Vierter und hatte am Ende der Saison 8 Punkte und den sechsten Platz in der Fahrerweltmeisterschaft gewonnen. Er hatte zwar nicht alle Hoffnungen erfüllt, aber man muss dem Übereifer mancher Reporter, die in jedem Nachwuchsfahrer immer gleich einen Rosemeyer sehen wollen, stets mit einer gewissen Skepsis begegnen. Am Ende des Jahres 1954 konnte man sagen: Grand Prix-Nachwuchs, der zu gewissen Hoffnungen berechtigt. 1955 wird man ja sehen ...

Das erste Rennen 1955 war für ihn die Mille Miglia. Er fuhr sie bis Florenz – dreiviertel der Strecke also – fast so schnell wie Moss und war dabei mit dem Material sehr schonend umgegangen. Es müsste ein sicherer zweiter Platz werden ... aber nach dem Tankstop war der Tankverschluss nicht fest genug verschraubt worden, er ging auf, das Benzin begann Hans Herrmann und seinem Beifahrer auf den Rücken zu spritzen, es war unmöglich, so weiterzufahren, und auch unmöglich, die große Tanköffnung zuzustopfen, er musste aufgeben. Das nächste Ereignis hieß: Großer Preis von Monte Carlo. Mercedes mit Fangio, Moss und Herrmann (Kling war von seinem Mille Miglia-Unfall noch nicht wiederhergestellt). Im Training rutschte Herrmann oben in der Kurve am Hotel de Paris aus der Bahn und in eine Steinmauer. Er war schwer verletzt, es dauerte Monate, bis er wieder fahren konnte. Und dann war die Rennsaison nicht nur vorbei, sondern Daimler-Benz hatte sich entschlossen, vom großen Sport wieder zurückzutreten. Hans Herrmann kam also wieder zu Porsche zurück, aber so schön hier seine Erfolge auch sein mochten: Es waren Erfolge mit einem 1500 ccm-Sportwagen (er gewann zum Beispiel auf dem Nürburgring vor Moss und Salvadori), aber keine Siege oder vorderen Plätze in einem Grand Prix. Niemand bezweifelte, dass er mit den kleinen Sportwagen sehr schnell war, alle bescheinigten ihm, dass er sehr materialschonend fuhr und dass er ein fairer Sportsmann war, aber niemand gab ihm eine Chance in einem

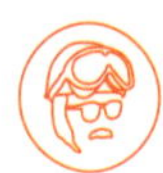

Grand Prix-Team. 1957 sah man ihn bei Borgward. Das Bremer Werk beschickte die Bergrennen, die zur Europabergmeisterschaft zählten, und Hans Herrmann wurde (hinter dem Schweizer Daetwyler mit dem maschinell zweifellos überlegenen 2 Liter Maserati) Zweiter in dieser Meisterschaft. Auch 1958 fuhr er für Borgward, 1959 kam er wieder zu Porsche. Zweimal gelang es ihm, in großen Sportwagenrennen mit dem 1700 ccm Porsche Spyder das Gesamtklassement zu gewinnen: 1960 siegte er mit Gendebien zusammen in Sebring und mit Bonnier zusammen in der Targa Florio. Kann man mehr verlangen?

Als Porsche sich mit dem 1500 ccm-Rennwagen in die Formel 1 wagte, mit dem 4 Zylinder noch, 1961, bekam allerdings Hans Herrmann vom Zuffenhausener Werk kaum noch die Chance, bei großen Rennen mitzufahren. Porsche wollte ganz sichergehen und engagierte zwei Weltklasseleute mit Formel 1-Erfahrung, Bonnier und Gurney. Und da bei den meisten Rennen nur zwei Wagen eingesetzt wurden, bekam Herrmann keinen. Das ist eigentlich eine traurige Story, denn wenn heute ein Rennfahrer nicht ständig im Training bleibt und alle vierzehn Tage ein großes Rennen fährt, kann man nicht von ihm verlangen, dass er in der Spitzengruppe zu finden ist. Mit dem 8 Zylinder Porsche des Jahres 1962 ist dann Hans Herrmann überhaupt nicht mehr gefahren. Er löste sich daraufhin ganz von Porsche und fuhr für Abarth. Aber eben auch »nur« Sportwagen, Prototypen und GT-Fahrzeuge. 1966 kam er zu Porsche zurück. Um den Carrera 6 zu fahren. Den 2 Liter-Sportwagen. Warum ist der Hans, der 1954 im Mercedes-Team so gute Ansätze zeigte, später nie mehr bis ganz oben hinaufgeklettert, zur Formel 1? Ich habe schon viele Erklärungen gehört: Mit Weltklasse-Maßstäben sei er eben doch nicht schnell genug, außer vielleicht auf dem Nürburgring. Und außerdem sei er einfach zu träge, bringe keine Initiative mit. Wenn ihm nicht ein Rennvertrag wie eine gebratene Taube ins Maul fliege, rühre er sich nicht. Und überhaupt fahre er nur dann schnell, wenn die Strecke vor ihm frei sei, so wie damals in der Mille Miglia; im Rudel setze er sich nicht durch. Und zu wenig Praxis habe er jetzt auch. Geboren ist er am 23. Februar 1928 – ob er dann nicht schon ein bisschen alt sei, um wieder neu in der Formel 1 anzufangen? Müßige Fragen …

Als Porsche in den letzten Jahren Sportwagen auf die Bahn brachte – den 2,2 Liter, dann den 3 Liter 8 Zylinder und schließlich den 4,5 Liter 12 Zylinder –, Fahrzeuge, die fast die Fahrleistung eines Grand Prix-Wagens haben, war Hans Herrmann nicht nur dabei, sondern spielte in der Werksmannschaft eine vor allem deshalb so erfreuliche Rolle, weil er nie langsam fuhr, aber stets mit dem geringsten Materialverschleiß, der möglich war, ans Ziel kam und die Paarung Siffert/Herrmann war für Langstreckenrennen eine Zeit lang hoch geschätzt.

Wie stand es mit Gerhard Mitter?

Als er mit einem BMW Formel 2-Rennwagen am 1. August 1969 für den Großen Preis von Deutschland auf dem Nürburgring trainierte und durch einen Materialdefekt auf einem geraden Streckenstück am »Schwedenkreuz« von der Bahn abkam und bei diesem Unfall tödlich verletzt wurde, war er noch nicht 34 Jahre alt.

Niemand bezweifelte, dass er mit den kleinen Sportwagen sehr schnell war, alle bescheinigten ihm, dass er sehr materialschonend fuhr und dass er ein fairer Sportsmann war, aber niemand gab ihm eine Chance in einem Grand Prix-Team.

Er hatte eine glanzvolle Sportwagenkarriere hinter sich und war auch als Techniker hochgeschätzt. 1959/60, nach einigen Jahren auf dem Motorrad, hatte er sein Debüt in der Formel Junior gegeben: mit einer in der eigenen Auto Union-Werkstatt entwickelten Konstruktion, die auch internationale Beachtung fand.

1963 startete er zum ersten Mal in einem Formel 1-Rennen: Mit dem damals völlig »untermotorisierten« 4 Zylinder Porsche-Rennwagen, den er sich privat vom Grafen Beaufort geliehen hatte, kam er, begünstigt durch den Ausfall zahlreicher Spitzenfahrer, auf einen hervorragenden 4. Platz.

Von 1964 an fuhr er in der Sportwagenwerksmannschaft von Porsche, und dass er dreimal hintereinander (1966, 1967, 1968) die damals heiß umkämpfte Europa-Bergmeisterschaft gewinnen konnte, ist eine deutliche Aussage für seine Qualitäten gewesen. Im Frühjahr 1969 hatte er

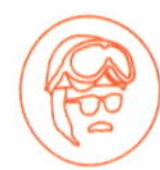

mit Udo Schütz zusammen im Porsche 908 das Gesamtklassement der Targa Florio gewonnen.

Bei BMW war er mehrfach Formel 2-Einsätze gefahren und nun hatte er den großen Sprung wagen wollen: zu einem privaten Formel 1-Rennwagen. Die Verhandlungen in England standen vor dem Abschluss, es gab schon »Sponsors« und Zubehörverträge ... dann kam dieses tragische Ende.

Was Herrmann 1956 nicht schaffte, das gelang scheinbar mühelos dem Grafen Trips. Er hatte sich seine ersten Sporen auf einem privaten Porsche verdient, wurde daraufhin von Daimler-Benz zu zwei großen Rennen ins Ausland geschickt: Mit einem 300 SL fuhr er 1955 in Schweden, mit dem großen 300 SLR-Sportwagen kam er in der Mercedes-Mannschaft nach Irland zur Tourist Trophy, wo er mit dem Amerikaner John Fitch zusammen Dritter wurde (hinter Moss/Simon und Fangio/Kling). Nun standen die beiden deutschen Fahrer der gleichen Situation gegenüber: keine Werkseinsätze mehr bei Mercedes, die Tore zum Sportwagen bei Porsche aber für beide weit offen. Sie gingen beide hinein, Trips aber gleich mit dem Gedanken, dies als Sprungbrett zu benutzen; er sprach mit den Ferrari-Leuten, er durfte einige Proberunden fahren und beim Großen Preis von Schweden, der im August 1956 als 1000 km-Rennen ausgetragen wurde, saß er bereits, mit Peter Collins gepaart, in einem Ferrari-Sportwagen. Im Januar 1957 fuhr er in Argentinien beim Großen Preis bereits einen Formel 1-Ferrari, wenn er auch vorerst noch als »Ersatzfahrer« eingeteilt war.

Wir wollen hier nicht die einzelnen Schritte seiner Karriere beleuchten, die dann am Ende, 1961, zu den Siegen im Großen Preis von Holland und im Großen Preis von England führten und zu einer Punktzahl, die nur noch geringe Zweifel daran ließ, dass er den Weltmeistertitel nach Hause bringen werde. Trips hatte, als in Monza sein tragisches Ende kam, über seine Laufbahn schon viel geschrieben, was ein Verlag veröffentlichen wollte, wenn er als Weltmeister nach Deutschland zurückkehren würde. Mit Ergänzungen und Kommentaren von Dr. Harster sind diese Trips-Memoiren inzwischen erschienen. Außerdem gibt es ein Fotobuch über den Grafen Trips, von Julius Weitmann zusammengestellt. Für den Motor-Presse-Verlag hat der Verfasser ein Essay über den Grafen geschrieben, das, mit großformatigen Bildern von Weitmann versehen, als nummerierte Liebhaberausgabe erschienen (und längst vergriffen) ist: Man sieht daraus, welche Resonanz das

Leben jenes Mannes fand, der als einziger Deutscher nach dem Krieg bis in die Spitze der Grand Prix-Pyramide aufsteigen konnte.

Für die »Motor Revue« hat Wolfgang von Trips im Herbst 1957 einmal einige Gedanken niedergelegt, die seine Einstellung zu unserem Sport am besten kennzeichnen. Er gab selbst die Überschrift »Vom Glück des schnellen Fahrens« – denn das schnelle Fahren brachte ihm (und bringt allen großen Fahrern) eine Art von Glücksgefühl –, wobei das Wort Glück hier einen ganz anderen Klang bekommt, nicht den süßlichen des Filmhappyends, sondern einen, der mich an die Formulierung von André Gide erinnert, der einmal sagte, »dass das Glück des Menschen nicht in der Freiheit besteht, sondern in der Hingabe an eine Pflicht« und dass erst die Erfüllung einer gefahrvollen Aufgabe uns Beruhigung und Glück verheißt, weil der Mensch sich doch wohl unterzuordnen habe »irgendeinem Etwas, das Macht über ihn hat und von ihm lebt«.

Geben wir also am Schluss dieses deutschen Kapitels dem Grafen Trips noch einmal das Wort:

»So merkwürdig es ist: Die Technik hat uns Menschen einsamer gemacht. Sie ermöglicht uns wohl vieles, was es früher nicht gab, und darum imponiert sie uns. Wir haben sie in unser Leben aufgenommen, aber nicht eingeordnet. Alle Prozesse, die vorher auf die Menschheit einwirkten, dauerten Jahrhunderte, geistige und auch technische Epochen gingen fast unmerklich ineinander über. Und doch war alles, was sich früher zumindest an technischen Erkenntnissen und Entwicklungen ereignete, geringfügig gegenüber der Umwälzung, die unser Jahrhundert erlebte. Wie sollten wir uns darauf in wenigen Jahren einstellen können? Wir sind im Grunde doch die gleichen geblieben und waren vielleicht nicht recht darauf vorbereitet, mit dieser Umwälzung fertigzuwerden. Möglich ist es aber trotzdem und auch notwendig, wenn wir nicht unterliegen wollen. Und eigentlich ist es mehr als sinnlos, dem Neuen gegenüber die Augen zu verschließen, denn es vermittelt uns nicht nur neue Möglichkeiten, unser Leben zu gestalten, sondern auch neue Gefühle des Glücks und der Lebensfreude.

José Ortega y Gasset hat einmal gesagt, der Mensch müsse zu seinem Leben mehr als das haben, was zur Erhaltung seiner Existenz notwendig ist. Er brauche den Überfluss, das gesteigerte Glücksgefühl, um sich voll entfalten zu können. Unser Jahrhundert hat uns neue Möglichkeiten gegeben, ein solches Glücksgefühl zu empfinden:

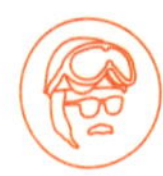

Zu ihnen gehört das Fliegen und eben auch das schnelle Fahren. Wir dürfen nur, um diese Glücksgefühle richtig zu verstehen und zu werten, sie nicht mit andern vergleichen oder gar verwechseln. Wenn wir auf einer schnellen Straße durch eine schöne Landschaft fahren, sehen wir sie freilich anders, als wenn wir Schritt für Schritt am Waldrand entlanggehen. Aber wir sehen sie trotzdem, wir müssen eben nur lernen, zwischen dem einen und dem andern einen Unterschied zu machen.

Das zu lernen, ist eine Notwendigkeit. Wenn man heute so oft sagen hört, unsere Gefühlswelt sei ärmer geworden, dann kann das doch wohl nur daran liegen, dass wir all das Neue als Hindernis betrachten, so zu denken und zu fühlen, wie wir es immer getan haben. Es kommt darauf an, dieses Neue mit offenen Armen aufzunehmen und mit unserm Geist zu durchdringen. Die gewaltigen Kräfte, die Millionen Pferdestärken, die ständig um uns am Werk sind, dürfen kein Leben für sich führen. Wir müssen sie anpacken und mit ihnen fertigwerden. Nur wer bejahend in diese Welt hineinwächst, kann glücklich in ihr leben. Wer alles Neue als eine Bedrohung ansieht, wird keinen Anteil an den schönen und reichen Erlebnissen haben, die auf ihn warten. Es gehört heute Mut zum Leben. Dieser Mut gehört gewiss auch zum schnellen Fahren.

Es ist Kampf und Bewährung, einen schnellen Wagen zu fahren, Herr zu sein über die Kraft des Motors, sie im Zusammenspiel mit Lenkung, Fahrwerk und Bremsen bis zur Grenze des Möglichen auszunutzen. Es ist ein wirkliches Glücksgefühl, mit einem Wunderwerk der Technik umzugehen, das bedingungslos alles tut, was wir verlangen. Wenn wir so fahren können, dass wir jede Reaktion genau vorausbestimmen können, die durch eine Bewegung in der Lenkung, im Gaspedal oder in den Bremsen entsteht, dann haben wir die Technik besiegt. Dann kommt die Bewährung des Menschen. Es kommt auf uns an, auf unsere Verantwortung, auf unser Wagnis und auf unser Können. Es ist des Menschen nicht würdig, die Entscheidung dem Objekt zu überlassen, sich ihm blindlings anzuvertrauen. Das Glückhafte liegt in der Beherrschung. Es ist nicht der Rausch der Geschwindigkeit, der uns glücklich macht, sondern die Tatsache, dass wir mit ihr fertigwerden,

Wolfgang Graf Berghe von Trips, für RvF der Weltklassefahrer schlechthin.

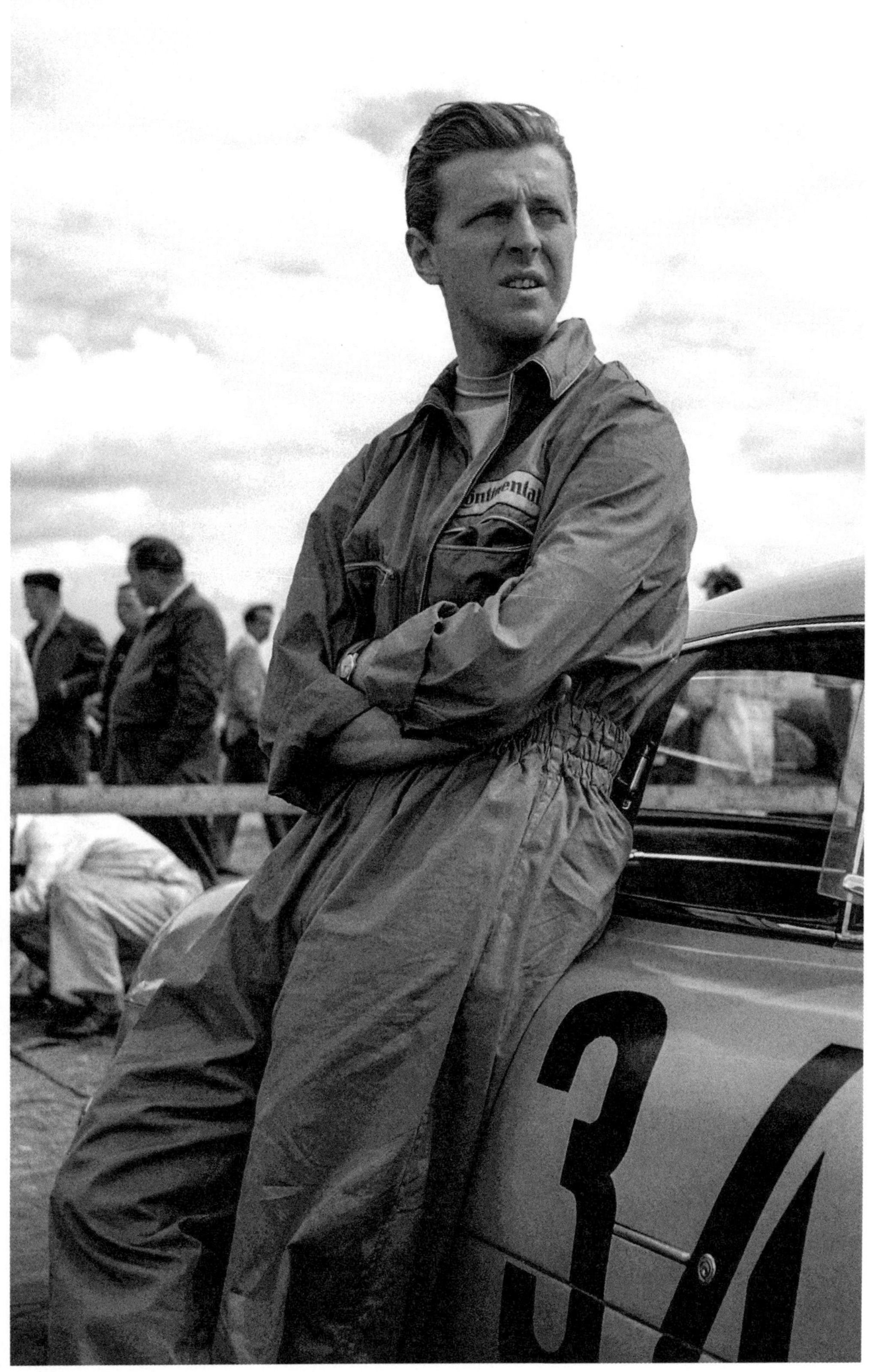

dass wir uns bei 120 oder bei 180 zu Hause fühlen. Sicherlich verbinden auch wir mit der Geschwindigkeit eine Vorstellung der Gefahr. Aber das Gefühl der Zuversicht, den Dingen gewachsen zu sein, die da kommen können, lässt keine Beunruhigung in uns aufkommen. Wir können von uns sagen, dass wir mutig sind, denn mutig sein müssen wir, wenn wir sicher fahren wollen. Nur der mutige Fahrer wird im kritischen Moment das Herz haben, das Richtige zu tun und es schnell zu tun.

Mut, Lust zum Kampf, Wille zur Bewährung und die Freude des Sieges: Alles das sind Tugenden, die so alt sind wie die Menschheit selbst. In zahllosen Kriegen missbraucht, haben sie an Farbe verloren und sind für die Menschen fast eins geworden mit Gewalt und Zerstörung. Das ändert aber nichts daran, dass wir diese Kräfte noch haben, die einst den Ritter in die Ferne zogen, den Wikinger auf See und den Bauernbursch aufs bäumende Pferd. Wo aber finden wir sie heute stärker und unserer Zeit und ihren Forderungen angemessener als hinter dem Lenkrad eines schnellen Wagens? Das Rennfahren birgt alles in

Die tiefe innere Ruhe nach der Aufregung vor dem Start gibt überhaupt erst die Möglichkeit, in Körper und Geist alles für die große Aufgabe freizumachen, die das Rennen bedeutet.

sich, was in diesen Begriffen enthalten ist, bei ihm ist der Kampf nicht zur Vernichtung des Gegners da, sondern zum Messen und Schulen der Kräfte aneinander. Zur Beherrschung des Wagens und der eigenen Sinne, zur Zügelung eines Mutes, dem 200 PS als Werkzeug zur Verfügung stehen und zur Überwindung einer Angst, die von 250 km/h beflügelt wird, kommt der Wunsch und der Wille, besser und schneller zu sein als der andere, ihn durch größeren Einsatz und geübteres Können zu schlagen.

Das Furioso eines Grand Prix-Startes lässt manchen Zuschauer daran zweifeln, ob es noch Menschen sind, die dort in donnernden Ungetümen davonschießen. Aber jeder, der dabei einmal hinter dem Lenkrad gesessen hat, weiß, wie sehr er gerade in diesem Augenblick Mensch ist, wie ungeheuerlich sein Inneres angespannt ist. Alles, was man empfinden kann, ist freilich ins Überdimensionale gesteigert, sogar die Ruhe.

Die tiefe innere Ruhe nach der Aufregung vor dem Start gibt überhaupt erst die Möglichkeit, in Körper und Geist alles für die große Aufgabe freizumachen, die das Rennen bedeutet.

Die Auseinandersetzung Rad an Rad erfordert ein hohes Maß von Verantwortungsgefühl dem Gegner gegenüber. Man bedrängt ihn und hat dabei sein Leben ebenso in der Hand wie das eigene und man wird nie einen Schritt weitergehen, als man sich und dem Gegner zutraut. Wohl selten sind sich zwei im Wettstreit Kämpfende so nahe wie zwei Rennfahrer, die mit 200 km/h nebeneinander auf eine Kurve zuschießen, fiebernd darauf wartend, dass der Gegner zuerst das Gas wegnehmen möge.

Ich habe einmal Fangio nach einem seiner größten Siege erlebt. Er hatte gerade den Siegerkranz und den Jubel der Zuschauer entgegengenommen und wollte fortgehen, als nach der italienischen Nationalhymne auch die argentinische zu seinen Ehren erklang. Zufällig blieb er genau mir gegenüberstehen, Hunderte umstanden ihn und vor ihm war ein kleiner Kreis offengeblieben. Keiner sprach ein Wort. Fangio blickte zu Boden, und die Muskeln seines schweißnassen Gesichtes zuckten. In dem kleinen freien Raum vor ihm war die ganze Atmosphäre eines großen Rennens so gefangen, dass man sie greifen konnte. Alles schaute auf den Meister und ich glaube, dass jeder das Gefühl eines ganz besonderen Augenblicks hatte. Was von ihm ausging, der noch schwer atmend von der hinter ihm liegenden Anstrengung vor uns stand, ergriff uns alle. Hier stand ein Mensch, der das Glück des schnellen Fahrens empfunden hat, vielleicht im höchsten Maße, wie es einem Menschen überhaupt gegeben werden kann.«

◆

Dreifacher Klassensieg!

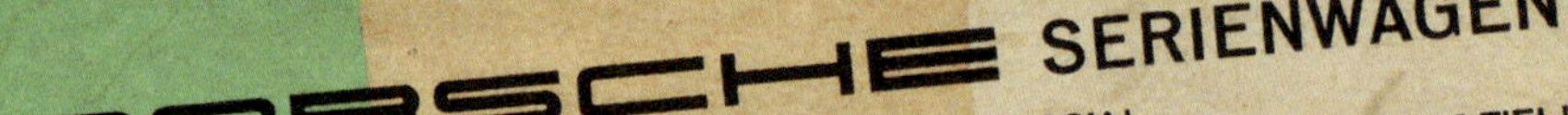

WIE IN DEN JAHREN 1952, 1953 AUCH 1954 SIEGER IN BRESCIA!

14 AM START - 11 IM ZIEL!

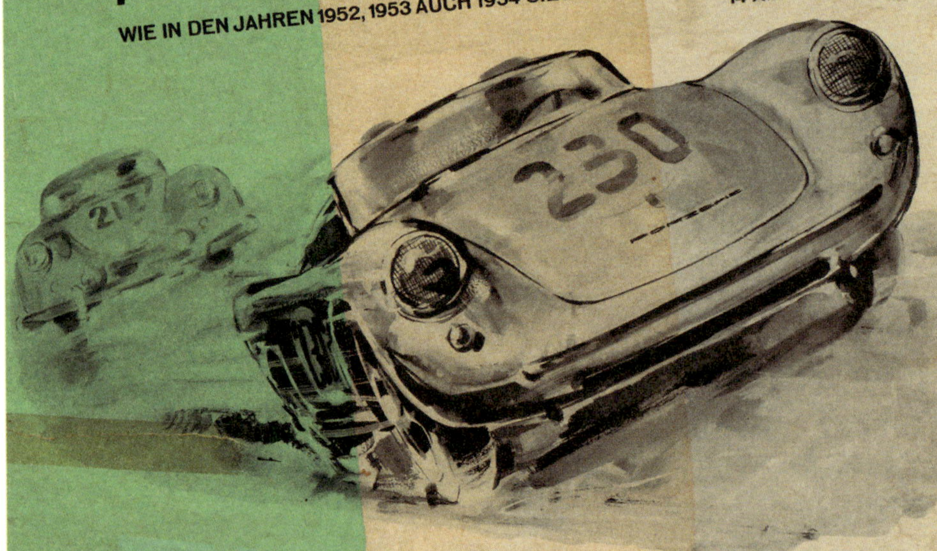

Rennsportwagen bis 1500 ccm:	**1. Herrmann / Linge** 2. Cabianca auf Osca
Gran Turismo: Serienwagen bis 1300 ccm:	1. Hampel / Graf Trips 2. Nathan / Glöckler 3. Milesi / Dinca
Serienwagen bis 1600 ccm:	1. v. Frankenberg / Sautter 2. Friedrichs / Graf Einsiedel 3. Conconi / Kestenholz

PORSCHE **Rennsportwagen 1500 ccm**

konnte sich als 6ter im Gesamtklassement im Feld der GROSSEN placieren!

PRINZ LEOPOLD »POLDI« VON BAYERN

16 Initialzündung – Mein Weg in den Motorsport

Wie kommt man eigentlich zum Motorsport? Es sind die ersten Eindrücke, die Faszination für Rennen, es sind die Fahrer, die einen beeindrucken, und natürlich ist es die Liebe zu Autos, die uns prägen und zu Rennfahrern in spe machen.

Ich bin in der Nähe von Freiburg im Breisgau geboren und ich sammelte die ersten spektakulären Eindrücke – damals noch als junger Mensch ohne Führerschein – bei den legendären ADAC-Schauinsland-Rennen. Diese Strecke von Horben zur Passhöhe Schauinsland verwendete man in früheren Jahrhunderten zur Holzabfuhr und das spürte man: Es war die wohl spannendste, auf jeden Fall längste und kurvenreichste Bergstrecke in Deutschland und eine der beliebtesten für Bergrennen überhaupt. Auf zwölf Kilometer nimmt man 780 Höhenmeter. Von 1925 bis 1984 trug man die Schauinsland-Rennen aus und heute freuen sich noch viele Oldtimer- und Motorsportfans auf die klassischen Rallyes, die dort immer noch stattfinden.

Diese Rennen sind mir mindestens so gut in Erinnerung geblieben wie die allerfrühesten Gehversuche mit dem Autofahren: Ich saß schon mit fünf Jahren auf dem Schoß unseres Chauffeurs und durfte einen VW Käfer lenken. Mit 12 Jahren versuchte ich dann, ihn zu überreden, mir den Autoschlüssel ganz zu überlassen, um meine erste Solorunde

Diese Rennen sind mir mindestens so gut in Erinnerung geblieben wie die allerfrühesten Gehversuche mit dem Autofahren: Ich saß schon mit fünf Jahren auf dem Schoß unseres Chauffeurs und durfte einen VW Käfer lenken.

durch den Schlosspark von Umkirch bestreiten zu können. Ich wusste, dass es nicht leicht werden würde, aber er war ein sehr starker Raucher und ich habe ihm eine ganze Handvoll Zigaretten besorgt, die ich auf dem Tisch meiner Großeltern in einem Silberbecher fand. Es hatte gewirkt: Er gab mir die Schlüssel, aber ich durfte niemanden davon erzählen. Heute, über 60 Jahre später, fühle ich mich nicht mehr wirklich an dieses Versprechen gebunden … Es war damals für mich ein ganz großer Moment, alleine den Käfer – nicht nur im Schneckentempo – zu fahren. Damals beschloss ich wohl, Rennfahrer zu werden.

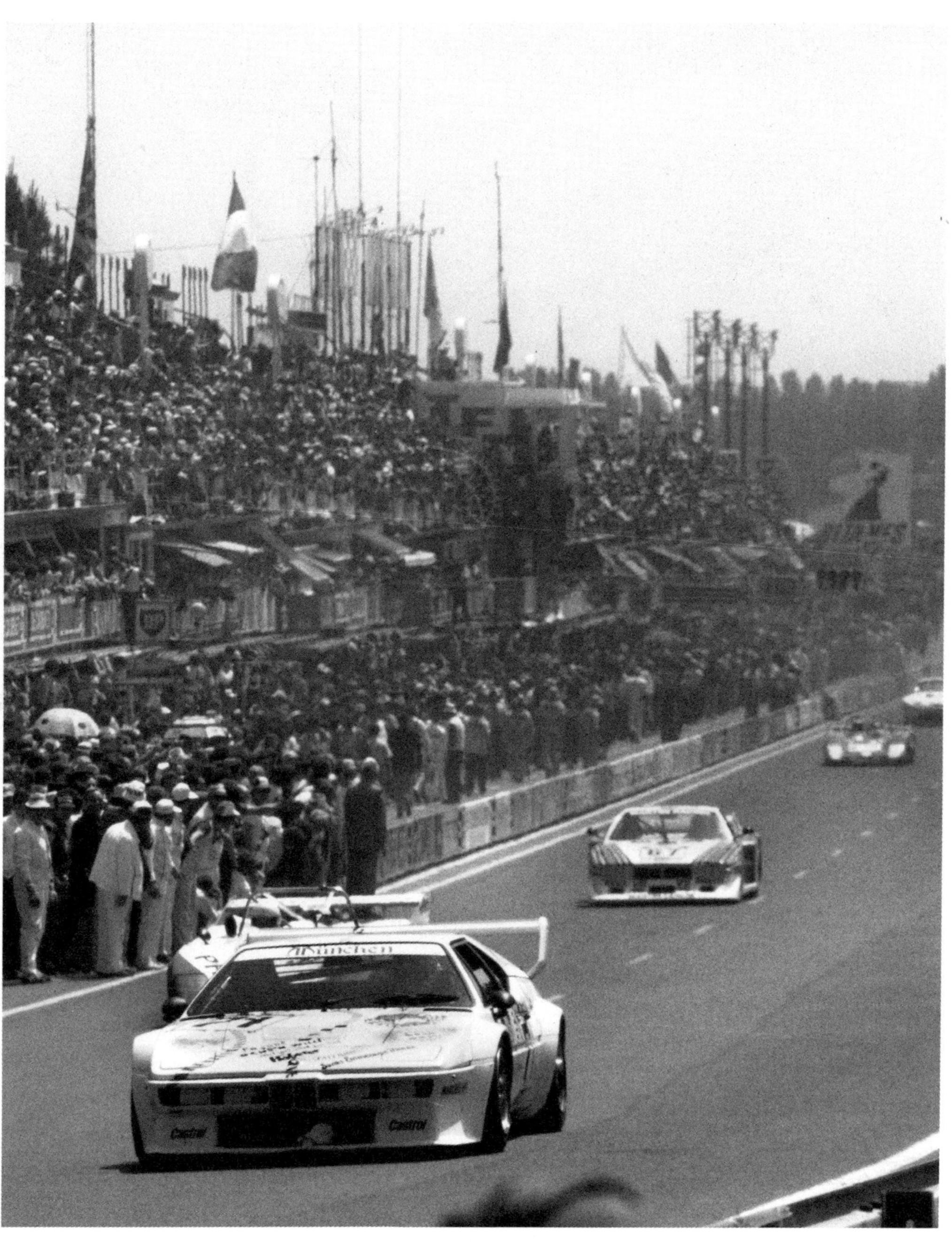

Le Mans 1981: Das „Wirtshaus-Auto“ vom Team Dr. Helmut Marko.

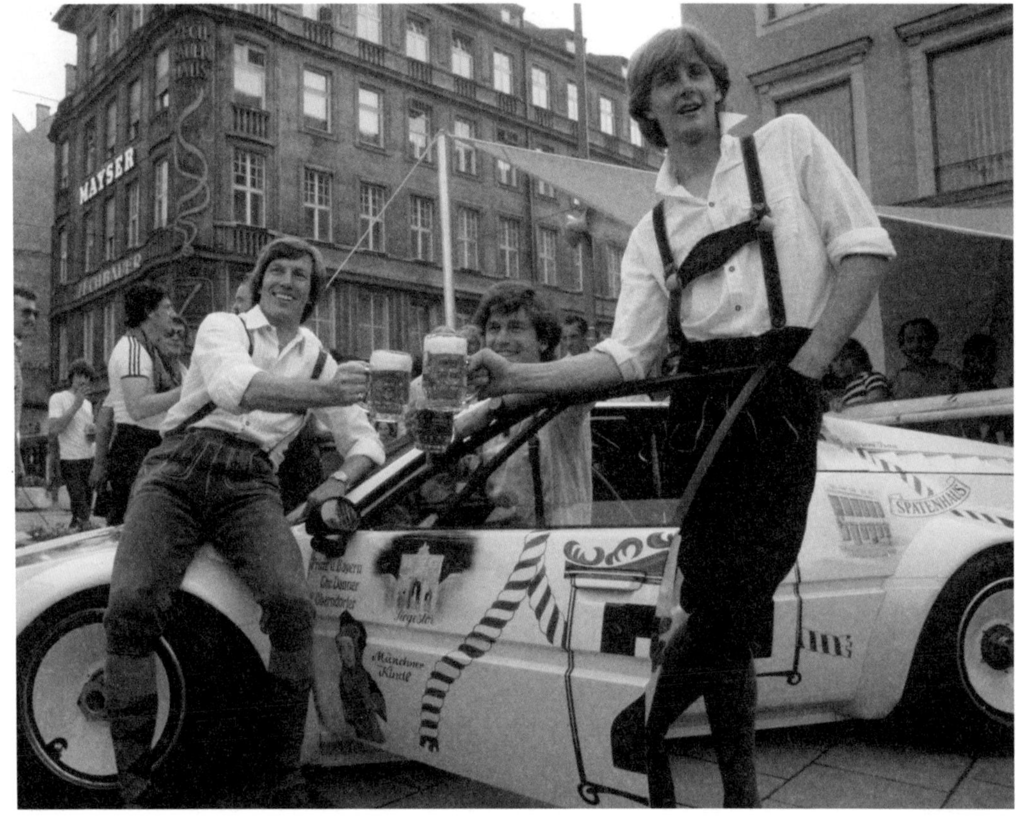

Einmalig in der Geschichte des Rennsports: Eine Reihe Münchner Gastronomen finanzieren den Einsatz des BMW M1 Procar beim 24-Stundenrennen. Links Leopold Prinz von Bayern, im Wagen Christian Danner und rechts Peter Oberndorfer.

Ich war früher oft bei den 1000 Kilometer vom Nürburgring mit dabei und habe als Zuschauer bewundert, wie die Fahrer mit ihren Maschinen umgegangen sind. Manchmal kam es mir vor wie ein Wunder, dass es dem Menschen möglich war, sein Fahrzeug in den schwierigsten Situationen zu beherrschen – auf Rennstrecken wie dem Nürburgring. Da war dann vollends der Groschen gefallen, denn jedes Mal habe ich mir gedacht: Mensch, da will ich auch mal mitfahren und eben das erleben, was die da draußen erlebt haben. Man muss wissen, dass es früher viel schwieriger war, an so einem Rennen wie am Nürburgring teilnehmen zu dürfen. Du musstest deine Erfolge auf anderen Rennstrecken mitteilen und erst wenn diese ausreichend waren, hast du eine Startgenehmigung bekommen. Bei mir brauchte das zwei Anläufe.

Meine Initialzündung, Rennsportler zu werden, ist sicher auch den Helden meiner Jugend zu verdanken – Helden, das waren sie wirklich. Die Sicherheit der Rennstrecken und der Fahrzeuge hat sich Gott sei Dank sehr stark verbessert, aber als ich mit dem Rennsport 1967 anfing, ließ fast jedes Jahr einer sein Leben auf der Strecke. Nie ist der Rennsport gefährlicher gewesen als in der Nachkriegszeit. Besonders verehrt habe ich Juan Manuel Fangio, Wolfgang Graf Berghe von Trips, den ich noch persönlich kannte und der wahrlich ein charismatischer Gentleman war, und natürlich Rudolf Caracciola.

Das heißt aber nicht, dass ich ihnen nachgeeifert bin. Ich war ich – und habe immer versucht, mein Bestes für das Team zu geben. Ich musste mit meiner Leistung zufrieden sein, was mir natürlich nicht immer gelang. Natürlich wäre ich gerne so erfolgreich gewesen wie meine erwähnten Vorbilder, aber diese Messlatte war sehr hoch.

Das Wesentliche waren für mich die Erlebnisse auf der Strecke: Die Rennmaschine war für mich wie ein Partner, mit dem ich mich beschäftigen und mit dem ich mich anfreunden musste: Wie verhält sich das Rennauto, wenn es übersteuert oder untersteuert? Ist das Rennauto bei meinem Einwirken aggressiv oder gutmütig? Das konnte ich bei manchen Fahrzeugen, auch wenn es die gleiche Baureihe war, erst während des Testes herausfinden.

Wie es reagiert, das ist als Laie kaum zu verstehen, aber als Rennfahrer schon. Denn also solcher hast du einen »Popometer« – die Engländer sagen übrigens »seat-of-the-pants feel« dazu –, der die richtigen Signale an dein Gehirn sendet. Das heißt: Wenn du als junger Mensch im Auto sitzt, dein Fahrzeug und die Strecke spürst und es nichts anderes mehr für dich gibt – dann bist du auf dem besten Weg zum Motorsport.

◆

PORSCHE

SPORTWAGEN-
WELTMEISTERSCHAFTSLAUF

SEBRING

(FLORIDA)

1. Rennsportwagen 1100 ccm

2. Rennsportwagen 1500 ccm

1. Seriensportwagen 1300 ccm

1. Seriensportwagen 1600 ccm

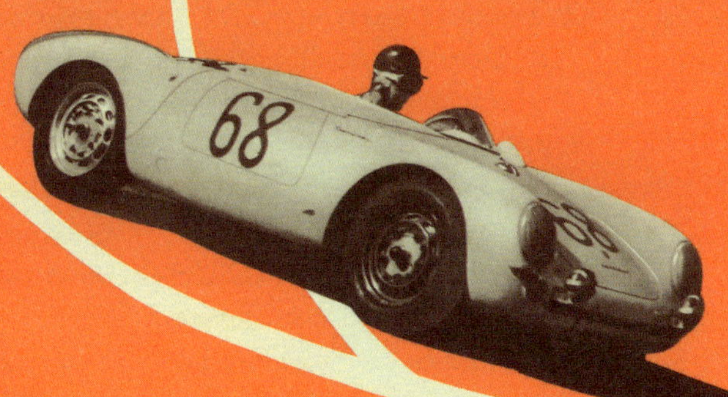

Team-Preis

8 PORSCHE AM START
7 PORSCHE AM ZIEL!

PRINTED IN GERMANY

17 Fangio und die Argentinier

Das Kapitel Argentinien gehört auch der Vergangenheit an. Es war, ein knappes Jahrzehnt lang, ein ruhmreiches Kapitel im Automobilsport der Nachkriegszeit und kreiste stets um einen Namen: Juan Manuel Fangio. Solange Fangio fuhr, gab es bei den europäischen Rennen argentinische Fahrer. Solange Fangio fuhr, gab es bei den europäischen Rennen argentinische Radioreporter. Solange Fangio fuhr, hatten die argentinischen Fahrer von der Seite ihres Staates aus eine vorzügliche Unterstützung (Fangio besaß zum Beispiel einen Diplomatenpass). Solange Fangio fuhr, veranstaltete Argentinien jedes Jahr einen Großen Preis, ein zweites Formelrennen und einen Lauf zur Sportwagen-Weltmeisterschaft – das Ganze wurde die argentinische Temporada genannt und spielte sich Ende Januar und Anfang Februar ab, im argentinischen Sommer also. Solange Fangio fuhr, tauchten auch andere argentinische Fahrer auf den europäischen Rennpisten auf, andere Fahrer, die zur Weltelite gezählt werden mussten und die bei den europäischen Rennställen jederzeit Wagen bekamen.

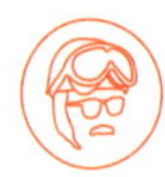

Heute gibt es in Argentinien, genau wie in den Dreißiger- und Vierzigerjahren, Straßenrennen quer durch das ganze Land, die für eine bestimmte Art von »Spezialtourenwagen« ausgeschrieben sind, für Autos, die von Weitem wie normale Ford und Chevrolet aus dem Jahr 1938 aussehen, die aber innerlich bis zur Unkenntlichkeit modifiziert sind und weit über 200 km/h gehen, und es gibt Spezialisten für diese harten Langstreckenrennen, die sicherlich auch auf Rennkursen keine schlechte Figur machen würden, wenn sie zu Rennen europäischer Prägung kämen ... aber sie kommen nicht mehr.

Heute gibt es in Argentinien außerdem ein Langstreckenrennen für »europäische« Tourenwagen, das bei uns dadurch sehr bekannt wurde, dass zunächst NSU sich in der kleinen Klasse werksseitig mit einigen Wagen vom Typ »Prinz« erfolgreich beteiligte und dass dann auch Daimler-Benz zu diesem Rennen kam, im einen Jahr mit Schock und Hans Herrmann, im folgenden mit der Schwedin Rosqvist und 1963 mit Böhringer den Gesamtsieg an sich reißen konnte, wobei zahlreiche andere Fabrikteams in den mittleren Klassen – Mannschaften von Volvo, von Alfa Romeo, von Peugeot – dokumentierten, dass wir in Europa großes Interesse an diesem Rennen haben, erstens, weil es eine echte Prüfung auf Zuverlässigkeit und Schnelligkeit ist, zweitens, weil aus solchen Sporterfolgen ganz bemerkenswerte Exporterfolge resultieren.

Also: Der Automobilsport in Argentinien ist nicht tot, ganz im Gegenteil, aber jene Ausstrahlung, die von den Grand Prix-Rennen kommt, von der höchsten Form des Automobilsportes, die gibt es in Argentinien nicht mehr, seit Fangio von der Bühne der Aktiven abgetreten ist und nur noch als Vertreter bedeutender europäischer Automobilkonzerne agiert.

Man kann sich stundenlang darüber unterhalten (und streiten), wer der »größte Fahrer aller Zeiten« gewesen ist, ob das Nuvolari war oder Caracciola, Rosemeyer oder Ascari, Fangio oder Moss: Wir wollen uns in dieses Streitgespräch gar nicht einmischen, wir wollen nur feststellen, dass dieser Juan Manuel Fangio mit Abstand der erfolgreichste Fahrer der Nachkriegszeit gewesen ist, der Mann mit den meisten Weltmeistertiteln und mit den meisten Grand Prix-Siegen. Es ist hier vielleicht der Platz, eine kleine Liste der erfolgreichsten Fahrer aufzustellen. Eine offizielle Fahrerweltmeisterschaft gibt es seit dem Jahr 1950. Und es hat in den Jahren 1950 bis 1962 insgesamt 100 Rennen gegeben, die zur Weltmeisterschaft zählten. Von diesen 100 hat Fangio 24 gewonnen

Also: Der Automobilsport in Argentinien ist nicht tot, ganz im Gegenteil, aber jene Ausstrahlung, die von den Grand Prix-Rennen kommt, von der höchsten Form des Automobilsportes, die gibt es in Argentinien nicht mehr, seit Fangio von der Bühne der Aktiven abgetreten ist und nur noch als Vertreter bedeutender europäischer Automobilkonzerne agiert.

(davon zwei in Ablösung, mit Fagioli resp. Musso), Moss gewann 16, Ascari 13, Jack Brabham 7, Tony Brooks 6 (eines davon mit Moss zusammen) und Farina 5.

Im Jahr 1954 hat Fangio allein sechs Große Preise gewonnen, die Grand Prix von Argentinien, von Frankreich, von Belgien, von Deutschland, von der Schweiz und von Italien. Das, was mir an Fangio immer am meisten imponiert hat, das war seine taktische Einstellung in einem Rennen und seine Fähigkeit, Maschinen und Aggregate zu schonen. Er fuhr immer nur so schnell, wie er musste, um ein klein wenig schneller oder ein klein wenig eher am Ziel zu sein als seine Konkurrenten. Im Großen Preis von Italien 1954, als er Mercedes fuhr, sah es so aus, als würde Ascari gewinnen, aber Ascari musste mit einer zu hoch gedrehten Maschine ausscheiden. Dann lag Moss mit Maserati vorne. Fangio hätte ihm, die Trainingszeiten bewiesen das, folgen können. Aber er kannte die Grenzen seiner Maschine. Er ließ Moss fahren. Sieben Runden vor Schluss fiel Moss mit einem Ölpumpendefekt aus. Fangio gewann.

Beim Großen Preis von Deutschland 1954 ließ er Kling herankommen. Kling war sehr schnell, besonders auf dem Nürburgring, aber ganz so schnell wie Fangio war er natürlich nicht. Wenn Fangio wollte. Fangio ließ Kling vorfahren, ließ ihn die schnellste Runde des Rennens drehen. Am Schluss des Rennens lag Fangio wieder vorne, während Kling einmal an den Boxen zu halten hatte und nachher Vierter wurde.

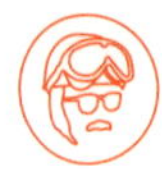

Nach einem Rennen nehmen die Mechaniker fast alle lebenswichtigen Teile eines Rennwagens auseinander. Und dann erkennt man genau, welcher Fahrer den Motor am meisten strapaziert hat und mit dem Getriebe am härtesten umgegangen ist. Die Augen der Rennmechaniker sind unerbittlich wie die Messinstrumente. Fangio war immer am schnellsten und Fangio brachte immer einen Wagen nach Hause, der den geringsten Materialverschleiß aufwies.

Dieses »Fangio fuhr genauso schnell, wie er musste, um zu gewinnen«, das klingt so, als ob er bloß durch verhaltene, taktisch richtig dosierte Fahrweise zu seinen Siegen gekommen wäre. Aber es gab auch Rennen, in denen Fangio hoffnungslos abgeschlagen zu sein schien und in denen er dann in Rekordrunden, die kein anderer fahren konnte, eine Aufholjagd begann. Ich habe viele Rennen gesehen; das größte und spannendste war das auf dem Nürburgring 1957, als Fangio mit dem 2,5 Liter Maserati zunächst vor den beiden Ferrari-Spitzenfahrern Hawthorn und Collins in Führung lag, dann aber zum Nachtanken und zu einem Wechsel der Hinterreifen an die Boxen musste und dort mehr Zeit verlor, als man normalerweise bei solchen Boxenstopps zu versäumen pflegt. Überdies hatte er nach dem Tanken mit dem Einsteigen etwas gezögert, so, als ob er gar nicht mehr darauf reflektiere, in den Spitzenkampf einzugreifen. Mit einer ganz ruhigen Bewegung schob er sich die Brille vor die Augen, der Motor des Maserati sprang an, die Fachleute schauten auf die Uhr und waren sich völlig einig: Diesen Abstand zu den beiden Ferrari, die nicht zum Tanken anhalten mussten, wird auch ein Fangio nicht mehr aufholen können.

Der Boxenstopp Fangios, nach der 12. Runde des Großen Preises, der über 22 Runden des Nürburgrings führte, ließ wieder alle Hoffnungen in der Ferrari-Box aufkommen. Hawthorn und Collins waren längst vorbei, die Uhren liefen, und als Fangio mit dem Maserati wieder auf der Gegengeraden erschien, zeigten sie genau 46 Sekunden Abstand zu den beiden führenden Ferrari-Fahrern. Alles begann fieberhaft zu rechnen. Zehn Runden noch zu fahren, 46 Sekunden, das macht 4,6 Sekunden pro Runde, würde Fangio das aufholen können? Im Training war Fangio eine schnellste Runde in 9:25,6 gefahren, während Hawthorn als schnellster Mann von Ferrari 9:28,4 erreicht hatte, das waren nur drei Sekunden Unterschied. Wenn man – so wurde in der Ferrari-Box argumentiert – die besten Trainingsleistungen zugrunde legt, kann Fangio

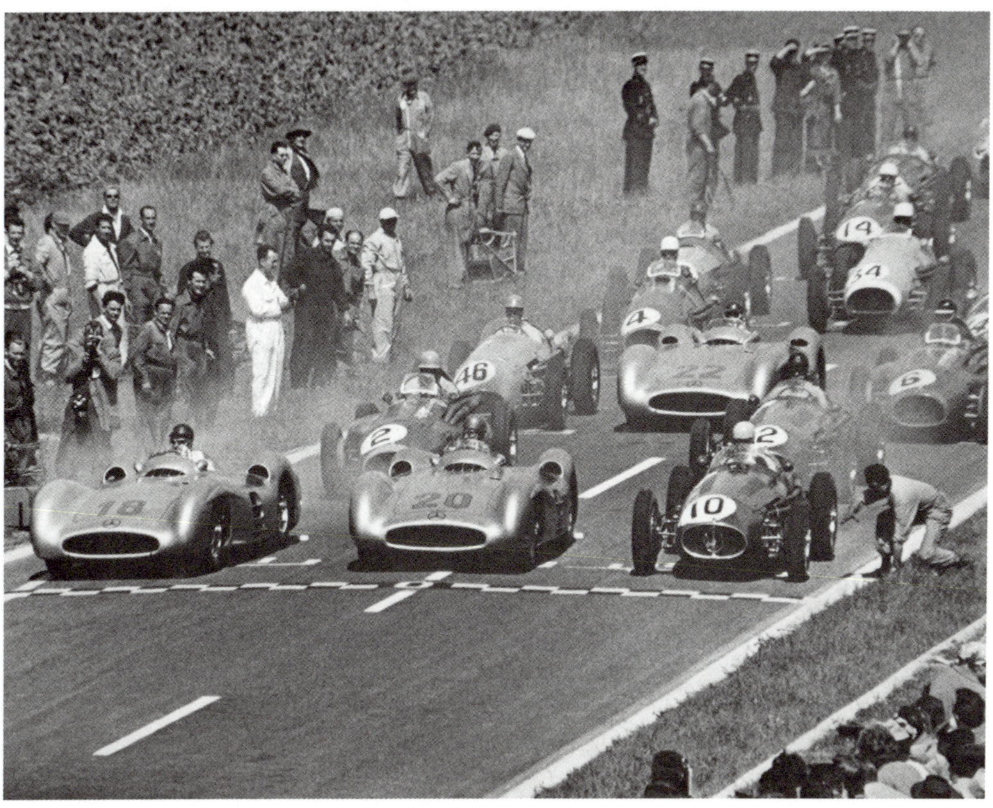

Im Mercedes-Benz W 196 R Stromlinienrennwagen mit der Startnummer 18: der Sieger Juan Manuel Fangio.

in diesen zehn Runden niemals Hawthorn erreichen. Zumal er ja eben frisch getankt hatte und damit wahrscheinlich einen etwas schwereren Wagen meistern musste ...

Die nächsten drei Runden schienen den Ferrari-Leuten recht zu geben. Pro Runde holte Fangio nur etwa zwei Sekunden auf. Hawthorn und Collins an der Spitze waren sehr schnell; noch in der 15. Runde waren es mehr als 40 Sekunden, die Fangio von der Spitze trennten. Wieder rechnete man und nicht nur bei Ferrari, sondern auch im Publikum: Jetzt sind es noch sieben Runden, 40 geteilt durch sieben sind knapp sechs, also müsste jetzt Fangio nicht bloß 4,6 Sekunden, sondern beinahe 6 Sekunden gewinnen und dann noch die beiden etwa gleich

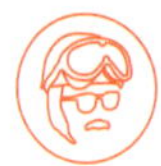

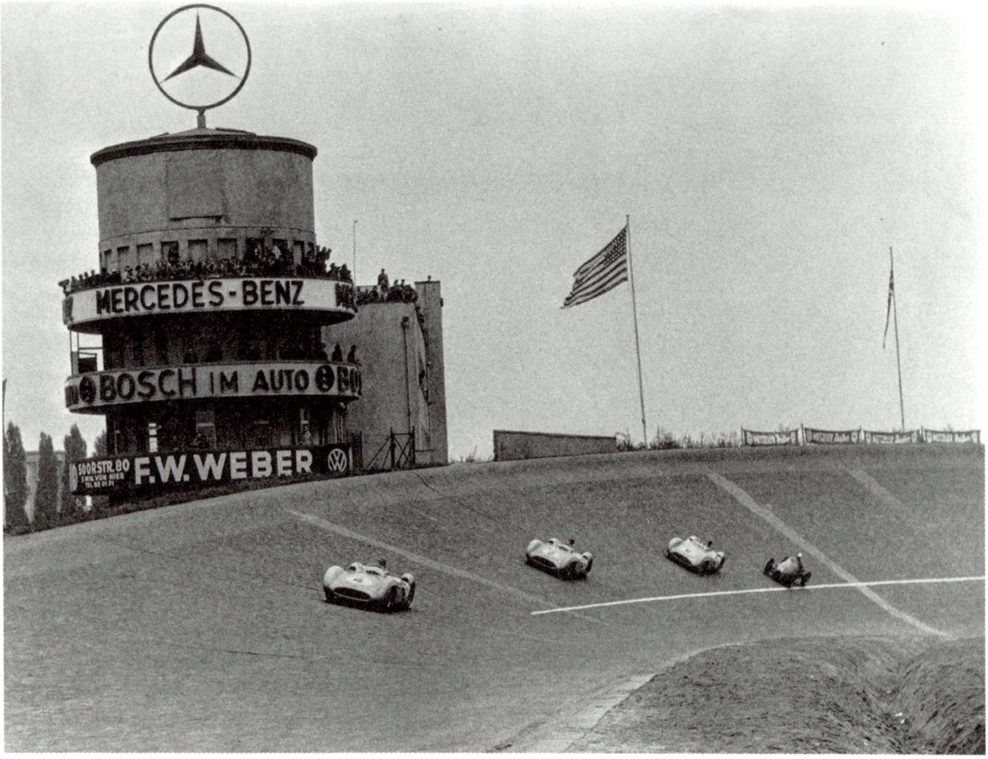

Der Große Preis von Berlin 1954 – Fangio fährt die schnellste Rennrunde.

starken und gleich schnellen Ferrari überholen, was auch eine Aufgabe für sich war – nein, da bestand keine Chance mehr.

Dann kam die 16. Runde und wieder schaute alles auf die Uhren und plötzlich waren es nur noch 33 Sekunden, die Fangio von den beiden Spitzenreitern trennten. Mehr als sieben Sekunden in einer Runde! Aber vielleicht hatten die beiden Ferrari-Fahrer beim Überrunden langsamerer Konkurrenten etwas Zeit verloren und Fangio hatte Glück gehabt oder Fangio hatte seinen Motor jetzt extrem hoch gedreht, das würde er sicher nicht aushalten. Trotzdem, bei Ferrari gab es Unruhe. Noch sechs Runden und 33 Sekunden, nein, es müsste jedoch reichen …

Siebzehnte Runde. Die beiden Ferrari kamen, schnell und gleichmäßig wie die Uhrwerke; sollte man den Fahrern Zeichen geben, noch etwas höher zu drehen, noch mehr zu riskieren, war die Gefahr schon so groß? Und da kam bereits Fangio, Abstand genau 25,5 Sekunden. Er hatte eine neue Rekordrunde gefahren, in 9:28,5, hatte also fast seine Trainingsbestzeit erreicht, die er unter optimal günstigen Verhältnissen, mit fast leerem Tank und bei freier Strecke gefahren war. Wieder die fieberhafte Rechnung in den Boxen: 25,5 Sekunden und noch 5 Runden, macht fünf pro Runde – aber in den letzten beiden Runden hatte Fangio ja mehr als sieben Sekunden geholt. Keine Sorge, meinte der Ferrari-Rennleiter, als man auf der Gegengeraden den beiden Fahrern das Signal gezeigt hatte: Absolut voll fahren! Hawthorn hat schon einmal Fangio geschlagen, damals in Reims 1953 ...

Die achtzehnte Runde. Jetzt fuhren auch die beiden Ferrari-Fahrer Zeiten, die bei 9:30 lagen. Und Fangio? Er kam auf 9:25,3, hatte wieder den Rundenrekord verbessert, aber er hatte diesmal, weil Hawthorn und Collins alles gaben, was sie an Fahrkunst aufbieten konnten, den Abstand nur auf 20 Sekunden verringern können. 20 Sekunden und noch vier Runden. Es wird ein Fotofinish werden, die drei Wagen ganz dicht hintereinander, sagte neben mir der Korrespondent einer englischen Zeitung, es wird Fangio aber unmöglich sein, die Ferrari zu überholen.

Im Mittelfeld gab es bei diesem Rennen prächtige Kämpfe. Behra mit dem zweiten Maserati hatte, genau wie Fangio, einen Boxenstop eingelegt. Vor ihm fuhr Moss mit dem Vanwall, der damals noch nicht schnell genug war, um ganz vorne mitzureden. Behra holte gegen Moss auf, es war fast genauso spannend wie vorne der Kampf und in der Formel 2-Wertung gab es einen großartigen Zweikampf zwischen Roy Salvadori mit dem Cooper Climax (es war noch der 105 PS-Motor mit einer Nockenwelle) und dem Porsche Spyder RS, den man im Werk zu einem Formel 2-Wagen umgebaut hatte, einfach durch Abdecken des zweiten Sitzes und den Edgar Barth bewundernswert schnell um den Kurs brachte ... aber alles das interessierte das Publikum kaum noch. Es gab nur noch ein Thema, das hieß Fangio, und man beneidete alle, die eine Stoppuhr bei sich hatten und diesen Kampf auf die Zehntelsekunde genau mitverfolgen konnten. Aber auch ohne Uhr und ohne die Ansage des Sprechers, die natürlich mit einer gewissen Verzögerung kam, weil die Zeitnahme ja erst rechnen musste und dann ihre Kontrollzettel schreiben, auch ohne dies konnte man bei Start und Ziel ziemlich genau sehen, wie groß der Abstand war: wie weit die Ferrari

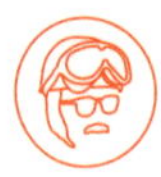

schon auf der Gegengeraden fuhren, ehe Fangio an der Ziellinie auftauchte.

Die neunzehnte Runde. Noch ehe der Sprecher ankündigte, dass Fangio wieder einen neuen Rekord gefahren war, diesmal mit fantastischen 9:23,4, sahen die Zuschauer, wie der Abstand geschrumpft war. Auf 13,5 Sekunden. Dabei fuhren die Ferrari-Asse 9:29 und 9:30, Zeiten, die weit unter dem Vorjahrsrekord lagen, der auf 9:41 stand. Und jetzt kam noch einmal das Zeichen an der Ferrari-Box: Fangio nur 13 Sekunden hinter euch, voll fahren! Hawthorn und Collins mussten es schaffen. Es ging hier ja nicht bloß um den Sieg im Großen Preis von Deutschland auf dem Nürburgring, es ging auch um die entscheidenden Punkte für die Weltmeisterschaft. Wenn Fangio hier gewinnt, das wusste man, kann ihn niemand mehr einholen. Dann ist er Weltmeister. Mit einem Maserati.

Und das wusste auch Fangio. Und er wusste auch, er war im Juni dieses Jahres 46 Jahre alt geworden. Das war ja ohnehin ein Phänomen für sich, diese späte Karriere. Juan Manuel Fangio war als Sohn eines italienischen Maurers am 24. Juni 1911 in Argentinien geboren worden und hatte Mechaniker gelernt. In den Dreißigerjahren bastelte er sich Autos zusammen, die für die argentinischen Rennen gerade die richtigen waren: hochbeinige Amerikaner mit frisierten Motoren. So fuhr man damals in Südamerika Sandbahnrennen und Langstreckenrennen quer durch den Kontinent, auf ganz unwegsamen, staubigen Straßen. Es war eine harte Schule.

Zwischen 1940 und 1948 war er einer der Asse in diesem Sport geworden. Aber das war ja ein Sport, der über die Grenzen Argentiniens und der umliegenden Staaten nicht hinauskam, und man wollte doch auch den »Duft der großen weiten Welt« spüren, wollte die europäischen Grand Prix-Wagen sehen. So baute man das Autodrom von Buenos Aires aus und veranstaltete 1947, am 9. Februar, das erste »richtige« Rennen für Formel-Rennwagen. Es ging über eine Distanz von 121 Kilometer und wurde von Luigi Villoresi auf Maserati ganz knapp vor Achille Varzi auf Alfa Romeo gewonnen – das waren damals wohl die beiden schnellsten Fahrer, die es in Europa gab, zusammen mit dem Franzosen Wimille und dem Italiener Farina. Eine Woche später gab es noch ein »europäisches« Rennen und wieder gewann Villoresi.

Ein Jahr später wiederholte man das, diese neue Art Zirkus, für die sich das argentinische Publikum hektisch begeistern konnte, es gab wieder zwei Rennen und wieder zwei Villoresi-Siege. Allerdings, diesmal belegten schon südamerikanische Fahrer die zweiten Plätze, einmal der Brasilianer Chico Landi auf einem Alfa Romeo, einmal der Argentinier Oscar Galvez, dem von Alfa ebenfalls ein schneller Kompressorwagen zur Verfügung gestellt worden war. Galvez war neben Fangio in Argentinien damals der Fahrer Nummer eins bei den großen Straßenrennen. Der Rennsport europäischen Stils wurde populär in Argentinien. In Rosario gab es ein Rundstreckenrennen, bei dem Frankreichs Meister Jean-Pierre Wimille (der auf einem Alfa Romeo im Jahr 1947 den Großen Preis von Europa in Spa und den Großen Preis der Schweiz gewonnen hatte) mit einem 1440 ccm Gordini erschien. Und man gab auch »einem der Argentinier«, diesem Fangio einen solchen Gordini. Was niemand vermutet hatte: Fangio, lieferte dem Franzosen, der zu den vier Besten der Welt gehörte, einen mitreißenden Rad-an-Rad-Kampf und machte es ihm sehr schwer zu gewinnen.

Peron, der unumschränkte Machthaber Argentiniens, beschloss nun, eine argentinische Expedition nach Europa zu schicken. Man kaufte zwei Maserati 4 CLT mit 1500 ccm Kompressor-Motoren, die Regierung finanzierte die Reise, die Spesen und die Mechaniker sehr großzügig und im April 1949 sehen wir diese zwei Maserati, gefahren von Fangio und Campos am Start zum ersten europäischen Rennen, zum Großen Preis von San Remo. Campos war ein recht brauchbarer »zweiter Mann«, aber kein wirklich schneller Grand Prix-Fahrer. Warum man damals gerade Campos, mit Fangio zusammen nach Europa geschickt hat, wissen wir nicht. Es spielten um diese Zeit in Argentinien auch politische Gründe mit und eine gewisse »Vetterleswirtschaft« ist ja ohnehin in den südamerikanischen Ländern an der Tagesordnung gewesen.

Fangio fuhr also kurz vor seinem 38. Geburtstag zum ersten Mal in seinem Leben einen europäischen Grand Prix-Wagen auf einer europäischen Rennstrecke. Und gewann. Er gewann mit diesem Maserati im Jahr 1949 auch den Großen Preis von Pau, den Großen Preis von Roussillon und den Großen Preis von Albi. Er feierte auf einem Gordini einen Sieg im Großen Preis von Marseille und bekam von Ferrari einen Wagen für Monza und da gewann er auch. Nun bestand kein Zweifel mehr, er würde 1950 für ein Werksteam fahren. Alfa Romeo holte sich ihn, Fangio gewann 1950 drei Weltmeisterschaftsläufe und wurde ganz knapp hinter Farina Zweiter in der Weltmeisterschaft, im folgenden Jahr holte er sich diesen Titel zum ersten Mal.

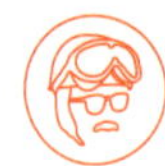

Heute gibt es keinen einzigen Grand Prix-Fahrer, der 38 Jahre alt oder gar älter ist. Fangio fing mit 38 erst an.

Als dieses denkwürdige Rennen am Nürburgring lief, war er also schon 46. Ich glaube nicht, dass er daran gedacht hat. Ich glaube nicht, dass er vor sich hinsagte: Ich muss jetzt noch einmal eine große Leistung zeigen, es wird vielleicht das letzte Mal sein. Ich glaube nicht, dass er sich ausrechnete: Wenn ich hier gewinne, dann gibt das acht Punkte in der Weltmeisterschaft und dann kann ich zum fünften Mal Weltmeister sein. Ich glaube freilich, dass alle diese Gedanken unterschwellig da waren und den Kampfgeist noch weiter beflügelten, jenen Kampfgeist, der ein Teil Fangios war und der ganz einfach dadurch angesprochen wurde, dass er sah: Noch 25 Sekunden, noch 20, noch 13, ich will das jetzt schaffen, ich muss es schaffen. Und so, wie er mit aller Zurückhaltung fahren konnte, wenn er vorne lag, damit er ohne Schaden für die Maschine gewinnt, genauso konnte er – bitte verzeihen Sie dieses etwas banale Wort, aber es trifft hier die Situation – über sich selbst hinauswachsen. Wie diese Leistung zustande kam? Durch ein Maß an Konzentration, Mut und Können, das ganz aus dem Feuer des Augenblicks wächst und darum weder vorher noch nachher reproduzierbar ist.

Die 20. Runde war Fangios größte. Als er sie begann, mit diesen 13,5 Sekunden Rückstand, sah er nicht nur auf den Anzeigetafeln, wie weit er von den beiden Ferrari entfernt war, er sah jetzt auch die Ferrari leibhaftig vor sich. Das gab ihm den letzten Ansporn. Und in dieser Runde ließ er an zwei Stellen das Gas stehen, wo man mit den Wagen der damaligen Zeit das Gas einfach nicht stehen lassen konnte, weil die Straßenlage nicht ausreichte und die Wagen zu schnell waren: in der Fuchsröhre und am Ende der Döttinger Höhe. Dort, auf dem Brückchen, das über die Bahn führt und das für Zuschauer gesperrt ist, stand zu diesem Zeitpunkt ein sehr bekannter Rennfahrer zusammen mit einem Rundfunkreporter, die den Verlauf dieses Kampfes beobachteten. Der Rennfahrer wusste genau, was möglich war und was nicht. Und er sah am Ende dieser 20. Runde Fangio ankommen und wartete auf das typische Geräusch des Gaswegnehmens – aber Fangio nahm es nicht weg. Und da packte der Fahrer entsetzt den Reporter am Arm und schrie: Und jetzt fliegt er raus!

Aber nach zwei wahnsinnigen Schlenkern bei 230 oder 235 km/h hatte Fangio den Wagen, den Grasrand benutzend, wieder in der Gewalt

Er hatte eigentlich zu viel Tempo drauf, er kam an Collins vorbei, ehe dieser seinen Wagen zum Innenrand der Linkskurve hereinzog, aber er musste den Maserati querstellen, um überschüssige Fahrt zu verlieren, er tat es auf eine abenteuerliche Weise, rutschte breitseits nach rechts außen, aber blieb auf der Bahn. Er war vorbei.

und fuhr mit Vollgas den beiden Ferrari nach, und als die Wagen kurz danach bei Start und Ziel erschienen, übertrug sich diese ungeheure Verdichtung, wie sie einer Explosion vorausgeht, auf das ganze Publikum, Hawthorn kam, Collins mit dem zweiten Ferrari ganz dicht dahinter – und mit weniger als zwei Sekunden Abstand Juan Manuel Fangio. Alles schrie, viele sprangen auf, unten am Ende der Gegengeraden bremste Fangio noch ein paar Meter später als die beiden Ferrari-Fahrer, obwohl diese, Weltklassefahrer par excellence, keinen Zentimeter verschenken wollten, und dann schossen die drei Wagen die Gegengerade hinauf.

Ich sah es genau, sah es direkt vor mir: Am Ende dieser Geraden versuchte Fangio an Collins vorbeizugehen, innen. Er hatte eigentlich zu viel Tempo drauf, er kam an Collins vorbei, ehe dieser seinen Wagen zum Innenrand der Linkskurve hereinzog, aber er musste den Maserati querstellen, um überschüssige Fahrt zu verlieren, er tat es auf eine abenteuerliche Weise, rutschte breitseits nach rechts außen, aber blieb auf der Bahn. Er war vorbei. Indessen, Collins mit dem Ferrari hatte, innen auf seiner Ideallinie bleibend, die bessere Beschleunigung, zog wieder an Fangio vorbei, hatte noch einmal zwei Meter Vorsprung, dann aber kamen die ersten Kurven der Hatzenbach und da ging Fangio dann endgültig vor und lag nun hinter Hawthorn, den er einige Kilometer später in den Abwärtsschlängeln überholte. Er hatte in dieser einen, der zwanzigsten Runde mehr als elf Sekunden gewonnen und hatte mit 9:17,4 einen Rundenrekord aufgestellt, der für die damalige Zeit unschlagbar, ja unfassbar schien.

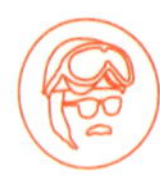

Als er dann vorbei war an Hawthorn und noch anderthalb Runden zu fahren hatte, wagte er dieses äußerste Experiment nicht mehr, er fuhr sehr schnell, aber nicht mehr von diesem Dämon beseelt, der ihn vorher zu den beiden Ferrari hatte aufschließen lassen, er war jetzt vorne und er gewann, mit 3,6 Sekunden Vorsprung – mehr waren nicht nötig.

Ein Jahr nach Fangio kam ein anderer Argentinier nach Europa, den man fast im gleichen Atemzug nennen muss, wenn man an seine Sprint-Schnelligkeit im Rennwagen und an seinen kometenhaften Aufstieg denkt: José Froilan Gonzalez. Er war unübersehbar, denn er wog gut und gerne zwei Zentner. In den 4,5 Liter-Wagen von damals, die 380 PS entwickelten – Gonzalez fuhr für Ferrari –, spielte das keine so bedeutende Rolle wie heute und die Wagen waren im Vergleich zu den heutigen noch geräumige und bequeme Automobile, voluminös, bullig, noch gar nicht katzenhaft.

Im Jahr 1951 machte Ferrari große Anstrengungen, um mit dem 4,5 Liter-Modell ohne Kompressor die 1,5 Liter Kompressor-Wagen von Alfa Romeo aus dem Felde zu schlagen. Die Formel lautete ja: entweder 1,5 Liter mit oder 4,5 Liter ohne Kompressor. Ferrari baute zunächst auch Kompressor-Rennwagen, hatte sich aber schließlich für den großen kompressorlosen entschieden, der den Vorteil hatte, wesentlich weniger Benzin zu verbrauchen als der Kompressortyp: Man musste nicht so oft nachtanken und konnte eine geringere Menge Benzin mitführen – die Verbrauchsziffern der auf mehr als 250 PS pro Liter gebrachten Kompressor-Motoren waren ja inzwischen in die Größenordnung von 90 bis 100 Liter auf 100 Kilometer gestiegen, wenn es sich um einen kurvenreichen Kurs mit zahlreichen Beschleunigungsstrecken handelte.

Den ersten Sieg, den Ferrari gegen die Alfa erringen konnte, brachte Froilan Gonzalez nach Hause, am 17. April 1951 beim Großen Preis von England auf dem Kurs von Silverstone. Neben Ascari galt Gonzalez als der Spitzenfahrer von Ferrari.

Mit Trintignant zusammen gewann er mit dem großen 4,9 Liter Ferrari-Sportwagen 1954 auch die 24 Stunden von Le Mans, die Jaguars

Großer Preis von Europa auf dem Nürburgring, 1954. Karl Kling, gefolgt von Juan Manuel Fangio, beide mit Mercedes-Benz W 196 R Monoposto.

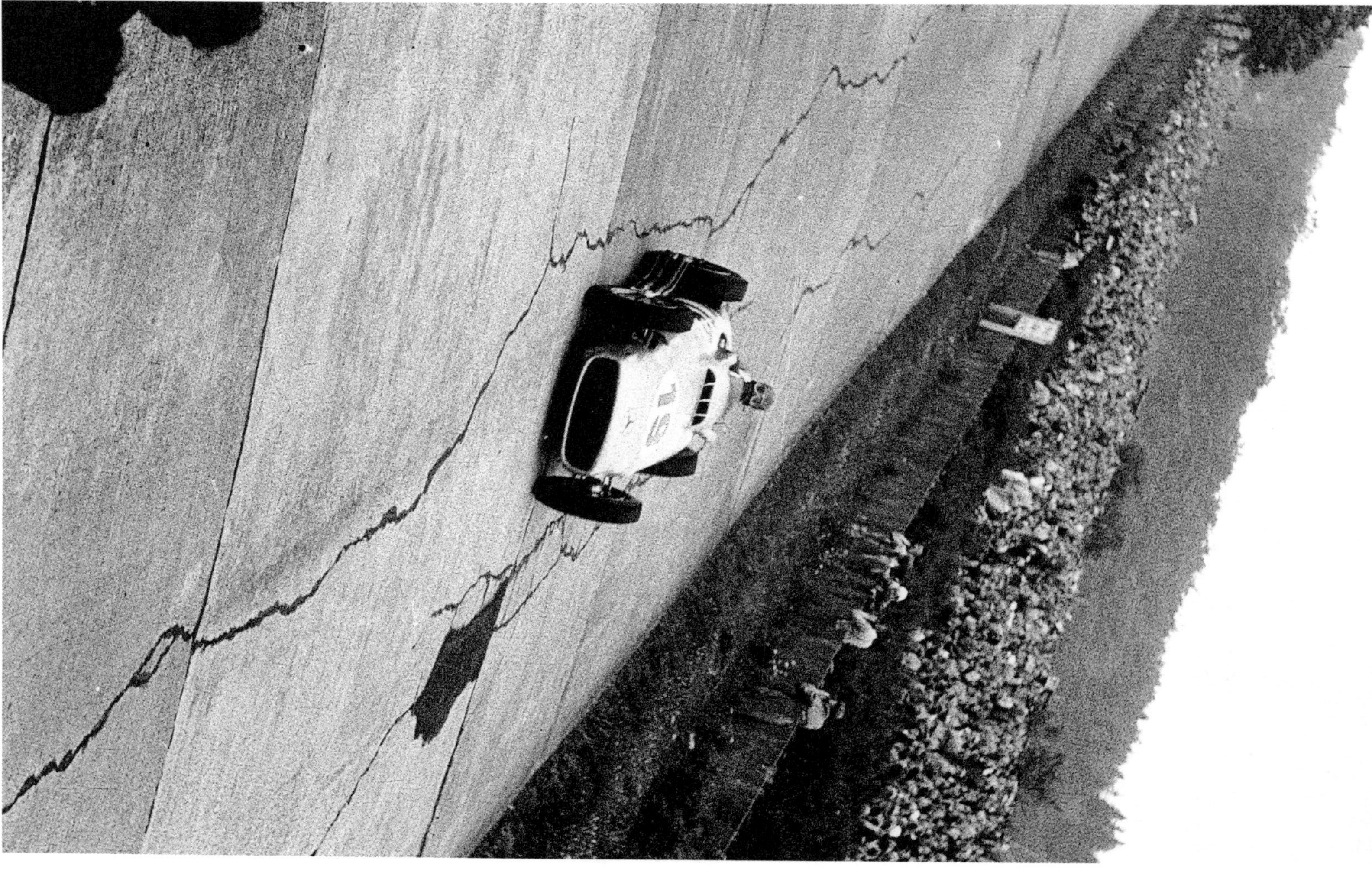

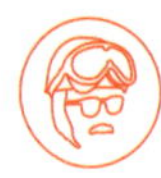

auf die Plätze verweisend, in einem sehr dramatischen Rennen, das in einem wolkenbruchartigen Regen endete und bei dem Gonzalez nach diesen 24 Stunden mit einem Vorsprung von knapp anderthalb Minuten über die Ziellinie fuhr.

Als Fangio 1954 für Mercedes fuhr und als in diesem Jahr Ascari bei Lancia war, galt Gonzalez unbestritten als Nummer eins bei Ferrari. Nachdem er in Argentinien hinter Fangio und Farina Dritter geworden war, siegte er im Großen Preis von Bordeaux, in der »Daily Express Trophy« in Silverstone, im Großen Preis von Bari und im Großen Preis von Portugal. Beim Großen Preis von England, der zur Weltmeisterschaft zählte, gelang es ihm, im Regen die favorisierten Mercedes-Rennwagen dieses eine Mal noch zu schlagen und die schnellste Runde zu fahren, auf dem Nürburgring und im Bremgartenwald (Großer Preis der Schweiz) wurde er Zweiter hinter Fangio auf Mercedes.

Er war auch Zweiter in der Weltmeisterschaft, Fangio war Erster, der Triumph der argentinischen Fahrer wäre vollkommen gewesen, wenn sie nicht ihren hoffnungsvollsten Nachwuchsfahrer, der schon den Großen Preis von Rom gewonnen hatte und in England Dritter geworden war, noch vor Fangio, auf dem Nürburgring verloren hätten: Onofre Marimon, der als Schüler von Fangio galt. Im Training zum Großen Preis von Deutschland 1954 fuhr er mit seinem Maserati an einer Stelle, an der es eigentlich keinen Unfall geben darf, weil man vor diesem ersten Wehrseifen-Brückchen zwar bremst, weil man aber dort noch gar nicht in die Kurve hineingeht: Dort fuhr er in die Hecke am Rand hinein, brach hindurch, stürzte in die Tiefe auf eine Wiese und war durch eine Stauchung am Genick tödlich verletzt. Es stand zufällig ein argentinischer Priester ganz in der Nähe, der noch zu ihm kam, in den letzten Sekunden seines Lebens.

Als diese Nachricht nach oben kam zu den Boxen, wo fast alle Spitzenfahrer versammelt waren, weil es dem Ende des Trainings zuging, ging Gonzalez, der in den letzten Monaten wegen einiger Reibereien zwischen den Peronisten und ihren Gegnern gar nicht mehr mit Fangio gesprochen hatte, auf den Weltmeister zu und diese beiden Fahrer, die die härtesten waren im damaligen Automobilsport, bissen sich auf die Lippen und hielten einander an den Schultern, drehten sich um, als sie eine Kamera sahen, darf man das sagen, wenn man es mit angesehen hat? Dieser große, bullige Gonzalez war völlig aufgelöst und auch Fangio sprach kein Wort mehr: Er konnte nicht mehr sprechen. Die beiden haben dann lange überlegt, ob sie am folgenden Tag überhaupt starten sollen, und als Fangio nach diesem Rennen vom Bundespräsidenten Heuss den Kranz umgehängt bekam, war sein Gesicht ohne Freude.

Der Stern von Gonzalez leuchtete dann noch eine Zeit lang in Argentinien, aber schon 1955 fuhr er nicht mehr regelmäßig in der Ferrari-Mannschaft (obwohl man ihn da gut hätte gebrauchen können), er kündigte niemals seinen Rücktritt an, aber man hörte einfach nichts mehr von ihm. Ein anderer Argentinier war aber 1955 noch sehr aktiv in Europa, Roberto Mieres, der für Maserati fuhr, auf verlorenem Posten gegen die Mercedes. Mieres, ein Mann, der in einem Jesuitenkolleg erzogen worden war und aus sehr wohlhabendem Hause stammte, drahtig, nicht sehr groß gewachsen, fuhr immerhin im Großen Preis von Holland im Kampf gegen die Mercedes-Übermacht die schnellste Runde des Rennens, mit dem 2,5 Liter-Maserati, nachdem er beim Stadtrennen von Turin hinter Ascari Zweiter, in Pau und in Bordeaux Dritter geworden war. Mieres war ein Grand Prix-Fahrer, der nicht zu den obersten fünf, aber doch zu den ersten zwölf gehörte; einmal hatte er eine schreckliche Situation zu überstehen, als sein Maserati in Spa während der Fahrt zu brennen anfing, weil Benzin beim Tanken auf den Auspuff gekommen war. Er bremste den Wagen herunter, sprang dann ab, im letzten Augenblick, wälzte sich auf dem Boden, weil er schon Feuer gefangen hatte, kam aber mit Verbrennungen davon, die nicht allzu schwer waren, und hatte nur Prellungen, keine Knochenbrüche zu überstehen. Mieres ist dann auch sang- und klanglos vom europäischen »Kriegsschauplatz« verschwunden, fuhr ab und zu noch in Amerika Sportwagenrennen auf Porsche, niemand kennt ihn mehr. Fangio, Gonzalez, Marimon, Mieres, noch einen fünften Argentinier gab es, der in dieser Fangio-Zeit nach Europa kam und in einzelnen Grand Prix-Rennen auftauchte, Menditeguy, ein Mann, der in vielen Sportarten zuhause war, ein Polospieler von Weltklasse, ein sehr guter Tennisspieler, der eines Tages erklärte, er werde jetzt einmal versuchen, einen Grand Prix-Wagen zu fahren. Ein Fachmann wird solche Worte belächeln, denn zum Beherrschen eines Grand Prix-Wagens gehört ein so gerüttelt Maß an Erfahrung im Automobilsport, dass ein Outsider, und sei er in anderen Sportarten noch so gut, niemals eine Chance haben wird – aber nicht so bei Menditeguy.

Er ist für mich auf seine Weise ein ähnliches Phänomen wie Fangio gewesen. 1956 bekam er für den Großen Preis von Argentinien einen

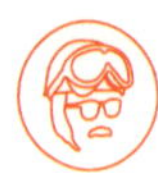

Nur Fangio, der zum letzten Mal 1958 im großen Preis von Frankreich fuhr, ist noch in aller Munde, der Mann, mit dem die argentinische Welle nach Europa kam, die Fahrer, die Rundfunkreporter, die bildhübschen Rennfahrerfrauen, die Betreuer.

Formel 1-Maserati gegen eine hohe Kaution zur Verfügung gestellt. Im Training waren die Ferrari die schnellsten Wagen gewesen, Fangio, Castellotti und Musso hatten die besten Zeiten gefahren, daneben stand in der ersten Stehreihe noch Behra, der mit dem Maserati auf 1:45,1 gekommen war. In der zweiten Startreihe Gonzalez auf Maserati 1:45,2 – und neben ihm bereits Menditeguy in 1:45,6; damit war der Argentinier schneller als Moss, der, ebenfalls auf einem Werks-Maserati, nur 1:45,9 erreicht hatte, Hawthorn, Collins und Gendebien hinter sich lassend.

Und im Rennen? Zuerst lagen Musso und Gonzalez vorne, dann ging Menditeguy an beiden vorbei und lag an der Spitze des gesamten Grand Prix-Feldes. Menditeguy, 39 Jahre alt, Polo-, Tennis- und Golfspieler, der sich nur »eben mal auf einen Formel 1-Wagen« gesetzt hatte. Fangios Wagen lief nicht, wegen einer defekten Benzinpumpe, er übernahm den Wagen von Musso und machte sich auf die Jagd nach Menditeguy. Dabei kam er in der 26. Runde von der Bahn ab, rutschte ins Gras, nahm aber das Rennen wieder auf. Menditeguy führte bis zur 43. Runde ganz eindeutig, dann brach die linke Halbachse seines Maserati ab und er vollführte ein spektakuläres »têle-à-queue« und schied damit aus, Fangio gewann.

1957 kam dieser Menditeguy nach Monte Carlo, wo er vorher noch nie gefahren war. Das Werk stellte ihm einen Maserati zur Verfügung, den Wagen Nummer drei des Teams. Er stand in der dritten Startreihe, zwischen Trintignant und Harry Schell. Mit einem Maserati war nur Fangio schneller gewesen. Der argentinische »Gentleman-Driver« fuhr brillant, nach der Hälfte der Distanz lag er hinter Fangio und Brooks auf Vanwall an dritter Stelle, noch vor dem Grafen Trips auf Ferrari.

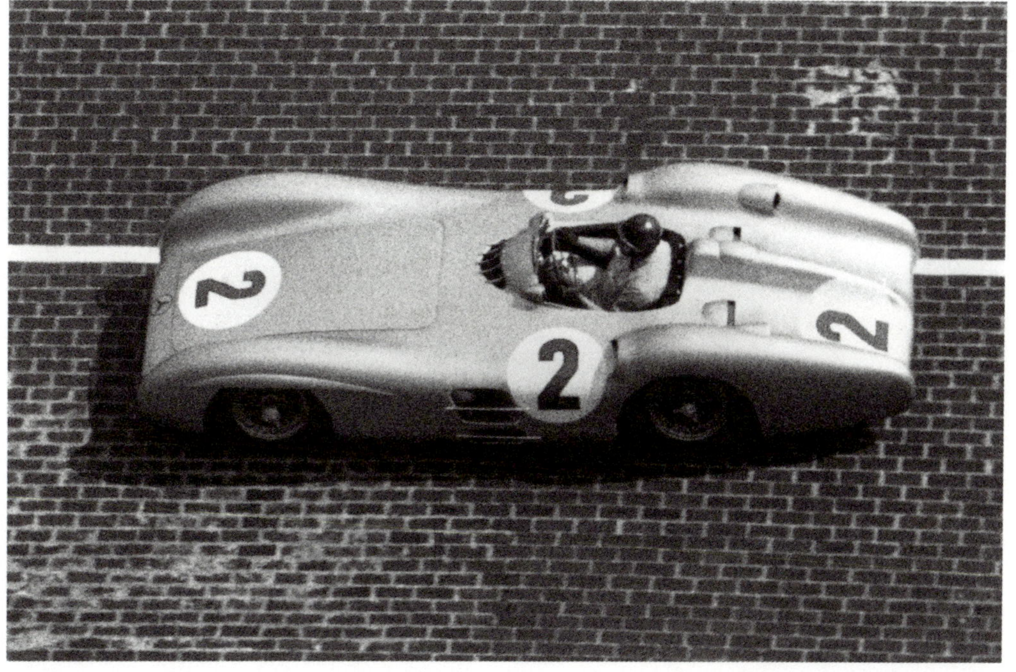

Großer Preis von Berlin auf der Avus, 19. September 1954. Zweiter Platz: Juan Manuel Fangio in der Steilkurve auf Mercedes-Benz W 196 R mit Stromlinienkarosserie.

Aber in der 51. Runde rutschte er hinter der Schikane in die Strohballenbegrenzung und musste aufgeben.

Trotzdem: mit so wenig Praxis in großen Rennen eine ganz ungewöhnliche Leistung! Es hat in der Geschichte des Rennsports nur einen Menditeguy gegeben. Aber auch von ihm weiß man heute nichts mehr. Argentinien ist so weit. Nur Fangio, der zum letzten Mal 1958 im Großen Preis von Frankreich fuhr, ist noch in aller Munde, der Mann, mit dem die argentinische Welle nach Europa kam, die Fahrer, die Rundfunkreporter, die bildhübschen Rennfahrerfrauen, die Betreuer. Aber das Kapitel Argentinien gehört der Vergangenheit an. Das englische Kapitel wird jetzt gelesen.

◆

SEBRING

12-HOUR FLORIDA INTERNATIONAL GRAND PRIX

1st and 2nd on index of performance
8th and 9th overall

1. Bunker/Wallace (USA) category sports cars up to 1500 cc
2. Kunstle/Miles (USA) category sports cars up to 1500 cc
3. von Hanstein/Linge (Germany)
   category Gran Turismo up to 1600 cc

Thus Porsche places 1st and 2nd on index for the second time and gains a class victory (1955/56/57) for the third time.

3 INTERNATIONAL CLASS E RECORDS

established by v. Frankenberg, Strähle and Goetze on a Carrera Speedster

1.000 miles at 115,84 mph
2.000 km at 115,59 mph
12 hours at 115,6 mph

(subject to confirmation by FIA)

PORSCHE

Printed in Germany   Author of German Citizenship

18 Stirling Moss und der Aufstieg der Engländer

Das englische Kapitel beginnt mit einem Namen: Stirling Moss. Natürlich gab es schon vor Moss talentierte englische Rennfahrer. Aber es waren immer nur Einzelne. Mit der Ära Moss begann die englische Vorherrschaft, in der wir heute leben. Sie dürfen mich nicht missverstehen: Moss ist nicht der Initiator dieser englischen Vorherrschaft gewesen, sondern nur das weithin sichtbare Symbol. Die Engländer brachten ab 1953 eine ganze Reihe von erstklassigen Fahrern auf die Grand Prix-Ebene, einige Jahre danach kamen sie auch mit erstklassigen Wagen in den Grand Prix-Sport. Beides verzahnte sich. Beides wird von einem Motor getrieben, den man nicht sieht: von der Begeisterung für den Motorsport und der Initiative der englischen Industrie, die damit einen Prestigegewinn und mit diesem Prestigegewinn einen Erfolg auf den internationalen Märkten anstrebte – und bekam.

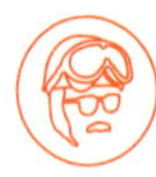

Vor dem Krieg gab es zwei englische Fahrer, die für den Sieg bei Großen Preisen gut waren: Gegen Ende der Zwanzigerjahre war das Williams, gegen Ende der Dreißigerjahre Seaman. Williams gehörte zur Bugatti-Werksmannschaft. Er war nach dem Ersten Weltkrieg Geschäftspartner von Chiron in Nizza gewesen, wo die beiden aus ehemaligen Heeres-automobilen Zivilfahrzeuge machten und verkauften. Williams blieb in Frankreich, kam mit Chiron zusammen zu Bugatti und die Höhepunkte seiner Karriere waren die Siege im Großen Preis von Frankreich 1928 und 1929. Er gewann 1931 noch – ebenfalls auf Bugatti – den Großen Preis von Belgien, damals als Zehnstundenrennen ausgetragen, vor Nuvolari/Borzacchini auf Alfa Romeo.

Williams' Karriere war schon vergessen, als ein zweiter Engländer zu einem berühmten kontinentalen Werksteam kam: John Richard Beattie (genannt Dick) Seaman, Jahrgang 1913, der 1934 mit einem MG-Sportwagen auf den Kontinent kam und einige Klassensiege errang, der dann 1935 mit einem ERA-Rennwagen in der 1500er-Klasse der überlegene Mann war (Sieger im Großen Preis der Schweiz, im Großen Preis der Tschechoslowakei und beim Freiburger Bergrekord) und der 1936 auf einem privaten Delage-Rennwagen wiederum die 1500 ccm-Rennwagenklasse in der Schweiz gewann. Diesen Seaman holte sich Daimler-Benz im Herbst 1936 zu den Nachwuchsprüfungen auf den Nürburgring, wo er mit Abstand der Schnellste war. 1937 startete er mit dem 5,6 Liter Kompressor-Rennwagen für Untertürkheim und wurde hinter Rosemeyer im Vanderbilt-Cup in den USA Zweiter. Mercedes hatte einen guten Griff getan.

In einem denkwürdigen Rennen gewann Seaman 1938 den Großen Preis von Deutschland auf dem Nürburgring, vor Caracciola (der sich mit Lang abwechselte), Stuck und Nuvolari, nachdem bei einem Boxenstop unmittelbar vor ihm Brauchitschs Mercedes Feuer gefangen hatte. Vier Wochen später war er in Bern, beim Großen Preis der Schweiz, auf nasser Bahn, Zweiter hinter Caracciola und es bestand kein Zweifel mehr, dass er zu den ganz wenigen gehörte, die den Kompressor-Wagen jener Zeit voll beherrschten. Ein Jahr später heiratete er die entzückende Tochter des BMW-Generaldirektors Popp; kurz danach fuhr er mit dem 3 Liter Kompressor-Mercedes den Großen Preis von Belgien in Spa, führte von der 10. bis zur 24. Runde in strömendem Regen, rutschte aber dann aus der Bahn. Der Wagen fing sofort Feuer, Seaman konnte sich mit eigener Kraft nicht mehr aus dem Wrack befreien, und ehe ein beherzter Zuschauer, ein Bademeister aus Spa, den Fahrer herauszog, hatte er so schwere Brandwunden davongetragen, dass er am Abend im Krankenhaus starb.

In jener Zeit der 750 Kilo-Formel und der 3 Liter-Formel vor dem Krieg, in den Jahren 1934 bis 1939 also, gab es in England keinen Grand Prix-Wagen, nur einen 1500 ccm-Rennwagen, den ERA, der 1934 bis 1938 zu schönen Erfolgen kam und der unter anderem auch von einem jungen Ingenieur namens Raymond Mays gefahren wurde – von jenem Raymond Mays, der mit Peter Berthon zusammen heute für den Bau der BRM-Rennwagen verantwortlich zeichnet.

Erst nach dem Krieg erwachten in England intensivere Motorsportgefühle. Da es für eine einzelne Firma ohne Rennerfahrung schwierig war, einen konkurrenzfähigen Wagen zu bauen, beschloss die Industrie, einen »Nationalrennwagen« zu den Rennen zu schicken. Dieses Fahrzeug wurde BRM genannt, British Racing Motors. Es sollte in der 1500 ccm Kompressor-Formel, in der die Italiener, besonders Alfa Romeo und Maserati, so erfolgreich waren, ein Wort mitreden, zum Wohl der englischen Industrie. Wahrscheinlich sind Nationalrennwagen nie erfolgreich. Es ist sehr schwer, die eine Firma zu überzeugen, dass ein Termin für ein Rennwagenteil wichtiger ist als ein Termin für ein Personenwagenteil, wenn dieser Rennwagenteil nicht für den eigenen Wagen bestimmt ist, sondern für ein Gebilde, das einen neutralen Namen trägt. Wenn es überhaupt ein Land gibt, in dem man sich einen solchen Nationalrennwagen vorstellen kann, scheint es England zu sein, weil man dort mehr als in anderen Ländern das nationale Interesse zuweilen vor das Firmen-Ich stellt. Aber auch hier gibt es Grenzen und an diesen Grenzen scheiterten die Termine. Ganz abgesehen davon, dass dieser BRM mit seinem 16 Zylinder Kompressor-Motor eines der kompliziertesten Gebilde war, das je auf einer Rennpiste erschienen ist. Als er auf einigermaßen befriedigende Leistung kam, war die 1500 ccm Kompressor-Formel gerade abgelaufen.

Die Impulse, die zur englischen Vorherrschaft führten, kamen mehr von unten: von der Formel 3, von der Formel 2 und von den kleinen Firmen, die sich mit diesen Rennwagen für den anspruchslosen Sport beschäftigten. Auch die großen englischen Fahrer kamen auf diesem Weg – auf dem besten Weg, weil er einen stetigen Aufbau verspricht – zur Weltklasse. Parallel dazu liefen die Impulse, die der Sportwagen brachte, besonders die Firma Jaguar, die 1951 in Le Mans gewann und

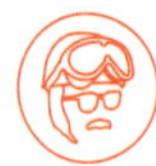

in den folgenden Jahren dort eine entscheidende Rolle spielte; später kam auch Aston Martin hinzu.

Bereits in den Jahren 1948 und 1949 gab es in England praktisch an jedem Sonntag – pardon, an jedem Samstag, denn auch heute noch gilt ja in England der Sonntag als der reine Ruhetag, es gibt auch keinen Fußball am Sonntag und selbst die Bemühungen des Prinzen Philip, der sonntägliche Poloturniere einführte, fanden keinen Widerhall, es gab also schon damals, sagte ich, kleine und mittlere Autorennen, ausgeschrieben für die Formel 3, für Sportwagen, für »irgendwelche« Rennwagen der Vorkriegszeit. Und es gab schon damals Tageszeitungen, die solche Rennen unter ihren finanziellen Schutz nahmen.

Cooper, die Firma, die 1959 und 1960 den Weltmeisterwagen in der Formel 1 stellte, hat 1948 bei Formel 3-Wagen mit 500 ccm Motorradmotoren von Norton und von Jap angefangen und es ist noch heute ein 20 Mann-Betrieb. Lotus begann mit einem 1172 ccm-Sportwagen für Geländefahrten. Moss war der erste englische Fahrer, den man in dieser Nachkriegszeit überall in Europa als ein »As« kennenlernte. Dessen Karriere meteorhaft anstieg und leuchtete.

Ob es das jemals gegeben hat: dass über einen 23-Jährigen bereits ein Buch geschrieben wird und dass der gleiche Bursche mit 25 so weit ist, bei der Madame Toussaint in London ins Wachsfigurenkabinett aufgenommen zu werden – inmitten von Berühmtheiten aus der Politik und aus der Kunst? Viel Ehre!

Welche Ausbildung und welche Talente muss man dazu haben? Wie macht man das? Wie hat es Stirling Moss gemacht, dass er in so jungen Jahren eine so außergewöhnliche Karriere hinter sich gebracht hat?

Also: Er war von Vaterseite her offenbar nicht ganz »unbelastet«. Denn der wackere Zahnarzt Alfred Moss, den man heute sehr oft in Begleitung seines Sohnes sieht und ohne den Jung-Stirling nie Verträge unterschreibt, dieser Alfred Moss hat Anfang der Zwanzigerjahre einige große Rennen mitgefahren, zum Beispiel Indianapolis! Er hatte das sehr geschickt gemanagt, war seinen Eltern gegenüber für ein Jahr zum Studium amerikanischer Zahnkliniken in die Staaten gefahren und hatte dort Louis Chevrolet überzeugt, dass er einer der bekanntesten Rennfahrer in Europa sei, worauf ihn dieser in sein Indianapolis-Team einreihte. Alfred Moss fuhr nicht schlecht, er wurde Dreizehnter oder Fünfzehnter in diesem großen Rennen der 33 schnellsten amerikanischen Wagen.

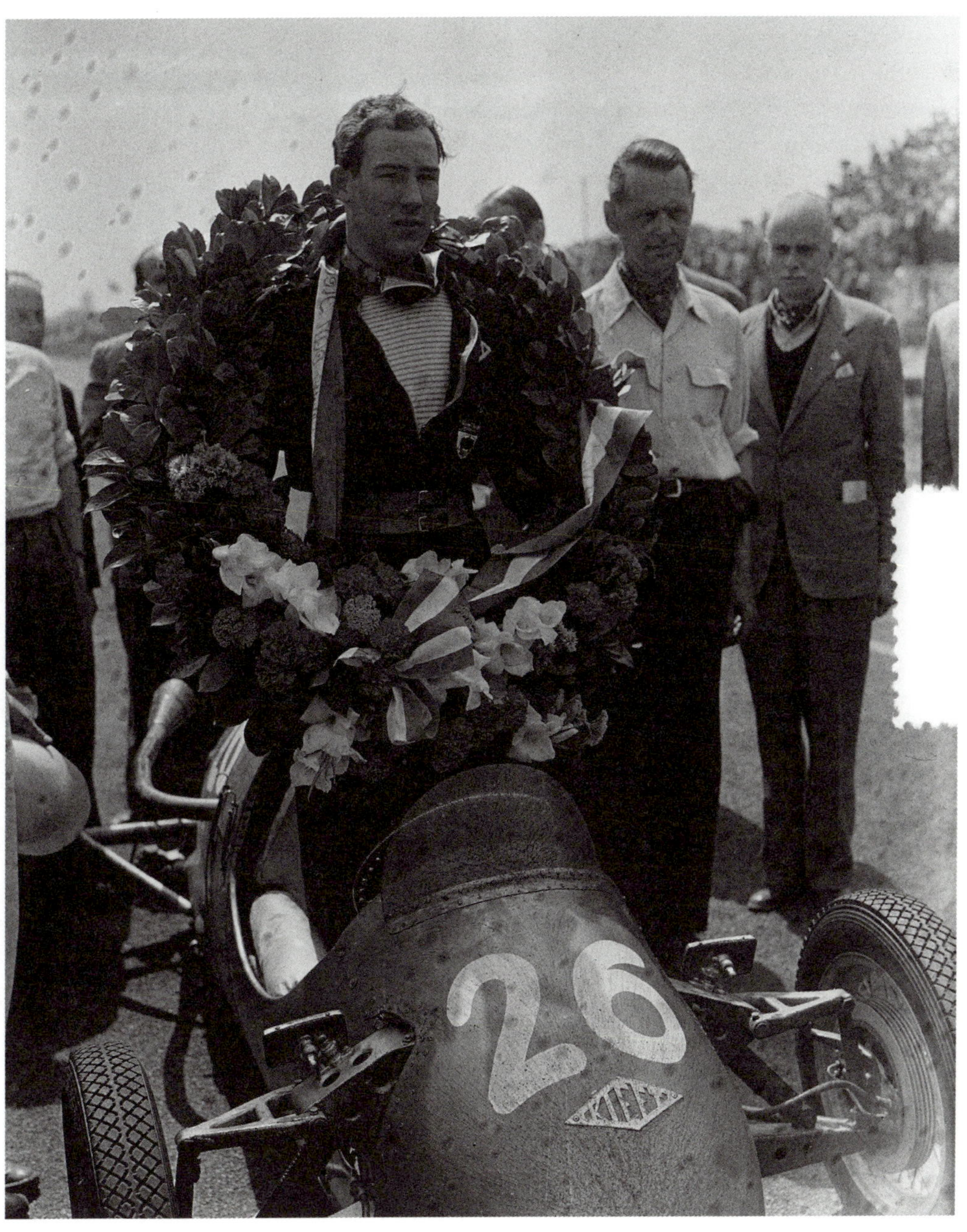

Stirling Moss gewinnt in Kieft 1951 den Großen Preis von Holland (500 ccm).

Auch seine Frau, die Mutter von Stirling Moss also, war eine gute Fahrerin und hatte Ende der Zwanziger- und Anfang der Dreißigerjahre eine ganze Reihe von Rallyes in England mitgefahren, auf Singer und auf Marendaz (ein Sportwagen, den es heute nicht mehr gibt). Teilweise fuhren auch die beiden Eltern Moss zusammen bei solchen Veranstaltungen mit und Stirling kam auf diese Weise natürlich sehr frühzeitig in Kontakt mit der Welt des Motors.

Aber seine erste Leidenschaft waren gar nicht die Motoren, sondern die Pferde. Bereits als Sechsjähriger fing er an zu reiten, was er zehn Jahre lang mit großer Passion betrieb. Dabei gewann er in Springkon-

Inzwischen kauft sich Stirling 1945, als er noch nicht sechzehn ist, für 250 Mark einen alten Austin 7, setzt es durch, dass er eine Ausnahmegenehmigung für den Führerschein bekommt und macht mit diesem offenen Zweisitzer, dem er die Türen, die Heckverkleidung und die Kotflügel »zur Gewichtserleichterung« abgenommen hat, die Gegend unsicher.

kurrenzen zahlreiche erste Preise. Nebenbei boxte er. Als er elf Jahre alt war, hatte er eine ganze Reihe von Kinderkrankheiten zu überstehen, was ihn in der Schule stark zurückwarf. Das lag ihm allerdings weniger am Herzen als seine körperliche Kondition, die stets ausgezeichnet war und ihm die Krankheiten unbeschadet überwinden half.

Zu seinen Pferderennen, die er geritten ist, muss man eine Bemerkung machen. Es fiel nämlich auf, dass Stirling Moss schon als ganz junger Reiter – als Bub noch – mit einem erstaunlichen Maß an Selbstbeobachtung ausgestattet war. Selten ging ihm sein Temperament durch, er wirkte schon damals auch im Wettkampf ruhig, kaltschnäuzig, überlegt. Dies ist, kann man sagen, eine typisch englische Eigenschaft: diese gewisse Distanz, die man zu seinen eigenen und zu den fremden Leistungen und Gefühlen behält. Wie dem auch sei – bei Stirling Moss finden wir diesen Wesenszug besonders stark ausgeprägt. Und vielleicht saß er deshalb später so ruhig und gelassen und mit so unbewegtem Gesicht im Rennwagen. Seine »Pferde-Karriere« (seine Schwester war ja eine noch bessere Reiterin) dauerte noch an, da kommt das Gespräch auf seine Berufsabsichten. Irgendeinen Beruf muss er ja wohl ergreifen und sein Vater meint, wenn er auch Dentist werde, könne er für eine gute Ausbildung und gute Beziehungen sorgen. Mit einem kleinen Landgut im Hintergrund geht es der Familie Moss ja nicht schlecht.

Aber Stirling meint ganz einfach, das sei ihm zu langweilig, Papa sei ja auch mal Autorennen gefahren und wie wäre es, das zum Beruf zu machen? Mitleidig schüttelten die Eltern den Kopf.

Inzwischen kauft sich Stirling 1945, als er noch nicht sechzehn ist, für 250 Mark einen alten Austin 7, setzt es durch, dass er eine Ausnahmegenehmigung für den Führerschein bekommt und macht mit diesem offenen Zweisitzer, dem er die Türen, die Heckverkleidung und die Kotflügel »zur Gewichtserleichterung« abgenommen hat, die Gegend unsicher. Doch genügt ihm dieses winzige Automobil mit einer Spitzengeschwindigkeit von knapp 80 km/h bald nicht mehr, er geht auf einen kleinen Morgan-Sportwagen und dann auf einen MG Typ TB über und schließlich kauft er sich, wenn ich nicht irre, war es im Sommer 1947, mithilfe eigener Ersparnisse und etwas väterlicher Unterstützung den ersten »vernünftigen« Wagen, einen BMW 328 Sport.

Mit diesem Wagen begann er nun, Wettbewerbe mitzufahren, und zwar kleinere Zuverlässigkeits- und Geländefahrten. Vater Moss sagte sich: Wenn mein Sohn etwas macht, soll er es richtig machen (ein sehr gesunder Standpunkt im Grunde), verbieten mag ich es ihm nicht, denn er hat offenbar Talent und es ist seine ehrliche Passion, also zeige ich ihm alles, was ich weiß. Und so findet man als ersten Beifahrer von Moss, Stirling, einen Moss, Alfred – eben seinen Vater. Die nächste Etappe hieß: Rennen fahren mit einem Cooper in der Formel 3. Der »Rennstall« der Familie Moss bestand im Frühjahr 1948 (Stirling ist inzwischen achtzehn Jahre alt geworden) aus dem väterlichen Rolls Royce älterer Bauart als Zugwagen, aus einem Anhänger, der ursprünglich zum Transport von Rennpferden gedient hat, aus Vater Moss als

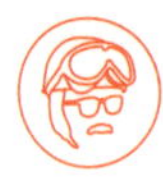

»Manager« und aus einem tüchtigen Mechaniker. Für diesen gibt es eine eigene Geschichte. Er hieß Donat Müller und war ein deutscher Kriegsgefangener, der auf dem Landgut von Vater Moss gearbeitet hat. Als gelernter Mechaniker half er dem jungen Stirling immer seine Autos herrichten (Moss feierte mit Donat Müller viele Jahre später ein Wiedersehen, als er zu Daimler-Benz nach Stuttgart kam, um dort dem deutschen Publikum als neuer Mercedes-Fahrer vorgestellt zu werden).

Die Saison 1948 war für Stirling ausgefüllt von zahlreichen kleineren Formel 3-Rennen in England, hauptsächlich Bergrennen, sie brachte ihm die ersten Siege und die ersten wohlwollenden Kritiken der Fachwelt. Am Ende vom Jahr wurde er (gerade neunzehn geworden) beim Jahresdinner des englischen Rennfahrerklubs dem Herzog von Edinburgh vorgestellt, als »einer unserer hoffnungsvollsten Nachwuchsfahrer im Lande ...« Moss war mit Recht stolz darauf und nicht weniger seine Familie. Und von der kommenden Saison an war es beschlossene Sache, dass aus dem Hobby, Rennen zu fahren, so etwas wie ein Beruf werden könnte.

Da man mit dem Formel 3-Wagen alleine keine große Karriere machen konnte, sondern dazu stärkere Wagen brauchte, beschlossen Moss Vater und Sohn, für das kommende Jahr, für 1949 also, etwas Neues einzukaufen – das war ein 1000 ccm Jap-Motor für das verstärkte Cooper-Chassis. Dieser Motor von etwa 80 PS Leistung (der bekannte V 2 Zylinder) in dem leichten Chassis stellte schon wesentlich höhere Anforderungen an das Fahrkönnen, dafür konnte man mit diesem kuriosen Heckmotor-Rennwagen auch in den größeren Klassen mithalten, wenn die Strecke genügend kurvenreich war. Nachdem Stirling Moss beim Shelsley-Walsh-Bergrennen – neben Prescott wohl dem bekanntesten, das es in England gibt – einen neuen Rekord für kompressorlose Fahrzeuge aufgestellt hatte, wagte er sich mit dem 1000er-Cooper-Jap im Frühjahr 1949 an seinen ersten Auslandstart beim Gardasee-Rennen. Und siehe da – der in Italien noch völlig unbekannte Stirling Moss gewann hier nicht nur bei dem in zwei Läufen ausgetragenen Rennen seine, nämlich die 1100er-Klasse, ganz überlegen gegen die Stanguellini, sondern wurde auch Dritter in der Gesamtwertung hinter Villoresi und Tadini auf 2 Liter-Ferrari.

Und von nun an sehen wir Stirling Moss praktisch jeden Sonntag ein, manchmal sogar zwei Rennen fahren (wenn er mit einem Formel 3-Wagen und außerdem mit einem größeren Renn- oder Sportwagen startet), wir sehen ihn auf den verschiedensten Marken und Typen – er gehört zu denen, die in wenigen Jahren mehr als ein Dutzend verschiedene Automobile in Rennen gesteuert haben, was seiner Erfahrung und seinem Anpassungsvermögen sehr zugutekommt.

Frühzeitig sucht er sich Vorbilder und er findet einen Fahrer, von dem er sagt: »In dem Augenblick, als ich ihn fahren sah, wusste ich genau, dass ich gerade von ihm und seiner Art, hinter dem Lenkrad zu sitzen, sehr viel lernen konnte« – das war Nino Farina.

Im Frühjahr 1950 wird er zum ersten Mal von einer Rennmannschaft engagiert, nämlich von John Heath mit seinen HWM-Wagen, die in der Formel 2 konkurrieren. HWM war freilich keine Fabrik, sondern eine Garage, die auf handwerklicher Basis drei Rennwagen herstellte und mit denen in ganz Europa »tourte«. 1949 hatten Heath und Abecassis diese Wagen gefahren, für 1950 waren neue Autos gebaut worden, die einen 2 Liter Alta-Motor von 120 bis 130 PS besaßen, und die beiden Hauptfahrer in dieser Saison wurden Moss und Macklin, beide sehr jung, beide sehr unternehmungslustig, und man sagt, John Heath, ihr Chef, hätte nur dann ein Gefühl der Sicherheit gehabt, wenn sie im Rennwagen saßen. Denn kaum, dass sie am Rande der Piste standen, war ihre Aufmerksamkeit mehr den Schönen des Landes zugewandt. Moss fuhr mit dem maschinell gegen die Ferrari und Maserati weit unterlegenen Fahrzeug einige großartige Rennen, das beste wohl in Bari, wo er mit dem kompressorlosen 2 Liter in der Formel 1 startete und nur 1:43 hinter Fangio und Farina mit den Alfetta, den 1500 ccm Kompressor Wagen also, einkam, nach 320 Kilometer Distanz!

Eine hübsche Geschichte muss ich da noch erzählen. Ich glaube, es war im Jahr 1951, Moss fuhr mit einem Formel 3 Kieft-Rennwagen in Silverstone und hatte im Training die erste Runde unter 2 Minuten gefahren, nachdem es vorher unmöglich schien, mit einem so kleinen Wagen hier die 2 Minuten-Mauer zu durchbrechen. Ray Martin, einer der Techniker von Kieft, trat auf Moss zu und fragte ihn: Waren die Bremsen in Ordnung? Darauf Moss: »Bremsen? Wieso? Hab ich doch nie benutzt …« Nun ist der Techniker sehr skeptisch und greift an die Bremstrommeln. Aber sie sind völlig kalt. Tatsächlich hatte Moss diese für die damalige Zeit und diese Klasse fabelhafte Zeit erreicht, weil er auch in der schärfsten Kurve von Silverstone, die man Becketts Corner nennt, nur einmal den Fuß »gelupft«, aber nicht gebremst hatte. Er stellte den kleinen Wagen kurz vor der Kurve eben quer …

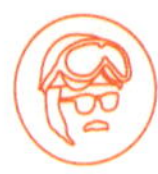

Er war neben Fangio Nummer zwei. Moss war ganz offen: »Wenn Fangio will«, sagte er einmal, »kann er mir in jeder Kurve ein paar Meter abnehmen. Ich lerne von ihm.«

Seine inzwischen weiter vervollkommnete Fahrtechnik, seine vorbildliche Ruhe, verbunden mit einem hohen Maß an physischem Mut, brachten ihm die uneingeschränkte Anerkennung der Experten und des Publikums ein. Als das Rennjahr zur Neige ging, hatte er sogar den »Gold Star« errungen, jene Auszeichnung für den erfolgreichsten englischen Rennfahrer, die am Ende der Saison vergeben wird, und er sollte diesen »Gold Star« in ununterbrochener Folge auch 1951, 1952 und 1953 gewinnen, mit Jaguar, Cooper, Kielt, HWM, BRM (ja, den ominösen britischen Nationalrennwagen fuhr er auch), mit Cooper-Bristol, ERA, Frazer Nash, Cooper-Alta, Connaught – sicher habe ich noch einige Marken vergessen.

Während Hawthorn für 1953 mit Ferrari abschloss, blieb Moss zunächst den englischen Fabrikaten treu, hatte aber ebenfalls eingesehen, dass man mit einer ausländischen Marke fahren müsse, um in das Feld der Grand Prix-Elite zu gelangen. Die englischen Rennwagen konnten mit den italienischen und deutschen nicht konkurrieren. Er fragte unter anderem auch Neubauer, was er tun sollte, wobei er zweifellos mit einem Engagement bei Mercedes schon liebäugelte. Neubauer gab ihm den Rat, erst einmal mit einem modernen Grand Prix-Wagen der neuen Formel 1 weitere Erfahrungen zu sammeln. Es war klar, dass hierfür nur einer infrage kam, der zugleich konkurrenzfähig und privat käuflich war, der Maserati 2,5 Liter.

In Englischgrün gestrichen, erschien der private Moss-Maserati (Kostenpunkt etwa 75000 Mark – die Familie hatte einige Ersparnisse geopfert, um Stirling den Kauf zu ermöglichen) zu Beginn der Saison 1954 auf den Rennpisten und es zeigte sich, besonders in Silverstone (Kampf um den zweiten Platz mit Hawthorn, vor allen Werks-Maserati) und auf dem Nürburgring, dass er der gegebene Mann für die Werksmannschaft der italienischen Firma sein müsste – nach dem Todessturz Marimons erhielt er auch deren Unterstützung. Und in Monza

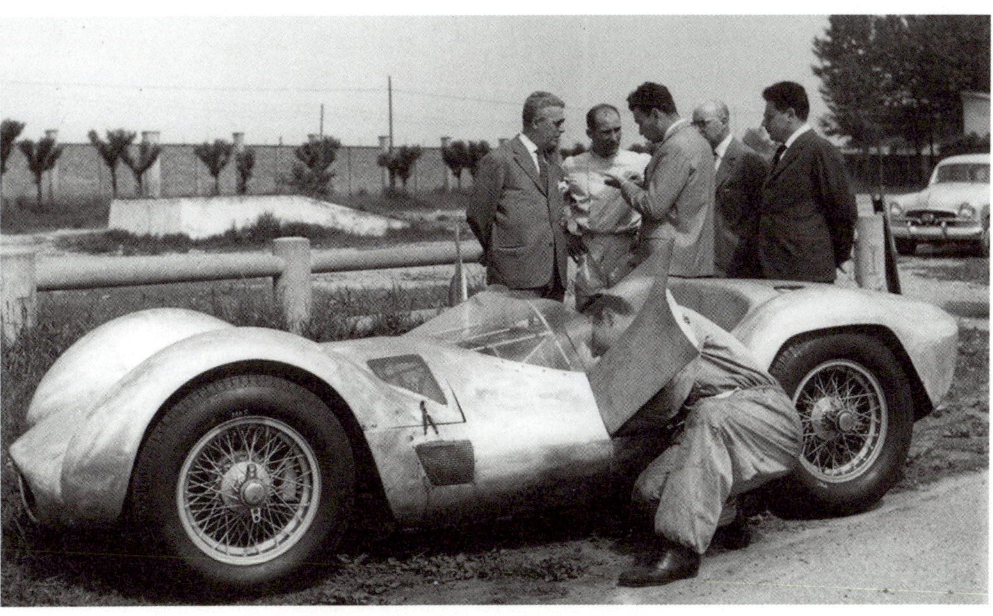

Stirling Moss im Rennanzug, rechts neben ihm Maserati-Ingenieur Giulio Alfieri, 1959, vorne der Maserati Tipo 61, genannt „Birdcage".

1954 hätte er, nun ganz vom Werk betreut, beinahe gegen Fangio auf Mercedes gewonnen, wirklich ein ganz großes Rennen fahrend. Aber doch nur beinahe, denn in der 71. von 80 Runden sank der Öldruck seines Maserati auf null ab. Er wartete, bis das Rennen abgewinkt wurde, und nachdem Fangio als Sieger durchs Ziel gefahren war, schob er den Maserati über die Linie (was heute nicht mehr erlaubt wäre, das Schieben eines Rennwagens auf der Strecke: Moss wäre noch gewertet worden, aber es hätte für diese Wertung die letzte Zieldurchfahrt gegolten).

Im Herbst 1954 bekam er dann ein Engagement bei Mercedes. Er war neben Fangio Nummer zwei. Moss war ganz offen: »Wenn Fangio will", sagte er einmal, »kann er mir in jeder Kurve ein paar Meter abnehmen. Ich lerne von ihm.« Ich finde es immer wieder merkwürdig, dass man bei den nur mittelguten bis guten Fahrern ganz selten diese Ehrlichkeit vor sich selbst findet. Ungern gibt man zu, dass der andere eben doch schneller ist, dass er in dieser oder jener Kurve eine bessere

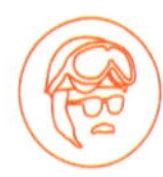

Linie oder mehr Mut oder mehr Fingerspitzengefühl hatte. Stattdessen hört man: Der andere hatte mehr PS. Oder: Die Zündung meines Motors war nicht richtig eingestellt – es gibt tausend Ausreden. Ein Moss aber sagt ganz offen: Fangio ist schneller. Die Spitzenfahrer auf der Grand Prix-Ebene sind viel ehrlicher als die Mittelguten.

Bei einem Rennen sagte mit der gleichen Offenheit Fangio: Da ist Moss viel viel schneller – das war die Mille Miglia. Moss gewann sie 1955 mit dem Mercedes 300 SLR-Sportwagen, Fangio wurde mit großem Abstand Zweiter, Maglioli auf Ferrari Dritter. Fangio fuhr die Mille Miglia alleine. Da man nicht die ganzen 1600 Kilometer auswendig lernen kann, fuhr Fangio eben nur da schnell, wo er die Strecke übersehen konnte und sie wirklich ganz genau kannte. Moss hatte sich dagegen den englischen Motorsport-Journalisten Denis Jenkinson – den früheren »Schmiermaxen« des Beiwagen-Weltmeisters Oliver – als Beifahrer engagiert. Erst waren die beiden zwei komplette 1600 Kilometer-Runden mit einem 220er gefahren, dann zwei Runden mit einem normalen 300 SL. Jenkinson hatte sich jede Kurve notiert. Da man sich in dem lauten, offenen 300 SLR nicht unterhalten konnte, hatten sie eine Zeichensprache vereinbart. Zum Beispiel hieß ausgestreckte, senkrecht gestellte Hand, im Winkel von 45 Grad nach rechts gehalten: Es kommt eine Rechtskurve für den 4. Gang mit Vollgas, anschließend Gerade.

Auf diese Weise fuhren die beiden zu einem Mille Miglia-Sieg in Rekordzeit, nicht ohne sich einmal unterwegs gedreht zu haben. Moss war einfach zu schnell gewesen, der 300 SLR rutschte rückwärts Richtung Wiese, aber genau dort, wo der Wagen von der Straße abkam, befand sich eine kleine Überbrückung des Straßengrabens für Fuhrwerke, wenn diese in die Wiese hineinfahren wollen. Moss schaltete sofort wieder in den ersten Gang und fuhr weiter ...

Er wollte zwei Jahre später, wieder mit Jenkinson zusammen, diesmal aber auf einem 4,5 Liter Maserati, seinen Mille Miglia-Sieg wiederholen. Wagen und Fahrer, schrieb die Fachpresse, sind die schnellste Kombination, die es zurzeit gibt. Diese Mille Miglia dauerte für Moss nur etwa vier Minuten. Kurz vor einer schnellen Kurve, die vielleicht 130 vertrug, trat Moss auf die Bremse, bei mehr als 200, aber das Pedal brach ab. Er schaltete blitzschnell zwei Gänge herunter, der Motor übertourte etwas und der Wagen fing gerade an, in der Kurve wegzuwischen, aber Moss konnte parieren. Ich hatte nicht bemerkt, dass das Pedal abgebrochen war, erzählte mir Jenkinson nachher, ich wunderte mich nur, dass Moss so hochtourig herunterschaltete und ein bisschen riskant um die Kurve ging, vor allem, dass er anschließend nicht wieder beschleunigte! Erst als ich fragend zu ihm hinübersah, schrie er mir ins Ohr, dass keine Bremse mehr da sei, aber er blieb relativ kühl dabei …

Moss war der Erste, der nach dem Krieg einen englischen Wagen wieder zu einem Sieg in einem Weltmeisterschaftslauf führte. Am 20. Juli 1957 wurde der Große Preis von England auf der Rennstrecke von Aintree ausgetragen. Moss fuhr in diesem Jahr für Vanwall. Mister Vandervell, ein Mann, dem eine große Fabrik gehört, welche Lager herstellt, Vandervell-Lager, hatte aus eigenen Mitteln den Bau eines Formel 1-Rennwagens finanziert. Durch diese private Initiative entstand der erste wirklich konkurrenzfähige Nachkriegs-Grand Prix-Wagen in England, der Vanwall genannt wurde. Moss war schon im Training der schnellste Mann gewesen, mit 2:00,2, um zwei Zehntelsekunden schneller als der beste Maserati unter Behra und eine Sekunde schneller als der beste Ferrari unter Hawthorn.

Er ging vom Start weg an die Spitze, zum ersten Mal ein Wagen in den englischen Rennfarben, in grün, vor den roten Wagen der Italiener! Aber in der 22. von den 90 Runden musste er mit einem Motorschaden an die Boxen. Als Vorletzter ging er wieder ins Rennen, ohne Chance. Den zweiten Vanwall fuhr Tony Brooks, der um diese Zeit an fünfter Stelle lag. Brooks wurde angehalten, in der 27. Runde stieg Moss auf den Wagen von Brooks um. Er fiel dadurch auf den achten Platz zurück. Aber in der 40. Runde lag er wieder auf dem fünften Platz. In der 66. Runde fuhr Moss einen neuen Rundenrekord, mit 1:59,2 kam er zum ersten Mal auf diesem Kurs unter zwei Minuten. In der 68. Runde fiel der Spitzenreiter, Jean Behra auf Maserati, mit einem Kupplungsschaden aus. Von der 70. Runde an lag Moss an der Spitze und gewann schließlich mit fast 30 Sekunden Vorsprung vor Musso und Hawthorn auf Ferrari.

In diesem Großen Preis von England, 1957, standen 18 Fahrer am Start. Elf davon waren Engländer. Man kann sagen, dass im Jahr 1957 die englische Ära begonnen hat. Im Vanwall-Team fuhren nur Engländer: Moss, Brooks und Lewis-Evans.

Tony Brooks war einer der ganz großen Fahrer. Er hat sich am Ende des Jahres 1961 aber vom Automobilsport zurückgezogen – er war noch nicht 30 um diese Zeit, mit einer charmanten Italienerin verheiratet. In Italien hatte er seinen ersten ganz großen Erfolg: Mit einem Connaught

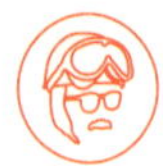

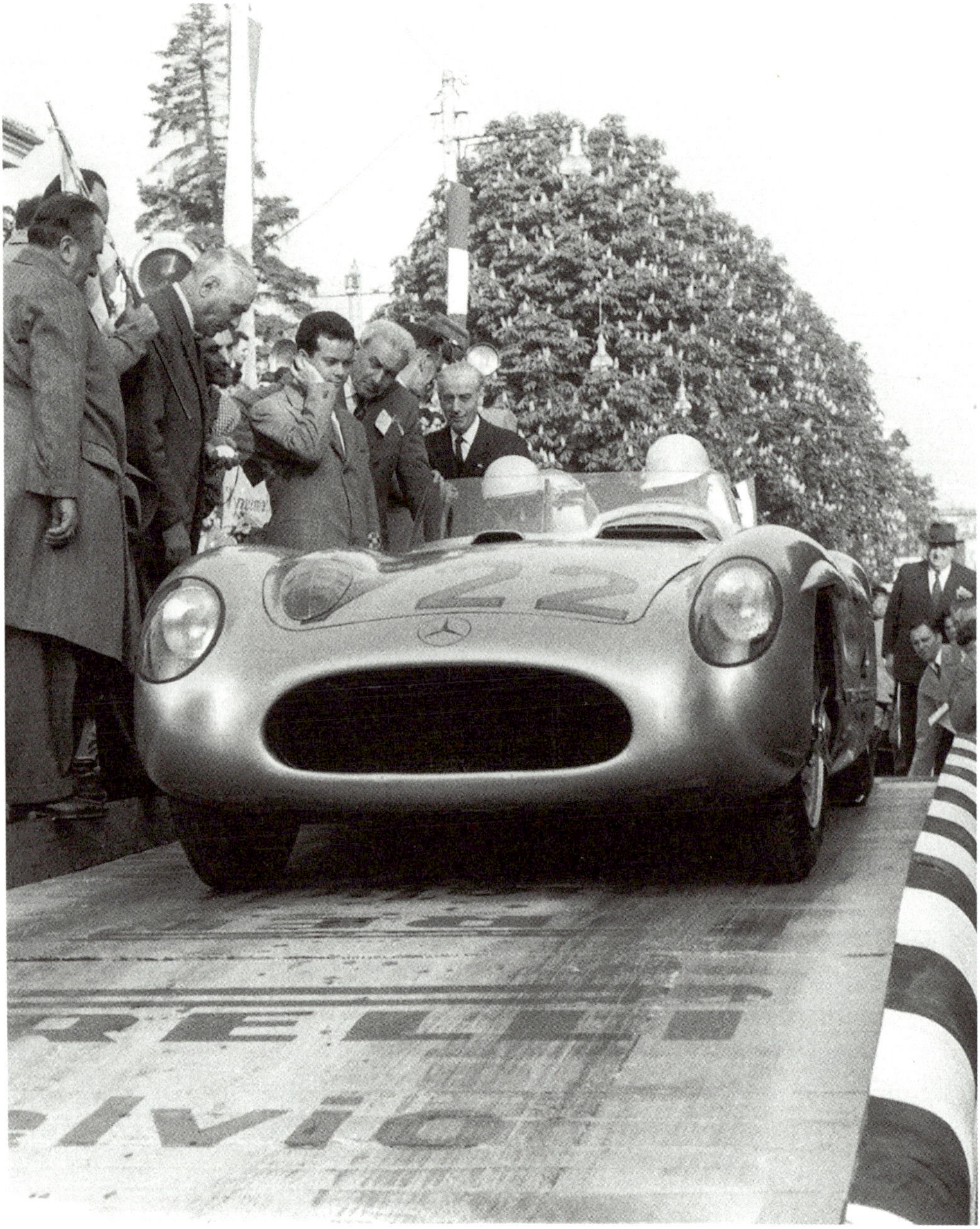

Mille Miglia (Brescia/Italien), 1. Mai 1955.
Die späteren Sieger Stirling Moss/Denis Jenkinson mit einem Mercedes-Benz Rennsportwagen Typ 300 SLR.

Formel 1-Rennwagen (längst gibt es keine Connaught-Wagen mehr: Auch dies war ein ganz kleiner Betrieb, in dem voller Begeisterung Rennwagen gebaut wurden) schlug er im Großen Preis von Syrakus (der nicht zur Weltmeisterschaft zählte) die gesamte italienische Elite, schlug Musso und Villoresi, nicht, weil sie mit Maschinenschäden ausfielen, sondern weil dieser bis dahin völlig unbekannte Brooks einfach schneller war. Im folgenden Jahr fuhr er in der BRM-Werksmannschaft. Der BRM, nicht mehr der Nationalrennwagen von 1950/51, sondern der 2,5 Liter-Wagen, den ein englischer Industrieller unter diesem alten Namen hatte bauen lassen, war noch nicht ausgereift und verunglückte zuweilen infolge von Materialfehlern. Auch Brooks überschlug sich 1956 in Silverstone mit dem damaligen BRM, ohne dass ihn eine Schuld traf. Er hatte sich nur ganz leicht verletzt, weil er rechtzeitig herausgeflogen war.

Ein Jahr später saß er im Vanwall. Seine beste Saison war 1958. Er gewann mit dem Vanwall den Großen Preis von Belgien und den Großen Preis von Deutschland auf dem Nürburgring. In der Weltmeisterschaft wurde er Dritter, hinter Hawthorn und Moss. Sehen Sie: in der Weltmeisterschaft 1958 drei Engländer an der Spitze. 1959 kam Brooks zu Ferrari, hatte auch da große Erfolge in Sport- und Rennwagen.

Der dritte Mann im Vanwall-Team von 1957 war Lewis-Evans. Ein Mann, der aus der Formel 3 kam und da englischer Meister war, ehe er auf den Formel 1-Wagen umstieg. Unter den Nachwuchsfahrern war er einer der schnellsten und talentiertesten. Er verunglückte 1958 beim Großen Preis von Marokko in Casablanca tödlich.

Weil ich von Brooks etwas ausführlicher erzählt habe, sind wir abgeschweift. Wir waren noch bei der Startaufstellung des Großen Preises von England 1957, bei dem Verhältnis elf Engländer unter achtzehn Grand Prix-Fahrern. Bei Ferrari trugen ja die beiden Spitzenfahrer auch englische Namen: Hawthorn und Collins. Und ein gewisser Jack Brabham stand ebenfalls schon am Start, auf einem Cooper, der um diese Zeit freilich noch keine Chance hatte, in der Spitzengruppe mitzumischen. Neben Brabham fuhr Roy Salvadori den zweiten Cooper. Zwei BRM standen da, unter Leston und Fairman, ein Cooper-Bristol unter Gerard, ein privater Maserati unter Ivor Bueb. Dieser Bueb hatte immerhin 1957 auf einem Jaguar schon das Gesamtklassement in Le Mans gewonnen (zusammen mit Flockhart).

Über Collins und Hawthorn noch ein paar Worte. Mike Hawthorn war der erste Engländer, der nach dem Krieg von einem kontinentalen

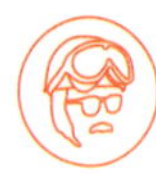

Rennstall verpflichtet wurde: Er kam 1953 zu Ferrari, als man mit dem kompressorlosen 2 Liter die Großen Preise fuhr. Und er gewann im Juli 1953 in einem der spannendsten Rennen, das je stattfand, gegen Fangio auf Maserati und Ascari auf Ferrari den Großen Preis von Frankreich in Reims, mit knapp einer Sekunde Vorsprung. Vorher hatte er in einem Bristol 2 Liter zahlreiche internationale Rennen bestritten. Sein größtes Jahr und sein letztes war 1958. Er wurde auf Ferrari Weltmeister.

Der erste Engländer, der Weltmeister wird ... Hawthorn war damals 29 Jahre alt, wollte heiraten und erklärte plötzlich zur Überraschung aller, die ihn kannten, er habe ja nun nach acht Jahren Rennfahren, das höchste Ziel erreicht, er werde sich zurückziehen, werde die große Garage, die ihm sein Vater in Farnham in der Grafschaft Surrey eingerichtet hatte, weiter ausbauen und sich zivil betätigen. Ein Großer zieht sich auf dem Höhepunkt seiner Karriere zurück: Man war voll des Lobes über so viel Klugheit und über die Zurückhaltung, die er sich auferlegte. Wenige Wochen danach fuhr er mit seinem privaten Jaguar zu einem Mittagessen nach London. Ein alter Freund, Rob Walker, fuhr hinter ihm her. In einer leichten Kurve kam der Wagen Hawthorns plötzlich ins Rutschen. Es war mir unerklärlich, sagte Walker nachher, dass Mike gar nicht reagierte. Der Wagen schoss auf der Umgehungsstraße, auf der sie gerade fuhren, über den Mittelstreifen auf die andere Fahrbahn, auch dort keine Lenkkorrekturen. Er streifte einen entgegenkommenden Lastwagen, stellte sich quer, überschlug sich, prallte nahezu frontal gegen einen Baum – Mike war sofort tot: Das tragische Ende eines Weltmeisters, der in mehr als hundert Rennen mit ganzem Einsatz gefahren war. Moss hat damals in einem Nachruf von ihm gesagt, er sei von allen Rennfahrern, die es gegeben hat, der kämpferischste gewesen.

Peter Collins war mit einer bildhübschen amerikanischen Schauspielerin verheiratet. Von den Ersparnissen aus den Rennen hatte er sich eine kleine Jacht gekauft, mit der er oft in Monte Carlo war und Louis Chiron besuchte. Ich sah ihn zum ersten Mal im Herbst 1955 in Modena, als ich dort mit einem 1500 ccm Maserati-Sportwagen einige Runden fuhr. Collins war natürlich viel schneller. Er kam dann 1956 aber nicht zu Maserati, sondern wurde von Ferrari engagiert und brachte zwei großartige Grand Prix-Siege in seinem ersten Ferrari-Jahr nach Hause: von Frankreich in Reims und von Belgien in Spa. Am Ende dieser Saison wäre er beinahe Weltmeister geworden. Die Ferrari-Mannschaft bestand aus Fangio, Castellotti, Musso und Collins. Wenn

Fangio nicht ans Ziel kam und Collins sich unter den ersten drei platzieren konnte, bestand für ihn die Möglichkeit, den Titel zu gewinnen. Fangio führte im Anfang des Rennens programmgemäß. Aber in der 18. Runde stellte sich ein Schaden an der Lenkung ein, er musste an die Boxen, die Mechaniker reparierten, es vergingen fünf Minuten, sechs, sieben, Fangio hatte keine Chancen mehr. Er übergab den Wagen an Castellotti, der schließlich vier Runden zurücklag. Fangio aber brauchte zu seiner Weltmeisterschaft noch Punkte. Als Musso an die Boxen kam, um Reifen zu wechseln, sollte er seinen Wagen an Fangio übergeben. Aber er schüttelte den Kopf und stieg nicht aus dem Wagen aus. Er lag an zweiter Stelle; er, der Italiener, wollte den Großen Preis von Italien gewinnen.

Da kam nach der 35. von den 50 Runden Collins an die Boxen. Niemand forderte ihn auf, seinen Wagen an Fangio abzugeben. Er sah nur Fangio dastehen, wusste, dass der »große alte Mann« ohne Wagen und damit ohne Punkte war, dass er jetzt vielleicht Fangio diese Weltmeisterschaft abnehmen könnte, er, der kaum 25-Jährige, dem 45-Jährigen, der unbestritten der beste Fahrer der Welt war: Ich weiß nicht, ob Peter Collins sich so viel überlegt hat, er sprang jedenfalls spontan aus dem Wagen und schrie zu Fangio hinauf: Einsteigen!

Und Fangio wurde mit diesem Collins-Wagen (während Musso noch drei Runden vor Schluss mit einem Lenkungsschaden aufgeben musste) knapp hinter Moss Zweiter und gewann damit seine vierte Weltmeisterschaft. Aber ja, sagte mir Collins nachher, der Fangio ist doch besser und ich habe noch viele Jahre vor mir, in denen ich Weltmeister werden kann. Die Leute, die nicht wissen, dass das, was sie Schicksal nennen, nicht hier unten zuhause ist, meinen immer, die guten Taten müssen belohnt werden und die Bösen erleiden ihre gerechte Strafe auf Erden. Aber so kausal läuft nichts auf der Welt und kaum zwei Jahre nach diesem Rennen von Monza ist Peter Collins am Nürburgring tödlich verunglückt: in der ersten Rechtskurve am Pflanzgarten, vermutlich deshalb, weil er auf der Jagd nach Tony Brooks auf Vanwall einfach zu schnell war. Er wurde aus dem Wagen herausgeschleudert und flog an den einzigen Baum, der dort steht, Peter Collins, geboren am 8. November 1931, gestorben am 3. August 1958.

Sie sehen: England hat in den letzten zehn Jahren einige große Fahrer eingebüßt, einige andere haben sich zurückgezogen und trotzdem sind die Engländer immer noch diejenigen, die das größte Reservoir an

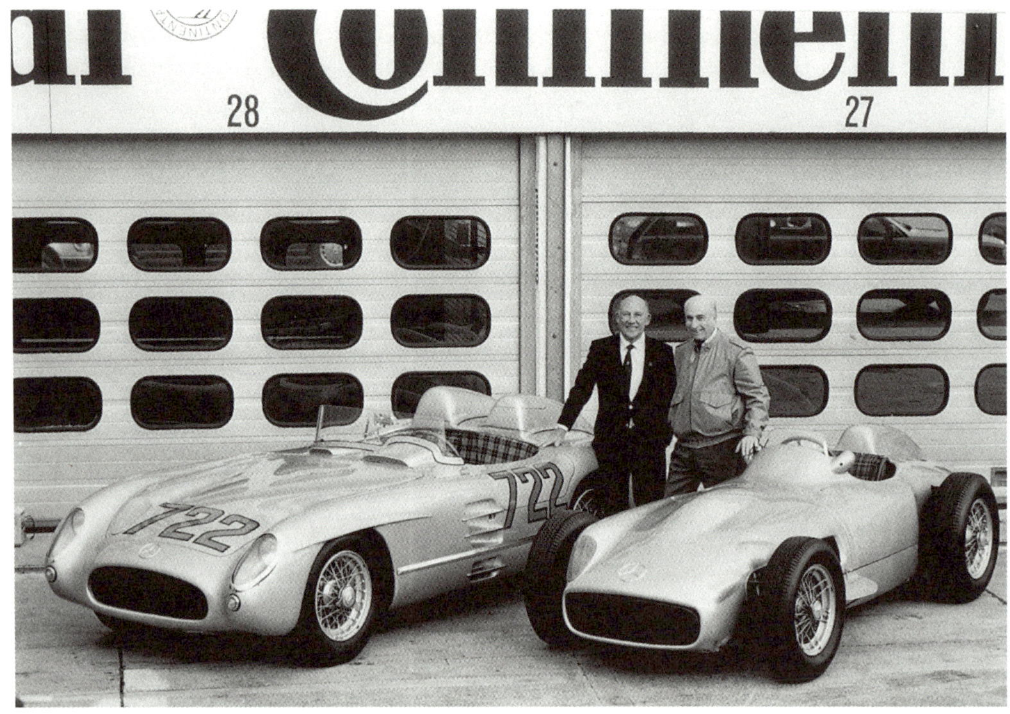

Hockenheimring, 1991, Juan Manuel Fangio mit Mercedes-Benz Formel-Rennwagen W 196 R Monoposto und Stirling Moss am Mercedes-Benz-Rennsportwagen 300 SLR (W 196 S).

Fahrtalenten haben, weil sie das größte Reservoir an Rennen, an Wagen und an Menschen haben, die den Automobilsport fördern. Stirling Moss – um seine Biografie noch zu beenden – war dann 1958 der Erste, der nach dem Krieg einen Heckmotor-Wagen zu einem Grand Prix-Sieg brachte: den Cooper, mit dem er im Januar 1958 ganz knapp vor Musso auf Ferrari den Großen Preis von Argentinien gewann.

Dieser Sieg ist ein wesentliches Stück Renngeschichte. Der erste Rennwagen mit Heckmotor wurde 1922 bei Benz gebaut, unter der Regie des Chefingenieurs Nibel. Er fuhr beim Grand Prix in Monza mit: Es war der sogenannte Benz-Tropfenwagen. Man verfolgte aber bei Benz, nachdem dieser Wagen zwar oft fotografiert wurde, aber keine großen Erfolge nach Hause brachte, diese konstruktive Linie nicht mehr weiter. Der erste Rennwagen mit Heckmotor, der Grand Prix-Siege erringen konnte, war der 16 Zylinder Auto Union, der 1934 auf die Pisten kam, eine Konstruktion Ferdinand Porsches. So viele Erfolge er auch hatte: Er galt in der Fachwelt trotzdem als eine Außenseiterkonstruktion, gewiss eine geniale, aber eine, die man nicht nachahmen wollte. Und er war ohne Zweifel sehr schwer zu fahren, dieser Auto Union-Grand Prix-Wagen. Stuck, Rosemeyer, Varzi, Nuvolari, das waren die Einzigen, die ihn voll beherrschten.

Porsche brachte 1953 wieder einen Sportwagen mit Heckmotor zu den Rennen, aber einen Wagen mit 1500 ccm, der nur 110 PS hatte; kurze Zeit danach kam Cooper auch mit einem Heckmotor-Sportwagen und 1500 ccm Maschine. Auch Cooper hatte schon eine gewisse Heckmotor-Erfahrung, weil die ganzen Formel 3-Rutscher Heckmotorwagen waren. Wiederum konnte man die Einschränkung machen: Das waren ganz kleine Wagen, mit etwa 48 PS und 250 Kilo Eigengewicht. Aus diesem Sportwagen entwickelte Cooper einen Formel-Rennwagen, der, zunächst mit einer 2 Liter-Maschine versehen (weil es beim Motorenlieferanten Climax noch keine 2,5 Liter-Maschine gab), im Jahr 1957 debütierte und den man im Anfang nicht ganz ernst nahm: Erstens war er so klein, zweitens hatte er Heckmotor. Das gehört nicht in die Formel 1 ...

Nachdem Moss mit dem Cooper in Argentinien gewonnen hatte, begann man langsam diese Meinung zu revidieren. Zu Beginn des Jahres 1960 kam Lotus auch mit einer Heckmotor-Version, wenig später erschienen die BRM mit hinten liegendem Motor, und nachdem schon einige Vorversuche 1960 gelaufen waren, ging Ferrari als letzte Firma 1961 zum Heckmotor über.

Stirling Moss ist nach Fangio der erfolgreichste Fahrer der Nachkriegszeit gewesen, mit 16 Grand Prix-Siegen und sehr vielen Erfolgen im Sportwagen. Allein das 1000 Kilometer-Rennen auf dem Nürburgring hat er viermal gewonnen: 1956 mit Behra zusammen auf einem 3 Liter Maserati, 1958 mit Brabham zusammen auf einem 3 Liter Aston Martin, 1959 wieder auf einem Aston Martin (mit Fairman) und 1960 mit Gurney zusammen auf einem 2,9 Liter Maserati. Eine einmalige Erfolgsserie.

Seine größten Siege der letzten Jahre waren die in Monte Carlo und am Nürburgring 1961, als er mit dem maschinell eindeutig unterlegenen Lotus, der noch die 4 Zylinder Climax-Maschine mit etwa 154 PS besaß, gegen die V 6 Zylinder Ferrari mit ihren 180 bis 190 Pferden und gegen Fahrer wie Phil Hill, Graf Trips und Richie Ginther diese beiden

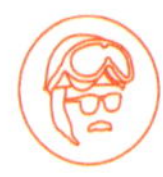

Rennen gewann, ganz knapp, und nur weil er der Moss war, weil er von der ersten bis zur letzten Runde absolut voll fuhr. Trips hat einmal gesagt, das, was ihm in einer Runde an drei oder vier Kurven glücke, dass er herauskomme und das Gefühl habe: Das war das Optimum, schneller kann ein Mensch nun nicht mehr um diese Kurve herumfahren, das habe Moss in jeder einzelnen Kurve gezeigt, sonst sei es nicht möglich, mit dem unterlegenen Wagen diese Rennen zu gewinnen, er habe den größten Respekt vor diesem Moss.

Alle sagen von ihm, er sei in den letzten Jahren der Schnellste gewesen, aber nie war es ihm vergönnt, Weltmeister zu sein. Graham Hill, der Weltmeister von 1962, schrieb über ihn: »Die beliebteste Frage ist immer: Wer war der größte Fahrer aller Zeiten? Meine Antwort darauf ist immer dieselbe: Stirling Moss.«

Beim Osterrennen in Goodwood 1962 kam dieser Unfall, von dem in der ganzen Weltpresse die Einzelheiten berichtet wurden, ohne dass man die wahren Ursachen genau feststellen konnte. Zwei Nachoperationen waren nötig, um die Sehachse für das linke Auge wiedereinzurichten. Die Reflexe und die Fähigkeit, mehrere Vorgänge gleichzeitig zu erfassen und schnell in eine Aktion umzusetzen, erreichten auch nach einem Jahr sorgfältiger Behandlung nicht mehr die früheren Werte. Ein Fahrversuch in Goodwood mit einem Lotus Sportwagen und ein psychologischer Test brachten ihm Klarheit, dass der Moss von heute zwar ein intelligenter Mann ist, der Memoiren schreiben und Rennleiter spielen und der sich, nachdem seine erste Ehe geschieden wurde, wieder verheiraten kann, aber dass er eben nicht mehr der ganz große Fahrer von früher ist, und so zog er sich vom aktiven Sport zurück.

Alle sagen von ihm, er sei in den letzten Jahren der Schnellste gewesen, aber nie war es ihm vergönnt, Weltmeister zu sein. Graham Hill, der Weltmeister von 1962, schrieb über ihn: »Die beliebteste Frage ist immer: Wer war der größte Fahrer aller Zeiten? Meine Antwort darauf ist immer dieselbe: Stirling Moss. Für mich ist er der beste Fahrer, den die Welt je gesehen hat. Einige werden sagen, nein, Fangio, andere meinen Nuvolari. Aber es ist Stirlings unglaubliche Fähigkeit, mit jedem Wagen fertigzuwerden und mit jedem maximal zu fahren, was ihn so groß macht. Ich behaupte nicht, dass Moss in einem Formel 1-Wagen ein besserer Fahrer gewesen ist als Fangio – aber im Sportwagen war er sicherlich besser. Er ist der beste Allround-Fahrer, den es je gab. Und seine Fähigkeit, bei Regen zu fahren, war einfach unglaublich. Eine ganz intensive Hingabe an den Sport, sehr große Erfahrung und sehr viel Naturtalent, verbunden mit einem hohen Grad an Intelligenz, kamen hier zusammen.«

Ich glaube, wir brauchen dem nichts mehr hinzuzufügen.

◆

Personen-verzeichnis

Hier werden alle Personen angeführt, die in den Texten von Richard von Frankenberg und den anderen Autoren erwähnt werden. Da es sich überwiegend um Rennsportler und andere Automobilisten handelt, liest sich dieses Register wie das Who is Who des Motorsports der Pionierzeit, der Fünfziger- und frühen Sechzigerjahre.

Abecassis, George 222
Alfieri, Giulio 225
Andretti, Mario 155
Arkus-Duntov, Zora 044
Ascari, Alberto 043, 067, 079, 144, 145, 198, 199, 208, 210, 211, 230
Baltisberger, Hans 092
Barth, Edgar 013, 021, 203
Beattie, John Richard 216
Beaufort, Carel Godin de 130, 131, 135, 137, 145, 183
Bechem, Karl-Günther 044
Behra, Jean 062, 089, 203, 212, 227, 234
Beinhorn, Elly 177
Bellof, Stefan 123
Benz, Carl 157
Benz, Richard 096
Berckheim, Philipp Constatin 104, 109, 112, 113, 175
Berthon, Peter 217
Bigalke, Ulli 179
Blanchoud, Madeleine 142
Böhringer, Eugen 198
Bonnier, Joakim 022, 182
Borzacchini, Baconin 146, 216
Bousquet, Annie 146
Brabham, Jack 199, 230
Brauchitsch, Manfred von 168, 171, 172, 179
Brendel, Heinz 173
Brooks, Tony 199, 212, 227, 229, 230, 232
Bueb, Ivor 230
Campari, Guiseppe 146
Campbell, Donald 074
Campbell, Malcolm 074
Campos, Adrián 205
Caracciola, Alice 171
Caracciola, Rudolf 075, 168, 169, 170, 171, 172, 173, 176, 177, 178, 179, 195, 198, 216
Castellotti, Eugenio 212, 231
Chasseloup-Laubat, Gaston de 078
Chevrolet, Louis 218

Chinetti, Luigi 033
Chiron, Louis 033, 216, 231
Claes, Johnny 044, 045, 047
Cobb, John 074, 078
Collins, Peter 034, 048, 067, 068, 184, 200, 201, 203, 204, 207, 212, 230, 231, 232
Cramm, Gottfried von 169
Cunningham, Briggs 054
Daetwyler, Willy 132, 133, 134, 182
Daimler, Gottlieb 157
Danner, Christian 194
Dean, James 069, 070, 071
Delius, Ernst von 177
Divo, Albert 146
Dönhoff, Hubertus Graf von 152
Einsiedel, Wittigo Graf von 100, 112, 113, 114, 115
Erle, Fritz 096
Eyston, George 078
Fagioli, Luigi 172, 199
Fairman, Jack 230, 234
Fangio, Juan Manuel 032, 034, 035, 036, 067, 068, 147, 172, 180, 181, 083, 184, 189, 195, 197, 201, 202, 209, 213, 223, 224, 226, 230, 231, 232, 234, 235
Farina, Giuseppe 033, 199, 204, 205, 210, 222, 223
Fillippis, Maria Teresa de 145
Fischhaber, Toni 126
Fitch, John 184
Flockhart, Ron 230
Frankenberg, Donald von 009–015
Fuchs, Robert 158
Galvez, Oscar 204, 205
Gendebien, Olivier 034, 182, 212
Giardini, Francesco 047, 048
Gide, André 185
Ginther, Richie 234
Glöckler, Helm 044, 056, 173
Goertz, Albrecht Graf von 150
Goetze, Rolf 100
González, José Froilán 046, 180, 181, 208, 210, 211, 212
Greger, Sepp 126
Günzler, Rainer 114
Gurney, Dan 182, 234
Haas, Werner 092
Hamilton, Duncan 046
Hanstein, Fritz Huschke von 026, 027, 028, 029, 046
Hartmann, Hans-Hugo 044, 173
Haskell, Isabel 145
Hasse, Rudolf 177
Hatschek, Fritz 132
Hawthorn, Mike 034, 067, 068, 200, 201, 203, 204, 207, 212, 223, 224, 227, 229, 230
Heath, John 222, 223
Heinrich, Prinz von Preußen 095, 096, 159
Hering, Heinz 052
Herkomer, Hubert von 159
Hermann, Prinz zu Leiningen 175
Herrmann, Hans 026, 027, 028, 029, 040, 041, 042, 043, 044, 045, 046, 085, 087–091, 146, 179, 181, 182, 183, 184, 198
Heuberger, Arthur 043
Heuss, Theodor 013, 211
Hill, Graham 235
Hill, Phil 234
Hubert, Anthoine 124
Hunt, James 151, 155

Jenkinson, Denis 061, 062, 063, 066, 226, 227, 228
Junek (Junková), Elisabeth 145
Kautz, Christian 173
Kling, Karl 068, 132, 172, 179, 180, 181, 083, 184, 199, 209
Koeppen, Hans 158
Kolowrat, Alexander Graf von 096
Kraft, Fürst zu Hohenlohe-Langenburg 090, 149, 150, 152, 153
Laffitte, Jacques 125
Landi, Chico 204
Lang, Hermann 032, 169, 172, 177, 178
Lauda, Niki 149, 150, 155
Lautenschlager, Christian Friedrich 159
Leopold »Poldi«, Prinz von Bayern 191–195
Leston, Les 230
Levegh, Pierre 073
Lewis-Evans, Stuart 229
Linge, Herbert 041, 043, 054
Lurani, Giovanni 109, 112, 113
Macklin, Lance 048, 223
Marimon, Onofre 210, 211, 224
Marko, Helmut 193
Martin, Ray 223
Mathis, Émile Ernest Charles 096
Mays, Raymond 217
McCluggage, Denise 145, 146
Meier, Schorch 178, 179
Menditeguy, Carlos 211, 212, 213
Merz, Otto 145
Metternich, Paul Alfons Fürst von 100, 112, 113, 114, 115, 149
Mieres, Roberto 211
Mijorini, Angelo 106, 107, 108
Mikojan, Anastas 129, 131, 132
Minoia, Ferdinando 146
Mitter, Gerhard 183
Momberger, August 175
Moss, Alfred 218
Moss, Stirling 032, 048, 060, 061, 062, 063, 066, 067, 068, 180, 181, 083, 184, 198, 199, 203, 212, 215, 219, 228, 225, 232
Müller, Donat 221
Müller, Hermann Paul 178
Murphy, Jimmy 019
Musitelli, Ferruccio 112, 113
Musso, Luigi 199, 212, 227, 229, 231, 233
Nathan, Max 100
Neubauer, Alfred 035, 181, 224
Neuberger, Kaspar 158
Neumann, John von 071
Nibel, Hans 233
Nuvolari, Tazio 179, 198, 216, 233, 235
Oberndorfer, Peter 194
Oliver, Eric 226
Olivier, Gonzague 044
Opel, Ludwig 096
Opel, Wilhelm 096
Orssich, Petar Graf 100
Ortega y Gasset, José 185
Péron, Jacques 047, 205
Peterson, Ronnie 151, 154, 155
Philipp, Fürst zu Hohenlohe-Langenburg 149–155
Pietsch, Paul 175
Pilain, François 020

Polensky, Helmut 012, 026, 027, 028, 033, 044, 045, 106, 107, 108, 109, 112, 113
Popp, Franz Josef 216
Porsche, Ferdinand 014, 074, 096, 142, 159, 161, 164, 233
Porsche, Ferry 044, 046, 096, 099
Porsche, Wolfgang 053–059
Portago, Alfonso Marquis de 017, 020, 021, 023, 024, 025, 026, 028, 029, 031, 032, 033, 034, 035, 036, 039
Prinzing, Albert 100
Pryce, Tom 125
Röhrl, Walter 154
Rolt, Tony 046
Roquefort, Alziary de 142
Rosemeyer, Bernd 075, 078, 169, 174, 176, 177, 178, 181, 198, 216, 233
Rosenhammer, Arthur 013
Rosqvist, Ewy 198
Salzer, Eugen 173
Salvadori, Roy 181, 203, 230
Sauerwein, Rudolf 100
Schellhaas, Heinz 100
Schell, Harry 089, 212
Schmeling, Gottfried von 169
Schock, Walter 198
Schönborn, Carl Graf von 096
Schütz, Udo 184
Seaman, Richard 173, 178, 216
Siffert, Jo 183
Sommer, Raymond 031, 079, 092, 221
Stasse, Pierre 044, 047
Stewart, Jackie 152, 154
Storez, Claude 022
Strenger, Erich 052
Stuck, Hans 040, 041, 075, 078, 124, 125, 126, 127, 168, 169, 174, 175, 176, 178, 216, 233
Stuck »Strietzel«, Hans-Joachim 121–127
Tadini, Mario 222
Taruffi, Piero 034, 035, 041, 062
Thirion, Gilberte 141, 146
Thompson, Mickey 075
Trintignant, Jean-Louis 046, 180, 208, 212
Trips, Wolfgang Graf Berghe von 022, 034, 035, 059, 060, 167, 177, 179, 184, 185, 187, 195, 212, 234
Ugolini, Nello 062
Vandervell, Tony 227
Varzi, Achille 146, 204, 233
Villoresi, Luigi 204, 222, 229
Vogel, Ernst 133
Walb, Weller 145–147
Walker, Rob 230
Webber, Mark 122, 152
Werner, Christian 145
Wieselmann, Heinz-Ulrich 109, 113, 115, 118, 119
Wilhelm II., deutscher Kaiser und König von Preußen 095
Williams, William 216
Wimille, Jean-Pierre 204, 205
Wütherich, Rolf 069, 070, 071

Die teils leicht gekürzten Essays von Richard v. Frankenberg sind folgenden Werken entnommen: Mein geliebter Sport. Mit Illustrationen von Erich Strenger und 8 Bildtafeln, Motor-Presse-Verlag: Stuttgart 1958; Hohe Schule des Fahrens, 6., überarbeitete und erweiterte Auflage, Motor-Presse-Verlag: Stuttgart 1961; Die großen Fahrer unserer Zeit, 6., überarbeitete und erweiterte Auflage, Motor-Presse-Verlag: Stuttgart 1969. Der Abdruck erfolgt mit freundlicher Genehmigung.

© Rennplakate: Archiv Porsche AG, Fotografien: Archiv Porsche AG, Mercedes-Benz Classic-Archive, BMW Group Archiv, Deutsches Automuseum Schloss Langenburg. Der Abdruck erfolgt mit freundlicher Genehmigung.

Frankenberg, Richard von (Autor); Bayern, Leopold Prinz von (Beiträger); Herrmann, Hans (Beiträger); Hohenlohe-Langenburg, Philipp Fürst zu (Herausgeber); Frankenberg, Donald von (Beiträger); Porsche, Wolfgang (Beiträger); Stuck, Hans-Joachim (Beiträger)

Motorsporthelden
Die große Zeit des Rennsports
ISBN 978-3-948696-01-6

Konzeption, Redaktion und Lektorat: Matthias Slunitschek
Satz und Gestaltung: STORMING Creative Studios, Leonberg
Druck und Bindung: Finidr/CZ

© 2020 molino verlag, Schwäbisch Hall
Alle Rechte vorbehalten.